JN130270

よりよき世界へ

よりよき世界へ

資本主義に代わりうる
経済システムをめぐる旅

ジャコモ・コルネオ

水野忠尚／隠岐-須賀麻衣
隠岐理貴／須賀晃一【訳】

岩波書店

BESSERE WELT
Hat der Kapitalismus ausgedient?
Eine Reise durch alternative Wirtschaftssysteme

by Giacomo Corneo

First published 2014 by Goldegg Verlag GmbH, Berlin & Vienna.
This Japanese edition published 2018
by Iwanami Shoten, Publishers, Tokyo
by arrangement with Goldegg Verlag GmbH, Berlin & Vienna.

はじめに

資本主義は評判が悪い。始めからそうだったし、今でもそうである。これを反映し、資本主義を熱狂的に支持する人たちは、ほとんどいつも、またほとんどどこでも少数派である。今日のドイツもこの点で例外ではない。最近行われた世論調査によれば、可能な経済システムの中で市場経済が最良のものであると考える人は、ドイツに暮らす人々のうちで半分以下である。〝市場経済〟を〝資本主義〟という言葉に置きかえるなら、今日の経済秩序を支持する人はさらに少なくなる。

しかし、資本主義の不人気がどれほど明白であろうと、代替となるほかの経済システムがどのようなものでありうるかについて、資本主義の批判者たちが描くイメージはあいまいである。人類は夥しい時間をかけてこのシステムの問題を考えてきたのだから、これは実際驚くべきことである。ここから、人間が良い生活を送ることができるようにするためには、どのように社会全体の生産と消費が統御されるべきかについての詳細な構想が生まれた。

したがって、本書で扱う問題は次の通りである。資本主義に代わる優れた経済システムは果たして存在するのか？　もし存在するならば、それはどのようなものだろうか？

この問いに答えるために、今日まで考え出されてきた数々の有望な代替的システムをめぐる空想的な旅に読者を招待しよう。この旅はプラトンの理想国家から始まり、無条件のベーシック・インカム、社会的遺産、そして株式市場社会主義という最も新しい提言にたどり着く。代替的な経済システムが今日の形式における資本主義よりも良い帰結をもたらすかどうかを見極めるために、まずそれぞれのシステムが持つルールを記述した上で全体を検討する。その際、社会的市場経済、つまりドイツならびにほかの大陸ヨーロッパの国々が持つ経済システムを比較の基準に用いる。

本書が学説史を述べるものではないことは強調しておこう。むしろ私にとって重要なのは、人間的で正義にかなった効率的な経済体制への渇望である。この渇望のうちにこそ、巨大な社会的な潜在エネルギーが眠っている。この潜在的なエネルギーが理性的で実りある政治的行動になるためには、今日のシステムに代わるものとして提案されている最良の代替案と、先入観にとらわれず合理的に向き合う必要がある。したがって、非常に興味深い構想の内在的論理を明るみに出し、その後にその経済的な有用性を思想的に検証することが、私の主要な関心事である。これに対応する形で、これらの構想を貫くものと、その構想が実現した場合に期待される結果が議論の中心を占める。結果として未知の経済システムへの旅は、どのような枠組みのもとであれば、社会的市場経済の向こう側での生活が本当に可能であるかを明らかにするだろう。

未知なるものへの旅は、いつでも自己へ向かう旅でもある。それと同様に、システムの比較は現在のシステムをよりよく考察するための視点を作り出す。この比較を通じて、システムがどのように機能し、その限界がどこにあり、それが未だに発揮していない能力はどのようなものなのかがわかるようになる。さらに本書は、代替的な経済システムと比較することで、社会的市場経済がより人間的で正義にかなった、そして効率的なシステムへと発展しうる方法を探し出すことにも重点を置く。

本書は幅広い読者に向けて書かれたものであり、それゆえに経済学の専門知識を前提としていない。私は〔本書を通じて〕、経済分析が提供するシステムの問題に関する洞察を、論証の厳密性を犠牲にすることなく、一般的にわかりやすい方法で描き出そうとした。全ての段落に脚注やさらなる注記があれば内容は豊かになったかもしれないが、スムーズに読むことができるよう、あえてそうしたことはしなかった。引用および各章のテーマにかかわるさらなる文献は巻末付録とした。

ジャコモ・コルネオ

ベルリン　二〇一四年一月

日本語版への序文

成熟した経済で生じる不平等の拡大が、日本では止まったというわけではない。この国でも多くの市民たちが、どのようにすれば社会的なつながりを維持することができるのか、また、さらなる社会的発展は可能なのかと疑問に思っている。新たなオートメーション化の波は、所得の不平等を加速させるのか？　オートメーション化による生産性向上の利益を社会全体でシェアできるようにするためには、何らかの経済システムの変革が必要なのか？

今日、この種の議論で、日本のみならず多くの国において中心的な参照点となっているのが、T・ピケティのベストセラー本『21世紀の資本』である。同書の後半で彼は、高率の実質的な資本課税を支持している。これは全体の効果として、税引き後の資本収益率――とりわけ最富裕層が獲得する収益率――を国内総生産（GDP）の成長率にまで引き下げるといわれる。こうすることによってのみ、つねに拡大する不平等の傾向に歯止めをかけられるだろう。

これは、正しい方法なのか？

ピケティの政策提言を判断するためには、彼が要求する増税の規模について考えてみるべきだろう。最富裕層の毎年の資本収益率が七・五％で、国内総生産の成長率が一・五％の場合、税引き後の資本収益率を成長率まで引き下げるために、税率は八〇％でなければならない。収益率と成長率に対する現実的な値を仮定するならば、必要とされる税率は多くの場合七五—九〇％の範囲に収まる。

現代では国境を越えた資本移動は自由なのだから、高率の税を引かれて収益率が低下する地域から高い地域への資本流出が生じるリスクを冒してまで、そのような課税をあえて行おうとする国家は存在しないだろう。資本課税を世界的に統一したとしても——これは現在のところ現実味がないように見える——、資本収入に対する八〇％の実質税率はおそらく合理的ではない。というのも、これによって投資と起業家精神に対する致命的なインセンティブ効果が引き起こされると考えられるからである。高率の資本課税は技術進歩と生産性の向上を妨げることになるだろう。それゆえ、わずかな実質賃金の下落と物価の高騰を通じて、税負担の大部分が被雇用者世帯に転嫁されることになる。その結果おそらく、全体の税基盤は極度に縮小するため、税率の引き上げにもかかわらず税収入は長期的に低下するだろう。これは、税の引き上げ以前よりもわずかな金銭しか、福祉国家的給付のために自由に使えないという結果をもたらすだろう。

ピケティの政策提言は定量的観点から見れば特徴的だが、定性的にはまったく伝統的な社会民主主義的アプローチに囚われたままである。市場プロセスから帰結する所得の不平等は、高率の累進課税によって対処されるべきである。ピケティの政策提言が非常にわずかな専門家しか説得できなかったことは、この伝統的な政治の枠組みのなかでは解決策がほとんど見つけられないことを示している。解決策は存在するかもしれないが、そのためには、広範囲に及ぶ制度改革を含み、現在の形式での資本主義に疑問を投げかける変革のアプローチを、よく観察してみなければならない。

もし、ほとんど没収的な資本課税が非生産的で、賃金の上昇が資本収入の伸びに追いつけないのであれば、必要な再配分は、資本からの第一次収入のレベルで、課税前に行われるべきである。これは、資本ストックの十分大きな部分が公的に所有されており、それに対応するキャピタルゲインが公的予算を通じて市民に引き継がれるならば、理論的に可能である。言い換えれば、伝統的な政治手段の不備こそ、資本の公的所有権が我々の経済システムを支えるもう一つの柱となるべき理由である。しかし、どうすればこれはうまくいくのだろうか？　この種の観点を探究するためには、経済的な制度設計の諸問題に理性的に向き合うことが必要となる。本書が、そのような重要な問題への回答に資することを願っている。

二〇一八年七月　ベルリンにて

ジャコモ・コルネオ

日本語版への謝辞

私の著作の日本語版を完成させることができたのは、支えてくれた人々のおかげであり、彼らに謹んで謝意を表したい。まず、本企画へと私を奮い立たせ、有用なアドバイスによって大いに助けとなってくれたセバスチャン・ルシュヴァリエ教授に深謝する。迫田さやか博士には、本企画の実施に際していただいた貴重な支援に感謝したい。最後に、本書日本語版は須賀晃一教授、ならびに彼が率いた優れた翻訳者のメンバーである、水野忠尚博士、隠岐理貴博士、隠岐-須賀麻衣博士の尽力の賜物である。彼・彼女ら全員に、心からお礼申し上げたい。

二〇一八年一〇月　ベルリンにて

ジャコモ・コルネオ

目　次

目　次

第一章　プロローグ

ある日、父と娘のEメールのやりとりは予想外の展開になった。

娘　〔……〕パパが出発する時にくれた経済学の教科書をじっくり読んだよ。これでもう放っておいてくれるでしょ！

父　それで、意見は変わったかい？

娘　いや、全然！　市場の見えざる手なんて……笑うしかないね。パパたちはいったいどんな世界に生きているの？　自己資本の投資利回りに対して二五％の利益があがることを夢見て、それで莫大なボーナスをもらう銀行家がいる。銀行家は実物経済から離れた会計処理をもとに計算するから、銀行はどうしようもなくなってしまう。でも、支払いはもちろん国家が引き受けてくれるから、この頭のいい人たちは、自分たちが犯した大きな失敗のつけを払わなくていい。ついでに言えば、その国家は彼らがいつも罵（ののし）っているのと同じ国家なんだよ。

これが、市場が実際にどう機能しているか、そしてパパたちの言う市場の公正な所得がどうやって可能になるかということだよ。まさか〝見えざる手〟だなんて!

父 まあ、市場の見えざる手は、ただの喩(たと)えだから……

娘 唯一の見えざる手は、納税者の財布のなかにつっこまれた銀行員の手だよ。これはどんな結果になると思う? 本当に基本的な需要を満たすためのお金が不足することになるんだよ。だからこれは〝資本主義〟って呼ぶべきで、いつも〝市場経済〟って呼ぶのはやめてよね! そうすれば、このシステムが誰の関心で動いてるかよっぽどわかりやすいでしょ。要は、資本の利害。

西ヨーロッパの中産階級の快適な生活が、資本主義のもとでの日常生活というわけではないことを考えてみてよ。だって、資本主義のもとで生活することは、アフリカ、アジア、ラテン・アメリカに暮らす大部分の人たちにとって搾取と貧窮しか意味しないんだから!

父 資本主義一般を罵るのは簡単だよ。でも実際のところ、具体的には何を批判しているのかい?

娘 パパが本当に知りたければ、喜んで教えてあげる。パパたちの経済システムは批判すべきところが山ほどあるから、時間がかかるのは承知してね。

父　いいよ、話してごらん。面白そうだ！

娘　パパたちの経済システムは、浪費的で不公正で疎外的。だけど浪費と不公正と疎外は、自然の法則からは生まれない。つまりこれは、特定の社会的なルールの結果、資本主義の結果だよ。でも資本主義的な経済システムは、歴史上の比較的短い時期の産物でしかない。資本主義が生まれたのと同じように、それが崩壊してもっと良いルールによって置き換えられることだってありうる。この仕事は私たちの手にかかっているんだよ。だって人間はより良い世界（ベター・ワールド）を生み出すために、資本主義と闘おうと決意できるんだから。

問題点1――浪費

資本主義は、私たちの資源を大量に浪費する。その資源を使えば、全ての人がもっと豊かになれるかもしれないのに。これはたぶん、パパたち経済学者が〝非効率〟と呼ぶものだよね。はっきり言えば、資本主義は、経済的理性の最小限の要求では満たされない。

その証拠は明らか。

まず失業を考えてみて。働きたいと考えている労働可能な世界の人口のおおよそ一〇分の一は労働を拒否されているんだよ！　その一方で同じ時に、生産設備と機械類は利用されないまま放置されているなんて……

私たちは、確かに住宅不足で悩んでいるけど、多くの住居は投機家が持っていて、意図的に空き家にされている。これがパパの言う〝効率性の高い市場プロセス〟の一つだなんてことがある？

あるいは、資本主義がどうやって自然環境を扱っているかを見てみてよ。環境の質と自然資源が破壊されている状態は、国民経済的に見て効率的なの？　熱帯雨林は伐採されて海洋は乱獲されているし、有害物質が放出されるせいで大気は汚染されている。資本主義が自分たちで加減することなんてない。資本主義は自然を破壊する。やがて気候変動が起こって、その結果全ての国と沿岸都市は海のなかへと沈んでいく。資本主義がもたらすものは、本当に効率的ね……

パパは、資本主義のもとでの食糧浪費について一度でも考えたことがある？　第三世界では、何百万もの人が飢え死にしている。それなのに先進国では、餓死しているのと同じくらい多くの人たちが肥満に悩まされている。私は実際にそう読んだの。正直に言ってよ。これは有意義な食糧の利用だと思う？

冷徹な経済学の論理によれば、この非常に素晴らしいシステムと言われるものが絶え間なく作り出す帝国主義的な諸々の戦争も、浪費のカテゴリーに入ることになる。戦争のときに国家やＮＡＴＯのような国家連合は、軍事力を使ってわずかなエリートに得をさせようとする。例えば国外の石油備蓄を管理したり。他の生産的な使い方だってできた価値の高い資源は、戦争に投入される。この浪費は信じられない大きさだよ。米国だけでも、政府は国内総生産の約五％を軍事支出に充てている。これは年間七〇〇〇億ドル以上になる。とても想像できない額だよ。考えてみて。これはバングラデシュの国内総生産高の二倍以上あるんだよ。

バングラデシュの国内総生産。つまり、一億六〇〇〇万人が住む国の二倍以上なの。これだけの資源があれば、苦しみを生み出す代わりにどれほどの苦しみを取り除けるだろう。そう、苦しみを生み出しているの。なぜかって？　残念ながらすでに何度も起こっていることだけど、米国政府は軍需産業に気に入られようとして、ヴェトナムやイラクにしたみたいに全国土を爆撃することで、ときどき武器庫のガラクタを片づけているからだよ。

問題点2――不公正

資本主義の分配的正義は、本当のところ侮辱だよ。公正な分配は、人々のその時々の必要に気を配り、それぞれの人々の働きに相応しい報酬を払うこと。それなのに私たちのシステムは、必要に応じて分配することもなければ、働きに応じて分配することもない。特に、第三世界に生まれるという不運に見舞われた人間と、先進国に生まれるという幸運に恵まれた人間を比較したときに見える分配の不公正にはあきれてしまう。豊かさの格差はあまりに大きすぎて、いろんな必要や成果に応じてその格差が生じたなんて誰も信じられないよ。

ヨーロッパのなかに限っても、所得格差は受け入れ難いものだよ。例えばドイツを見てよ。上位一%に属する一つの家計は、平均的家計を八つも合わせた所得になるの！

この不平等からインセンティブが生まれるから、この不平等は社会のためになる何らかの役目を持っているというのは、有権者の機嫌を損なわないための全くのおとぎ話だよ。何に対するインセンティブなの？　ヘッジ・ファンド・マネージャーのジョン・ポールソンのような人たちがどうやってお金持ちになったかを見ればわかるし、金融詐欺師と看護師の収入、そして彼らの社会的な有用性を比べてみたらわかるでしょ。

問題点3――疎外

三番目の点は数字で裏づけるのが難しい。それでも説明してみるね。資本主義的な関係性のもとに生きる人間は、自身の個性を十分に発揮することとは一致しない目標を設定してしまいがちなの。このシステムは、それが労働に関してであろうと、消費や政治参加に関してであろうと、人々をみじめな存在にしてしまう。

労働を考えてみて。本来であれば、労働のおかげで人間は自分の能力を発揮して、積極的に他者と協働できるようになるはず。でも資本主義では、チャンスがあればすぐに仕事場で肘をついて座り込んだり、会社や顧客をだますことにしか自分の意思を使わないような自律していない個人が、退屈な型通りの仕事の処理を行うことが労働になる。

消費の領域は、労働と同じように人格の発達と人間がお互いを助けるのに役立たなければいけないはずだよ。それなのに人々は、広告によって粉飾された消費の競争のなかで所得を浪費する。時としてこれは、例えば二〇〇七年のアメリカのように、サブ・プライム危機を引き起こす破産へと、幾千もの家庭を追いやってしまう。

政治上の民主主義は、支配から自由な議論を基礎に、全ての市民が平等に政治的影響力を行使できるようにしてくれるもののはずだよ。

でも大抵の人間にとっては、政治的民主主義は全くの傍観者的民主主義の姿を呈している。傍観者的民主主義のもとでは、市民の判断力は育つどころか奪われてしまう。

パパが、改革というものには辛抱強くなくてはいけないといつも繰り返すのは知っている。でも、六〇年間にわたるあらゆる改革は、私たちヨーロッパの人間に何をもたらしたんだろう？　失業、自然災害、それに戦争は、もはや日常茶飯事になった。所得格差は縮小することもなく、労働者の家の子供たちは、〔政治家の〕あらゆる約束にもかかわらず、高学歴者の子供たちよりずっとひどい機会しか持っていない。厄介な労働状況は、六〇年前と比べて今日一段と拡大した。男の人たちは未だに、自分たちがしていることや現実の姿を通じて自己規定することに耐えられないから、何よりもまず自分の車を通じて自らを規定する。そして政治参加は少しも進まず、むしろ低下している。だから、格好とも言える条件のもとでの六〇年に及ぶ改良主義が、浪費と不公正と疎外をただ再生産しただけなら、これから六〇年かけて制度的な修正を行っても何も変わらないはず。

ここから出てくる結論は明らかだよ。資本主義は廃止されるべきなんだ！

父　ふーう、こんな大演説になるとは全く思わなかった！

まず最後の改革という点について答えよう。第二次世界大戦以後の数十年間、浪費、不公正、疎外に関して全く改善がなされなかったという君の主張は――そもそもこの主張には与(くみ)しないけれど――、この改革で行われたことが無駄だったということを意味するものではない。なぜなら、改革が行われなかったとしたら、何が起きていたかは知る由もないからだ。おそらく環境の搾取、富の集中、そして人々の権利の剝奪は、もっと進んでいただろう。だから、改革に参加することには十分に意味があるはずだ！

さらに君は、この数十年の間に一般的には豊かさは拡大し、幅広い国民階層にとっての教育と健康は大いに改善されたことを忘れている。夫婦、家族、職場における伝統的で権威主義的な人間関係の大部分は捨て去られた。禅の英知に人間がまだ到達していないとしても、これら全ては、生活の質の向上への非常に重要な貢献だよ。

でも僕は、君が資本主義は非効率的で不公正な、そして疎外を生むシステムであると言うのは、本質的には正しいと思う。驚いたかい？　さぁ、僕も準備はできているんだよ。社会の進歩のスピードがあまりに遅いのか、そしてラディカルな変化を起こすべきなのか議論する準備がね。しかしこうした議論は、この変化がどのような形をとるべきなのかを説明しなければ意味を持たない。

つまり、資本主義の欠点から、このシステムが廃止されるべきだという結論を導き出すのは、いくぶん急ぎ過ぎだよ。なぜなら〔システムを〕交換することによってむしろ悪化することもありうるからだよ！　完全ではないシステムは、他の実現可能なシステムが存在して、そのシステムが完全ではないシステムよりも本当に優っているという理由を受け入れられる場合にのみ、廃止するべきなんだ。他方で、現実の状況と理想的状況を比較するのには注意しなくてはいけない。そうでなければ、本当に危険な**解脱の誤謬**(Nirvana fallacy)に陥ってしまうからだ。

　では、何が必要なんだろう？　それは、今日までに僕たち人類が示すことができた資本主義に代わる経済システムの優れた構想と、理性的に向き合うことだ。結局人間は、長い間こうした問いにさんざん頭を悩ませてきた。〔それらと向き合うことで〕資本主義はもはや役目を終えたものかどうかわかるだろう。

　それじゃあ、資本主義の向こう側へのワクワクする旅へ出かける準備をしておくんだよ！明日、君に、それに関するものを送るよ。

第二章　哲人と国家の機能不全

賢人ソクラテスの弟子である、偉大なギリシャの哲学者プラトンは、紀元前四世紀に『国家』という書物を著した。これは理想的な共同体〔国家〕について我々に残された最も古い論考であり、西洋哲学の発展、および政治的ユートピアについての文学作品に後々まで影響を与えてきた文献の一つである。

プラトンの時代には経済学は存在しなかった。そこで道草をして、どうすれば経済システムが効率的で、公正で、人間的なものになるのかという問題に対する詳細な提言を、『国家』のうちに探すことにしよう。しかしあらゆる**経済システム**は、**政治制度**との多大な相互作用の影響下にあるため、二つの領域の関係を考察することなくより良い経済システムにかかわる問いに答えることはできない。プラトンは、二つが交差するまさにこの重要な場所に手をつけたのである。

資本主義、ないし古代の商業資本主義をプラトンが放棄しなかったことは、注目すべき点である。それゆえ彼の理想の共同体は、資本主義の向こう側へという我々が繰り出そうとする旅の目指すところではない。それにもかかわらず、プラトンの理想の共同体は十分な理由からこの旅の出発点に位置するものである。なぜなら、彼を知ることによってこの探検へと出かける決意はいっそう強くなるからである。

微妙な接点

ほとんどの経済学者は、資本主義のシステムとは**市場システムと生産手段の私的所有(私有)の組み合わせ**であると定義している。卑しむべき集団的な不正行為は、経済システムそれ自体の内部というよりもむしろ、資本主義の経済システムと政治システムの間の接点で生じる。資本主義諸国が全世界を戦いへと駆り立てる帝国主義的な戦争は、今日に至るまで経済システムと政治システムの接点の意味を示す恐るべき例である。もう一つの例は金融危機である。遅くとも一九二九年の大恐慌以降になると、金融セクターが規制されない場合には、金融セクターによって経済全体のリスクが高まることは知られるようになった。例えば立法者は、高い自己資本比率や金融仲介業者のバランスシートの透明性を要求する必要があるだろう。しかし直近の金融危機が起こる前の数年間、金融業のロビー活動は世界中で、政治がよりいっそう規制緩和を行うよう、あるいは実効性のない規制を行うよう仕向けてきた。この金融業のロビー活動が成功したおかげで何年もの間、金融部門の株主は高い利益を、経営者はたっぷりのボーナスを受け取ったのである。しかし金融危機において浮き彫りになったように、その反対側では何ら特別な価値の創出もなく、むしろ誤った実物投資によって巨大な価値破壊が生じた。

資本主義における**失敗した政治**の影響の範囲という点で重要なのは、資本主義の批判者が資本主義に帰する欠点は、国家が行う活動を根本的に組み換えることによって克服できないのかと問うことである。すなわち、資本主義の経済秩序の中核的な要素である市場と私有財産を根底から変革せずに、という意味である。もしそれが可能であれば、全ての議論は古ぼけたものになるだろうし、代替的な経済システムをめぐる旅をそっとやめてしまうこともできるだろう。

この観点から見れば、プラトンの『国家』は、この旅行を思いとどまらせるための勧告として読むことができる。彼は、本質的には**経済的な領域から政治的な領域を根本的に切り離すこと**によって、資本主義の維持を代替案として提案する。一方で彼の国家における国民の大部分は、政治的に影響力を行使することの断念、つまり民主主義を断念することによって市場の経済的な自由を享受するが、他方で資本主義の外側で生活しながら、残りの国民のために政治的な仕事を行う善良な賢人の集団が存在している。

これは我々の社会を苦境から救うために進みうる道なのだろうか?

政治経済学と国家の機能不全

プラトンの構想をうまく整理するためには、今日の**政治経済学**のアプローチをまず簡単に説明するのがよいだろう。政治経済学者は考察の際に、国家の権力独占を含んだ資本主義的経済から出発し、個人とその財産の保護へと向かう。所有権の分配、個人の選好と自然的あるいは技術的な与件に基づいて、この資本主義的秩序は特定の資源配分を行う。資源配分の際には、誰が何をどのように生産し、誰が何を必要としているかについて厳密に理解しなければならない。この資源配分は、経済システムの全体の結果を反映する。

国家による経済活動を所有権の保護に限定し、全ての経済主体がこれを自由に扱うことができる場合、経済学者はそれを自由放任主義システムと呼ぶ。これは、現実には全く存在したことのない資本主義の一つの特殊な形態である。というのも統治者は、経済的な事柄に介入したがるからである。実際のところ経済理論は、そのような自由放任主義システムの資源配分はほとんどいつも準最適で、原則的には国家による追加的措置によって改善されることを示している。例えば、国家が賢く金融セクターを調整すればマクロ経済的危機を予防するのに役立つ。租税による所得の移転システムは、人々が貧困に陥るのを防ぐ助けになる。特定の財の調達や所得の分配に際して自由放任主義システムがうまくいかなければ、秩序維持機能を超えて国家活動を拡張することで、原則的にはより良い社会的な成果を生み出すことができる。しかしこの点で、現代の政治経済学は警告を発する。**国家の機能不全**は、社会にとって市場の失敗以上に深刻である。

こうして、すでに強調した〝微妙な接点〟にたどり着く。というのも国家の機能不全は、経済と政治の間に存する難しい関係の表れだからである。根本において、これは二つの非常に一般的な国家の特性に還元されうる。

第一に、国家はただ一つの意志を持った、同じように考える人間の集合体ではない。むしろそれは、様々な見解と、しばしば大きく隔たった利害関心を持つ個人と集団から成り立っている。個人と集団の大多数にかかわる政治的諸決定は、有益な妥協へと至るために利害の多様性を考慮しなければならない。

第二に、国家の活動にとっても、生産過程の編成から理解される分業の技術的なメリットがある。

相応の効率化利益が得られる見込みがあると、ある特定の集団が国家全体の名において決定を行い、この決定が実行される様子の監視を容認するきっかけとなる。この集団の構成員は、政治家と呼ばれる。

これら二つの特性、すなわち国家内部での利害闘争と集団的な意思決定の権限委譲は、多かれ少なかれ大部分の住民に多少とも大きな損害を与える危険を、国家権力がつねに自らのうちに秘めていることを暗示している。

国家の機能不全から身を守るためには、例えばある法規を通じて個人のある権利は不可侵であることを明言することで、統治者の権限を制限する法規を共同体が取り決められる。そこで、独立した憲法裁判所を設置するなどして、実際に統治者が憲法に関する規範に従うように、予防措置がとられなければならない。

合法的な国家介入の範囲がいったん憲法によって定められると、どのように集団的な意思決定が可能になるかという問いが共同体のもとに立ち現れる。一般的に見て、政治的な諸制度は二つのことを成し遂げる必要がある。政治制度はまず、代表が社会の様々な利害を考慮するよう注意するべきであり、また統治者が、他の国民を搾取するために国家を利用しないよう防ぐべきである。問題は、どのような条件のもとであれば、資本主義的な関係のなかでこうした必要がうまく満たされるのかということである。

資本主義に批判的な見解

資本主義に批判的なある政治経済学者は、経済システムが資本主義である限り、先に述べた集団的な決定の問題を満足いく仕方で解決する政治制度を見つけることはできないと主張する。とりわけ彼が信じているのは、資本主義は本当の民主主義を認めないということである。このことの厳密な意味は、彼自身の言葉で説明するのが一番良いだろう。

資本主義に批判的な政治経済学者は以下のように述べる："現代の経済学において資本所得は、おおまかに見て国民所得のおよそ三分の一を占める。国民所得の三分の一は、国民のごく一部の層に流れてしまうので、資本家は多くの他の市民とは全く別の所得状況にある。第一に、資本家の平均的な所得は、国民全体の平均所得の数倍にのぼる。第二に、資本家の個人所得は、圧倒的な割合を占める資本所得によって特徴づけられる一方で、資本家以外の国民の場合は労働所得が極めて重要な部分を占めている。この異なった所得状況ゆえに、資本家は国民の圧倒的多数の利益とは相反する政治的選択肢を選ぶ。資本家は、国民の大多数にとっての公共の利益を犠牲にして、産油国への軍事介入やタックスヘイブンの容認のような、企業の利潤と資本所得を引き上げる政策を優遇する。

もし我々の民主主義と呼ばれる制度が、本当に国民の大多数の利益を達成するものであれば、その政府はこの政策を決して選択しないだろう。しかし実際はそうではない。民主的な装いをつくろう裏で、資本家の利益が多数の利益に反して追求される。

これはいかにして可能なのか？　資本家は確かに少数だが、多数派に対しては二つのアドヴァンテージを持っている。

第一に、資本家は少数なので、容易に互いの間で調整することができる。現代の資本主義社会には、出資者が政治的な影響を与えるという目標を達成するための特定の戦略に同意しうる制度的枠組みがすでに存在する。財産権の連鎖と株式持ち合い（クロス・シェアホールディング）を通じてより大きなネットワークが生まれる。このネットワークは、ドイツのような国々では、共通の見解と主導権を生み出す監査役会の占領のうちに現れる。これに対して大多数の国民は、フリーライダー問題に苦しむことになる。政治的および社会的に参加すれば個々人はコストを感じるが、集団的な関心事に対する貢献はごくわずかである。それゆえ個々人には、集団的な重要事項にかかわろうとする物質的なインセンティブが全くない。

第二に資本家は、富を基盤として効果のある政治的なロビー活動に資金を提供することができる。財産のある個人、企業、協会、財団は、様々なやり方で民主的な意思決定の結果に影響を与えることができる。例えば資本家は、特定の候補者、あるいは政党の選挙戦に多額の資金をつぎ込むことができる。彼らは、かつて公職にあった者には儲けのあるポストを用意するか、高額が支払われる講演会を彼らのために開くことができる。さらに、メディア、シンクタンク、研究所など、またもや政治の決定権者や選挙人の意見を特定の方向へと導くものに融資することもできる。その結果、大多数の利害を無視して政治的に平等な権利を破壊する、民主的な過程に対する制度的な歪みが生じる。

この問題は、資産の不公平な分配と、その資本所得に対する非課税権に根ざしている。原理的には、資本のさらなる再分配（例えば、相続や資本所得への高率課税）によって、この問題は解決できるだろう。

しかし現実には解決されない。なぜなら、この措置の場合、民主的な過程から生み出されるはずの集合的意思決定が問題になるからである。だが、この過程が制度的に資本家の利害のために歪められているならば、これは不可能になるだろう。これに反して資本主義の廃止は、この問題を根本から解決するかもしれない〟。

民主主義が危険な金権政治的傾向をもたらすことは、幾人かの古代ギリシャ人たちも考えていた。プラトンも、彼の時代における商業資本主義と民主主義の組み合わせは、根本的に不安定であると考えた。しかし彼の解決策は、資本主義の廃止ではなく民主主義の廃止であった……。

プラトンのデザイン

プラトンによれば、理想的な共同体は正義にかなったものである。しかし彼にとっての正義は、今日多くの人々が理解するものとはいくぶん異なったものを意味している。プラトンにとって共同体が正義にかなっているのは、各人が自分自身に割り当てられたことを行い、それによって全体の役に立つ場合である。

プラトンの思考の出発点は、人間は様々に異なるということである。ある人はある一つの活動に抜きん出ているが、別の人は別の活動において才能を発揮する。こうしてプラトンにとっての正義は、天職でもある職業を各人が追求することを意味する。したがって理想の共同体における分業は、天賦の才能の割り当てとの完全な一致のうちに生じることになる。

この正義の要求は、プラトンが共同体において最も重要な活動と見なした統治にも当てはまる。プラトンは、幾人かの人々は彼らの特殊な性質ゆえに、とりわけ統治を行うのにふさわしいと考えた。彼らは、共同体を維持する政策を他の人よりもうまく策定し、それを実行することができる。天性に従って分業が行われるという規則は、職業政治家にふさわしい集団が政治的決定を準備し、また実行することに根拠を与える。理想的な状態では、正義にかなった分業が全ての領域で実現されている。それゆえプラトンの理想の国家は非民主主義的である。そこでは国民の大多数は、統治者の決定を修正したり、それを拒否し他の決定に替えたりする権利を持っていない。

これに対して、民主主義的なコントロールの欠如が国家の機能不全の問題を悪化させるのだと、政治経済学的に反論できるかもしれない。解任される脅威がなければ、統治者は裕福な商人によって、よりいっそう簡単に操られてしまうかもしれない。このリスクに対してプラトンは、二つの予防措置をとる。第一に、彼の理想国家における将来の職業政治家は、できるだけ早い時期にその他の国民から隔離され、公共の福利に仕えるよう、あらゆる面において教育される。第二に、職業政治家に対してあらゆる種類の私有財産と市場経済的な活動を禁止することで、買収のリスクは最小化される。

したがってプラトンは、資本主義における国家の機能不全を回避するために、経済と政治をはっきりと分離することを提案した。国民の大部分、すなわち生産活動に従事している労働者階級は、共同体の物質的再生産を確保する生産と交易のプロセスに携わる。このプロセスは、私有財産を維持しながら、規制された市場経済の枠組みのなかで行われる。他方で政治的決定は、いわゆる**守護者**の階級から生まれる優秀な専門家によって下される。

守護者と生産労働者は、それぞれプラトン的共同体の魂と体を表しているが、プラトンは、専ら魂に関心を持っている。したがって彼は、経済的なプロセスの編成に関しては革新的な提言をしない。市場、貨幣、私有財産は、この先も生産労働者の日常生活に影響を与え続ける。政治経済的観点からもプラトンは、実用主義的な途を勧めているようである。まず彼は、経済的プロセスを規制しようとする、大きすぎる立法者の熱意を警戒した。彼の考えによると、人は国家的規制によって、共同体における分業を不必要に抑制し、社会構造のうちに特権的な地位を創り出そうとする傾向がある。さらに彼は、貧困と裕福の間に存する社会的な亀裂を防ぐ分配政策を擁護する。

したがってプラトンは、あたかも民主主義の敵であると同時に市場経済の信奉者でもあると定義できるかもしれない。これは、上記の二つの立場は必ずしも対立するものである必要はないことを示している。

守護者は、プラトンの理想国家において共同体の戦略的問題に専念しているが、これが意味しているのは、何よりも当時の戦争と平和である。守護者は、今日の国会議員、政府高官、憲法裁判所判事の役割を同時に担うことになるため、彼らの力は大きい。それに加えて彼らは軍隊をも整備する。今日のように〝チェック・アンド・バランス〟を備えた権力分立という考えは、この理想国家には存在しない。守護者が自らの仕事をできるだけうまく処理できるように、プラトンは、彼らがどのように選抜され、また教育されるべきか、またどのような基本原則によって彼らの生活が整えられるべきかを細かく論じる。

無産の政治的エリート

理想国家の守護者階級は、ただ賢く友好的な政治指導者の集団ではない。この階級は、通常全生涯にわたって共に暮らし、公共の仕事のために自らの生を全て捧げる人々によって、独自の集まり（ゲマインデ）を築き上げている。社会の他の人々から物理的に隔離されたところで生活している集団のような守護者の人々を想定するのがよいだろう。守護者は共に居住し、食事をし、全てを分かち合う。彼らは、貴重な時間を手仕事のために浪費することはないので、自ら生産したものによって生活費を賄うわけではない。彼らは生活に必要な食糧その他のものを生産労働者階級から受け取る。

プラトンは、守護者は戦場における兵士のように、つまり〝低いコストで高い質〟を持った政治的階級のように、非常に簡素に生活しなければならないと考えた。注目すべきは、個々の守護者は、自分の意の向くままに使うことができるような給与を社会の他の人々から受け取るのではないということである。むしろ全ての守護者には、**社会的・共同的（ゲマインシャフト的）な財産**がある。彼らは集合的に自分たちの消費を決定し、各人は消費対象物を配給制によって受け取る。同様に個々の守護者が要求するサービスも供給される。

では、なぜプラトンは守護者に私有財産を禁止したのだろうか？　一つは、人間的な才能を最適な形で利用することにかかわる。守護者は、国家の関心事に完全に身を捧げなければならない。私有財産がなければ、その使命を裏切ろうとすることも、私有財産の蓄積にいそしもうとすることも不可能である。ここではその点に関して、守護者には他の活動が禁止されているので、この問題はすでに回避されうると応答できる。このような禁止事項を遵守することは、副収入と優遇措置を法廷で確実に立証することができないように隠しておくことができるために難しい。実際、今日ある特定の利益を実現した場合の私的報酬は、多くの場合、法的に非難されえない形で政治家に払われる。これに対して、全ての守護者から私有財産が排除された財産共同制を採ると、一人の守護者が買収されることは不可能になる。それゆえ、守護者の財産共同制は、経済権力から政治権力を分離するのに役に立つ。この国家は、金権政治、すなわち財産所有者である富裕な者が政治的な実権を握る国家形態へと変貌することなく、資本主義に批判的な政治経済学者の懸念が考慮されている。

他方でプラトンは、守護者階級の私有財産の廃止は社会的な団結に役立つと考えた。国家の負担でただ一人の守護者が私腹を肥やせば、他の市民、特に他の守護者のうちに憎悪の念が呼び起こされるだろう。

遅かれ早かれ、全ての守護者は他の守護者に対して互いに陰謀を企て、集団としての守護者は他の市民の前に〝同盟者としてではなく、敵意を持った主人として現れる〟ことになる。それはもはや理想の国家とは呼べないだろう。むしろ、破壊的な社会的暴動と政治的な転覆の種をまき散らすものである。

生物学的な統一体としての守護者階級

買収を避けるために、政治家に私有財産を禁止するというのは、あまりに突飛なように見える。しかし、彼らの一体性を支えるためにプラトンが計画していた、守護者の生活に関するさらなる仕掛けは、もっと思い切ったものであった。守護者は一緒に暮らし、食事を共にするだけではない。彼らはある程度まで、生物学的に統一的である必要があるのだ。

守護者階級には、男女差別はなく、男性も女性も等しくプラトンの国家を統治することが許されている。彼らは子供を持ち、その子供たちも基本的には同様に守護者になることが期待された。ただし場合によっては、守護者の子供たちはしばしば生産労働者階級へと移され、また反対に、労働者の子供たちが守護者階級へと昇進することもある。しかし高確率で、政治的エリートは政治的エリート自身の子供のなかから補われた。

これは何ら特別なことではない。今日でもエリート集団にはほとんど透明性がなく、エリート大学や才能のある人々への奨学金のような制度は、彼らが属する社会階級内部での結婚を促す。しかしプラトンが守護者に対して設ける規則は、さらに進んだものである。すなわち、**制度としての家族の廃止**である。

生存契約という意味での結婚は、守護者には完全に禁止される。彼らには結婚することも家族を持つことも認められない。子供の教育に際しては、〝馬の飼育係が馬に対して行うのと同じように〟、年長の守護者が多分に介入する。子供は生まれるとできるだけ早く両親から引き離され、他の子供たちと一緒に教育される。

これは非常に受け入れ難いことである。しかし、その裏にはどんな論理が潜んでいるのだろうか？

子供は血のつながった両親からすぐに引き離されるので、本当の血縁関係はわからない。これこそまさにプラトンのもくろみであった。情報が制約されているために、全ての子供は互いを兄弟姉妹と見なし、全ての成人した守護者のうちに〔自分の〕親であるかもしれないという可能性を見出す。その反対に大人たちは、全ての子供をあたかも自分自身の子供であるかのように考える。これによって守護者階級の連帯感は強固なものとなる。ここでも再び、共同体を維持するためには、政治的指導者の団結が必要とされる。これこそがプラトンの中心的な関心事であった。

補説——生物学的に条件づけられた守護者の利他主義

守護者に対して利他主義、すなわち無私の思考様式と行動様式を促進するために用意された〔親子関係の〕隠蔽のトリックは、実際にはどのような効果を発揮するだろうか？

プラトンの不条理なルールを現代の進化論のメガネを通して考えてみよう。進化論は、遺伝的な近縁性によって類縁関係にある動物の間に生じる利他主義を説明する。ある動物の一つの遺伝子は、その動物と類縁関係にある動物にも頻繁に見られるので、この動物に自身と同類の動物を助けさせる遺伝子は、純粋に利己的な行動へと駆り立てる遺伝子と比べると、比較的早く繁殖すると結論づけられる。こうして自然淘汰は、一種族の内部において利他的な行動を生み出す遺伝子を優遇してきた。

この利他主義の強さは、個体の間の遺伝的な近縁性に依存する。生物学者は、血縁性(relatedness)の指標を手掛かりとしてこの近縁性を測る。大まかに言えば、一つの種に属する全ての個体に共通するあらゆるものを捨象すると、この指標は共通して持つ遺伝子の一部に対応する。同様にしてこの指標の数字は、一つの〝珍しい〟遺伝子が二つの個体に存在する可能性に対応する。なぜなら、二つの個体はその遺伝子を一つの共通する祖先から受け継いできたためである。例えば遺伝的な近縁性は、兄弟姉妹間ではちょうど二分の一で、四親等のいとこの間ではちょうど八分の一である。

自然淘汰を通じてもたらされた利他主義は、個体が利他主義を〝正しく〟使える限りにおいて、つまり遺伝的な近縁性を認識できる限りにおいてのみ、発展することができた。個体が**推測する**近親度合いが高ければ高いほど、この利他主義の強度は上がるだろう。

プラトンが、守護者階級において生物学的な血縁関係を人為的に不確実にする際、彼はこの利他的な関係の形態を二つの点で変化させている。一方では、血縁関係にある者たちはその関係について不確実であるために、血縁関係にある人々の間の利他主義の強度は弱められるが、他方において、血縁関係にない人々は血縁関係にあるという前提から出発するので、生物学的には血縁関係にない個々人の間での利他主義が可能になる。その結果、利他的な傾向を持った再分配が行われる。より密度の高いあまり利他的ではない関係の代わりに、各人はより低い密度で数多くの利他的な関係を持つ。喩え(たと)るなら、太い糸から成る目の大きい網が、細い糸から成る目の細かい網によって置き換えられるようなものである。

プラトンの仕掛けを通じて、どれほどの遺伝による利他主義が守護者階級のうちに生まれうるのか？

このことは、守護者の数Nに依存している。例として、互いに血縁関係はなく、守護者になる子供をもうけるようなN／2の男性とN／2の女性からなる、成人した守護者の仮説的第一世代を見てみよう。もし第二世代の生物学的な親子関係はわからず、全く偶然的である場合、この子供たちの間で予想される血縁の度合いは等しく1／Nになる。それゆえ第二世代の内部での利他主義は、両親、すなわち現在の〔第一世代の〕守護者の数が多くなればなるほど、低い強度になる。例えば、再従兄弟〔六親等〕の関係にある人にふさわしい利他主義の程度を求めると、N＝32となる。一二八人の成人した守護者がいれば、その子供たちのもとには、八親等にあたる人々の間に存在する程度の利他主義を生み出すことができる。

これらの数字を用いた例は、自然的な血縁関係を隠蔽するトリックは、数百人の守護者という前提から出発する場合、遺伝的な集団の結びつきにとって微々たる利益しかもたらさないことを示唆している。

つまり家族の廃止は、縁者贔屓や自分の子供の優遇を妨げることによって、守護者たちの一体化を促進する。これに加えて一族郎党間の対抗関係と紛争は、守護者の間ではもはや不可能になる。

さらに、婚姻と家族の禁止は、ある点では私有財産の禁止と似ている。ノーベル賞受賞者のゲーリー・ベッカーのような家族経済学者たちは、特別で希少な資源、すなわち望ましい人生のパートナーを手に入れようとして人々が競争する〝婚姻市場〟について語る。守護者が婚姻市場に参加する場合、敵対心は彼らの間のみならず、守護者階級と生産労働者階級の間にも生じるだろう。守護者は比較的小さな集団なので、残りの国民のなかに魅力的なパートナーを見つけることはよくあるだろう。しかし守護者と生産労働者階級の間の競争は、守護者が競技者であると同時に審判者でもあるために機能しえない。すると生産労働者は、ある特定の政治的措置は全体の福祉ではなく、生産労働者自身の利益を犠牲にしながら、守護者の利益を促すものなのではないかという疑念を抱くようになるだろう。

守護者の成長過程

プラトンによれば、政治的指導の役割を担う者は、入念に選抜され教育されなければならない。理想国家においては、その長い教育過程は早期の教育プログラムから始まる。このプログラムに参加するのは、守護者の子供と、守護者共同体に統合された生産労働者階級の前途有望な子供である。しかしこれは子供たちの両親の意に反して、そう簡単に起こることではない。それゆえ守護者としてのキャリアは、相対的に魅力的に見えることになる。これは、個々の生産労働者が平均よりずっと豊かになることが許されないことのもう一つの理由でもある。

選抜された子供の教育プログラムは、その子供たちのなかから、能力があり国家を愛する統治者が後々出てくることを目的としている。二〇歳まで彼らは、身体と精神の総合的な教育を受ける。この教育は、教育者が厳格に守らねばならない堅固な規範において定められている。将来的な守護者の候補者が二〇歳になると、選別が行われる。依然として有望な候補者だけが、それに続く課程に進むことが認められる。選ばれた者は、一〇年間にわたって数学と自然科学に集中して取り組まなければならない。三〇歳になると、再び選別が行われる。非常に優秀な者たちのみが、そのあとさらに五年間の哲学の課程へと向かうことができる。

三五歳になってようやく、守護者の教育課程は終了する。今や彼らは、哲学者の国家を導くための準備が整い、そのための訓練を積んだのである。ただし、まずは軍事的に準備ができたのであって、まだ政治的にではない。最初の一五年間は、全ての守護者は軍務に従事する。この長い期間は、プラトンの時代において都市国家アテネが再三にわたって戦争状態にあったことによって説明がつく。それゆえ守護者は、本来的な政治の勤めを五〇歳になってから行うことになるが、当時の余命は、おそらくそう長くはなかった。良い政治家であるためには、人間はこの年になってはじめて十分な経験を積み、激情から十分に解放されるというのがプラトンの主張であったと考えられる。

勤務年限になっても、守護者は純粋な職業政治家として行動するわけではない。数年にわたって政治の指揮を執ったのち、彼らは改めて哲学に専念する研究期間に入り、そうすることで実践と理論を繰り返し継続できるのである。この時期には次世代の守護者の選抜と教育に携わる。ちょうど、〝馬の飼育係が馬に対して行うのと同じように〟。

利用可能な神話

プラトンがスケッチした理想の共同体は、次のように記述できる。人々の圧倒的多数を占める生産労働者階級は、専ら私的な事柄に携わり、この私的領域のうちで個人的な幸福を追求する。立法者の関与が必要となる集団的な事柄は、思慮深く善良で、それゆえに最良の集団的決定を行う政治的指導者によって調整される。政治的指導者は、守護者の仕事において最も才能のある人々からなり、残りの国民からは隔絶され、特殊な規則に従って生活する守護者階級から生み出される。各々の守護者は私有財産と家族を放棄し、他の守護者たちと共に共同生活を送り、非常に若い時期から将来の政治的指導者としての使命を見据えて一貫した教育が施される。

この社会モデルの決定的な要素は、生産労働者が守護者の権力を承認することを拒否するかもしれないというリスクである。プラトンもこの点を強調し、どのようにして回避すべきかを提案している。守護者の権威の維持は、プラトン哲学の枠組みにおいてもすでに問題となっている。守護者は、真実の光を見た、〝暗い洞窟のなかにいる〟人々のもとへと帰ってきた哲学者である。これに対して生産労働者は哲学者ではないため、世界に関する断片的な知覚を持っているにすぎない。したがって彼らは、守護者が賢く、国家のために最良の政治を行うとはすぐには理解しない。若い息子が親切な父親に逆らうのと同様に、国民は守護者による家父長的な後見を摩擦なく受け入れることはない。

それゆえプラトンは、それを恥じるかのようにいくぶんためらいがちに、この要求に即した最善の国家体制を神話という形をとった〝必要な嘘〟によって正当化しようとする。神話は、全ての人間は母なる大地から生まれたため、彼らが兄弟であることを強調する。兄弟関係の情念は、生産労働者として、あるいは守護者として基本的に異なる特権を持つ人々が一つにまとまるのに役立つ。さらに神話は、人間が母なる大地から特定の物質を受け取るよう神は気を配ったとも語る。人間の魂のうちに様々に混ぜ合わされた物質は、金、銀、そして鉄と銅である。異なる混合物を通じて神は、個々の人間がどのような役目を持っているのかを示す。例えばある人の魂に存する金は、その人が守護者であることを表す。別の人の魂における銅は、彼が農夫であることを示す。人々はこの徴(しるし)――疑わしい場合には、守護者にしか読み取ることができない徴である――に忠実でなければならない。もし人々が、それぞれの物質に応じた使命に従うという神の掟を守ることができない場合には、彼らの国家は衰退するだろう。

プラトンは、生産労働者がこの神話を信じることに成功すれば、彼らは守護者の権威を受け入れるだろうと確信している。

避けられない没落

あらゆる予防装置にもかかわらず、彼の理想の国家が、いつか陽の目を見ることがあるとしても永続しうるとはプラトン自身も信じてはいない。軍事独裁における国家衰退のリスクは、プラトンがまだ若かった頃に、アテネが軍事的に勝利を収めた権威主義国家スパルタで見た衰退に似て、あまりにも大きい。

理想国家の没落は、プラトンのイデア論から必然的に導かれる。理想国家が実現しても、それは移り変わりに支配される現実の一部に過ぎない。永遠なのはイデアのみである。完全さから出発するならば、変化は悪化でしかありえない。いずれ、現実の哲人王国家に致命的な過ちが忍びこむときがくるだろう。例えば、守護者は次の世代の守護者の教育をおろそかにするかもしれない。するとそこから、個人的な栄誉を欲する堕落した守護者の世代が生まれる。やがて守護者は、自分たちのための貨幣、家、土地といった私有財産を要求するようになる。一度でも私有財産が守護者の間に再び戻って来れば、いさかいと紛争が国家に広がる。このいさかいは、守護者同士の間でも守護者と生産労働者の間でも生じる。国家は堕落した形態をとり、最終的にはつねに戦争を行う暴政へと至る。

しかしプラトンにとって、長期的に見れば哲人王国家は必ず衰退するという主張は、この国家を追求しない理由ではなかった。実際プラトンは、彼の理想の体制のために行動を起こし、南イタリアにあるギリシャの植民地を訪れた。なぜなら彼は、その地に理想国家を打ちたてる試みに着手できるという希望を持っていたからである。しかし彼の期待は、最後には裏切られた。この試みは、決して実行されなかったのである。

痕跡

それにもかかわらず、理想の国家に関してプラトンが行ったことは、数百年にわたって諸制度の発展に多くの痕跡を残すことになった。権力の座に就くエリートは、私有財産を持たずに厳格な規則に従って慎ましく生活しなければならず、また、彼らが正当であるという認識は、最終的に倫理的で知性的な思慮に基づかなければならない――それゆえ民主的な同意は必要ない――というプラトンのメッセージは、とりわけカトリック教会内部のいくつかの流れのなかで大きな関心を引いた。

プラトン的な政治制度の――全てではないにせよ――若干の要素を現実世界に実現した興味深い一つの例は、一六一〇年から一七六七年まで、現在のパラグアイとその周辺の地域で広がった**イエズス会の国家**である。イエズス会の国家においては、神父が守護者に対応する。そのほかの国民は、インディオであった。この国家は、決して小さな実験ではなかった。最盛期には、およそ一五万人がパラグアイのキリスト教社会主義的な国家に暮らしていた。この国家の制度は、プラトンの『国家』からの強い影響を示している。しかし、より明白な類似点は、あるイタリアの追従者の作品のうちに見出される。ドミニコ会修道士、トマソ・カンパネッラの作品である。イエズス会の国家が建設される数年前に、カンパネッラは『太陽の都(La Città del Sole)』を著し、哲学者に代わって聖職者に政治の指導が任されたユートピアを描いた。

プラトンの想像上の守護者とは反対に、イエズス会国家の実際の神父は、手仕事の面でも助けとなったが、伝統的な仕方で生み出され教育された。彼らは、家父長的にインディオを支配しても、個別の富を所有することはなかった。生産手段における私的所有は、イエズス会の国家には全く存在しなかった。神父たちは実際のところ、貨幣も市場もなしで機能する、ソビエト連邦より二倍も長く続いた共産主義的な経済システムの舵を取った。

興味深いことに、パラグアイでの実験が失敗に終わったのは、政治エリートの腐敗によってでもなければ、経済的業績の不足によってでもない。現存する研究はむしろ、かなりの経済的および社会的な成果が生み出されたこと、そしてヨーロッパ人が南アメリカに到来して以降、イエズス会の国家以上にはどこにおいてもインディオにとって良い状況は実現しなかったことを示唆している。しかしこの国家は、その終焉を決定づけた、宗主国であるスペインとポルトガルの間の政治的な取り決めの犠牲者となった。神父は上官の命令でその地を後にし、一般に行われているヨーロッパ的な植民地政策の方法に則って破壊的統治を行う征服者の孫たちにその地を任せなくてはならなかった。わずか数年の間に、パラグアイの原住民の多くは死に絶えた。神父の大胆さと勤勉の果実である繁栄した農業と洗練された手仕事も、それと同時に消え去った。

哲人王――一つの思考実験

この章のはじめに触れた国家の機能不全の問題に戻ろう。国家の機能不全が、プラトンの時代よりも今日の方が改善されたということは全くない。もし経済システムとしての資本主義に疑義を呈することなくこの問題を回避できれば、資本主義批判者の非難の力を広範囲にわたって削ぐことができるかもしれない。この点について『国家』は、二つの要素からできた処方箋を提供している。第一に、政治家に私有財産を禁止することによって、彼らの経済的な自己利益を完全に締め出すこと。第二に、政治家が賢く善良になるように、子供の頃から行われる政治家の全面的教育に配慮すること。統治者が裕福になることができなければ、国民から搾取しようというインセンティブを持たなくなる。彼らが賢ければ、優れた統治を行うだろう。彼らが善良であれば、思慮深さと温情は社会全体へと広がるだろう。

さてここで、プラトンを手本としながら、間もなくヨーロッパ合衆国が創設されると想像してみよう。全ての職業政治家が生活する素晴らしい特別区を設置するための、人が定住していない土地が用意される。特別区では、残りの国民のために全法律が検討され決定される。ある委員会は、連邦全体にかかわる業務に時間を割き、またある委員会は州の政策に、他の委員会は区域の政策に携わる。無数のカメラがインターネットを通じて、何がそこで生じているのかを毎分ライブ配信するので、政治に関心を持つ人は誰でも、政治的決定が下される過程を正確に一緒に確認することができる。

このヨーロッパ合衆国の政治家には貨幣と私有財産の所有が禁止されており、彼らは共同して生活する。プラトンの理想国家のもとでの生活と同じように、彼らは贅沢に暮らすわけでも、貧困のうちに暮らすわけでもない。彼らは共同してヨーロッパの福祉のために統治するよう義務づけられており、そのために教育され訓練される。この階級の人々は、政治家たちが自治的に組織する進学試験を用いて子供の頃から選抜されている。

この近代の守護者は確かに職業政治家であるが、それでも今日のものとは全く別物である。彼らは人間の顔を持ったテクノクラートであり、実際には素質のある道徳哲学者である。彼らは我々の集団全体にかかわる事柄を非常にうまく采配するので、我々、すなわち特別区で生活していない人々は、そうしたことについて気を配る必要がなくなる。我々は快適に生を享受できる一方で、彼らは我々のために将来を見据えた対外政策を行い、金融セクターを賢く規制し、そのほかの政治的な決定を最適化する。

好意的な独裁者という蜃気楼

もしこの安楽なイメージが現実的であるならば、資本主義の経済的代替案に向けた面倒な旅を行う理由は全くないだろう。政治的な決定が今日において下される方法を根本から変えればよいだけである。しかし残念ながら、この安楽なイメージは欺瞞なのだ！

この錯覚は、統治に際して守護者たちが一致に至るという名目を下支えするプラトンの誤った認識論に由来する。プラトンは、守護者は同じイデア界で知を獲得するがゆえに、全ての規範概念を共有する哲学者であると考えていた。しかし現実における哲学者は、ほとんどが論争を行うような種類の人々である。哲学者たちが扱う諸々の理論は、正しさが検証されうる論理的数学的な内容を持たないのだから、哲学者にかかわる事柄としてこれは当然である。同様に哲学者は、経験知によって反駁が可能であるよう要求することもない。

科学的な検証のルールに拘束されていると感じている経済学者でさえ、最良の政策をめぐって激しく意見を戦わせる。一致を見ないことは、経済学者たちが政策の効果を評価できるツールが限られていることに一部理由がある。これは元来、専門分野が比較的新しいがゆえに生じ、時間とともに緩和されうる技術的問題である。しかし他方で、それぞれの人が公共の福祉〔という概念〕のもとで異なるものを考えているために、政策の効果に関する評価の不一致は長きにわたって克服されない。これは哲学者や経済学者の特質ではなく、多元的な社会の一般的な性質である。

したがって、賢人の集団に政治の指導を任せることは蜃気楼である。誰がこの賢人なのだろうか？様々な人々が公共の福祉について異なる見解を持つのとちょうど同じように、誰が賢いかということに関する一致もない。どちらも客観的には決められない。ここで問題となるのは細かな点ではなく、一般的な世界観と根本的な価値判断である。例として、ある社会内部における福利の正義にかなった分配に関する問題を見てみよう。ともに二〇〇二年に死去したジョン・ロールズ(John Rawls)とロバート・ノージック(Robert Nozick)は、この問題に取り組んだ卓越した専門家である。ロールズは、社会において最も不遇な個人の利益を最大化する所得の不平等が最適なものであるというマキシミン・ルールを考案した。ノージックは、最小国家とその国家による再分配の回避に関する、包括的で理論的な正当化を示した。両理論は、世界中の学識者の間で多くの支持者を得た。しかし彼らが分配政策のために導き出した結論は完全に相反しており、我々の社会を全く正反対の方向へと導くことになる。両者のどちらが正しく、またそれゆえにどちらが賢いかを我々に示すことのできる科学的な証明は存在しない。

あるいは対外政策について考えを巡らし、ニーチェの信奉者かロッテルダムのエラスムスの支持者を賢人と定義し、一方か他方に統治を任せると、どのような違いが生まれうるのか考えてみよう。

我々が暮らすような多元的な社会には、全ての市民が喜んで後見人にするような見識者を生み出すただ一つの学派など存在しない。公共の福祉に関して一つの定義で意見が一致することは不可能なのだから、プラトンの理想国家の体制を正当化することはできない。その結果、市民は自分の悟性(ごせい)を用い、責任を引き受け、未成年状態を嫌悪するようになるだろう。これは啓蒙のモットーであり、これまでの間にこのモットーが持つ正しさの何ものをも失ったことはない。集団的な意思決定を委ねられる天使などは存在せず、いるのはただ、他の人間たちである。それゆえ自由と平等は分かちがたく結びついており、これらによって民主主義の厄介な道は避けられないものとなっている。

小括

すでに古代の商業資本主義の時代においてプラトンは、私有財産と市場が、結果的に経済の分野を超えて政治的意思決定を行う際に実質的な重要性を持つ利害関係を生み出すと認識していた。権力者の個別的利益は国家の利益を犠牲にして完遂されるので、彼は私有財産や市場に何ら善いものを期待しなかった。それゆえプラトンは、経済的な領域から政治的な領域を徹底的に分離しようとしたのである。金銭的な個別利害なしに全権を委ねられると、善良な専門家たちは適切な法を通じて、人々を資本主義の歪んだ発展から守り、安定した枠組みとなる諸条件を人々に与えるはずであった。

しかしながら我々は、プラトンの構想を拒否した古代ギリシャ人たちをよく理解できる。なぜなら、支配する者と支配される者との間、さらに政治的な階級の内部で繰り広げられる闘争に対する調停のメカニズムを、プラトンの構想は念頭に入れていなかったからである。最も強い者による暴力的な抑圧は、予想できる結末だっただろう。衝突が生じた場合、幾人かの守護者は国家を軍事独裁へと変貌させてしまったかもしれない。この独裁においては、支配者の恣意を阻止しうるプラトン的体制と兄弟愛の神話は決して存在しなかったであろう。

今日でも、近代化したプラトン的な国家が導く帰結はそれほど変わらないかもしれない。なぜなら、多くの人は基本的に、政治的決定に参加する権利を善良な賢人に譲渡するつもりでいるからである。これは確かに非常に快適である。しかし前提となっているのは、その賢人が**彼らにとっての**好意的な賢人だということである。ある者にとって好意的である賢人は、他の者にとっては悪党なのだから。

プラトンの助けを借りて——経済システムに何ら揺さぶりをかけることなく——世界を良くしようとするこの最初の試みは、失敗したと見なされなければならない。資本主義と民主主義の間で、プラトンは民主主義を放棄しようとした。しかし我々は民主主義を保持したいと考えるし、**資本主義を放棄する**場合に到達しうるものを知りたいとも思う。今こそ、資本主義の代わりとなる可能な限り最良なシステムへと続く途へと、一歩を踏み出す時間である！

第三章　ユートピアと財産共同制

資本主義は役目を終えてしまったのか？

この資本主義の向こう側へ向かう我々の旅の最初の目的地は、人里離れた島である。一六世紀の初めに、英国の学者であり高級官僚であったトマス・モアは、この島に関する『ユートピア』という画期的な題名が冠された素晴らしい作品を出版した。この〝ユートピア〟という語は、〝どこにもない〟ということをおおよそ意味する古代ギリシャ語の〝ou（無い、否）-topos（場所）〟に由来する。この作品では、ある旅行者が、全世界の模範として役に立つ、非常にうまく機能している諸制度を持った知られざる国について報告している。想像上のユートピアの国家は、プラトンの理想国家と共通するいくつかの重要な特徴を備えている。しかしモアの作品は、プラトンとは全く異なる精神、すなわち人文主義で貫かれている。ギリシャの哲学者とは違って、モアは正義の永遠的なイデアと一致する安定した国家の設立を目標とはしなかった。彼にとっての重大な問題はむしろ、人間のうちにある〝自然的な享楽〟を啓発することである。これによって『ユートピア』は、プラトンの『国家』よりも非常に共感できる作品となっている。

五〇〇年も昔のこの作品の行間からは、経済システムが生み出す人間は、そのシステムによって生産される財とサービスよりも重要であるという基本的な信念が読み取れる。この考え方は後の資本主義批判のうちにこだましており、そこでの言葉を借りれば、モアは疎外を克服しようとしていたと言えるかもしれない。労働、消費、民主主義はユートピアという幸福な島において、自主的な参加の領域に、そして人間性の発展や相互扶助の場に、さらには素晴らしい社交の空間になる。

ユートピアの国家は、二つの重要な点でプラトンの理想国家と異なる。第一の相違は経済システムにかかわるものである。モアは、プラトンにおいては守護者に限定されていた私有財産の禁止を社会全体へと拡張する。これによって彼は、同じく市場システムも完全に廃止する。資本主義に代わって登場するのが、**社会包括的財産共同制**である。第二の相違は政治システムに関係する。ユートピアでは哲学者の独裁に代わって、民主主義の基礎的要素がカリスマ中心的要素と独特な仕方で組み合わされたデモクラシーが登場する。

協働の問題と配分の問題

『ユートピア』は、我々が行っている資本主義にまさる経済秩序の探求にとって、その根幹において役立つものである。この作品のなかで我々は、資本主義とは全く異なるルールを備えた、代替となる経済システムに関する詳細な記述に出会うのである。

以下では、ユートピア、および資本主義の代わりになると期待できる他の諸々の代替案が経済的な有用性を持つか検討することにしよう。これらの代替案のそれぞれに対して、平均すれば今日のシステムと少なくとも同じほどの福利を生み出しうるのかどうか、説得的な仕方で評価を与えたい。なぜなら、福利の崩壊をもたらす原因を是認しなければならない経済システムを支持する人は、まずいないからである。この場合、そうしたシステムは必要な政治的基盤を失うことになる。

しかし一体どのようにして、一つの総体として捉えられる経済システムのような非常に複雑なものが機能するのかどうか、十分な根拠を持って判断することができるだろうか？

ここで少しだけ立ち止まり、経済システムが一般的に何を行うべきかを考える必要がある。〝経済（エコノミー）〟という言葉は、おおよそ〝家あるいは家族が法や規則にかなっていること〟を意味する古代ギリシャ語の〝オイコノモス〟に由来する。〝オイコス〟は、ギリシャ人の家族が持つ家的な、そして経済的な共同体であった。当時と同様に今日でも、経済的な単位としての家族は、形を変えてつねに新たに現れる二つの基本的な問題に直面する。まず一方で、個々の家族の構成員が行わなくてはならない事柄が存在する。しかし各構成員は自分自身の意志を持っており、この個別の意志は家族に厄介をかけることがある。家族が経済的にうまく機能するためには、各構成員は自分に与えられた仕事を誠実にこなさなくてはならない。例えば、両親は十分な所得を得ようと努め、家事を行い、赤字にならないように気を配らなくてはならない。子供は学校で勉強し、両親を手伝わなくてはならない。これら全ては、各構成員が自身の仕事に対して本当に意欲的であるということを前提としている。したがって家族に関する第一の基本的で経済的な課題は、**家族の構成員が協力的な姿勢を示しているかどうか**にかかわる。

他方で、どの仕事を誰が行うべきかについて家族が決定を下す必要がある。両親はどのような仕事を行うのか、フルタイムの仕事を探すのかパートタイムの仕事を探すのかを話し合う必要がある。彼らは、家事のなかで片づけるべき仕事を分担しなければならない。子供たちの学校や学業については、将来の職業機会に影響を与える決断に迫られる。所得のどれほどを貯蓄に回し、残りの所得はどのように支出するのか、こうしたこともまた確定しなければならない。簡単に言えば、利用可能な資源(限られた時間、エネルギー、金銭等)をどのように扱うのかを家族はつねに繰り返し決めなくてはならないのである。したがって、家族が直面する第二の経済的な課題は、**資源の意味のある投入**にかかわる。

労働生産、ならびに消費の共同体として家族の構成員が協働する心構えができているか、また彼らが必要とする資源を正しく投入できているかということにも注意を払わなくてはならない。経済システムにおいても同様である。経済システムは、確かにただ一つの家族よりはずっと大きな共同体を覆っているが、共同体が繁栄するために成し遂げられるべき仕事は、家族が成し遂げる必要のある仕事に対応するものである。経済システムは、人々が自身に与えられた課題に対して本当に意欲的であるということを、そしてこれらの課題が経済的に有意味であるということを保証しなければならない。

こうして我々は、資本主義に代わりうる経済システムを判断するのに役立つ二重の基準にたどり着く。代替的な経済システムが経済的に有用であるためには、二つのテストに合格しなければならないのである。**協働のテスト**と**配分のテスト**である。

第一のテストの問いは次の通りである。資本主義に代わるシステムによって、国家の構成員たちの間には十分に経済的な**協働**が生まれうるのか? ここで何よりも問題となるのは、彼らの能力に応じて生産過程に積極的に参加しようとする協力的な姿勢、そして自らの消費を経済全体の制約に一致させようとする個々人の心構えである。これは、社会は生産する以上には消費できないという理由に基づいている。このテストで我々は、個人的なインセンティブを解析し、また考察対象である経済システムが、経済的に意味のある行動を促すかどうかを把握しなければならない。

第二のテストは次のような問いである。観察された代替的な経済システムは、相対的に**効率的な資源配分**を行うことができるのか？　ここで問題となるのは、もし代替となる投入の可能性――例えば、異なる消費財の生産、消費と投資の代替可能性、産業Aと産業Bの間の代替可能性、地域Xと地域Yの間の代替可能性――がある場合には、人々の才能と労働力、そして天然資源といった、国民経済全体が持つ資源を利用する方法である。この問いはすなわち、資源が可能な限り多くのニーズを満たすように用いられているのか、それとも社会は資源を浪費しているのか、ということを意味している。

真剣に捉えられるべき資本主義の代替案は、協働の問題と同様に配分の問題も解決しなければならない。この代替案は、個人が経済的に理性的な行動をとるよう動機づけなければならない。そして、手元にある資源を空間的にも時間的にも効率的に利用しなければならない。

トマス・モアのユートピアに関する描写は、協働にかかわる問題の細かな分析に非常に適している。以下ではこの考察に集中しよう。

経済システムと人間の特性

協働へのインセンティブと希少資源の配分を代替となる経済システムへの取り組みの中心に据える場合、そのようなシステムの最も重要な特徴を考慮に入れていないという批判にさらされる。その特徴とは、このシステムを生み出す人々の性質である。この批判は、その点を明確にするよう要求している。人間の性格に対して経済システムが及ぼす影響が非常に重要であると考える場合でさえ、上記の問題に取り組む方法を打ち立てることはできる。

神経科学の研究成果によれば、ある社会の経済生活を統制する諸制度は、社会構成員の人格の発展に影響を与えることが示されている。そうすると、良い経済システムは〝良い人間〟を生み出すという特徴を持つはずである。その結果、多くの批判者にとって資本主義は良い経済システムではないことになる。批判者によれば、資本主義は善き生を送ることとは両立しえない人間の性格を増長させる。**資本主義に批判的な社会心理学者**は次のように述べる：〝私有財産と市場システムの組み合わせから、経済的不平等と物質的な不確実性が生み出される。所得の不平等と所得の不確実性のもとで暮らす人々は、関心とエネルギーを所得の獲得に注ぎ、また自らの所得を注意深く費やすことに専心する。これは、人々が善き生を送ることを妨げる貪欲さやねたみ、そして所有欲を刺激する。

市場経済は、人間相互の間の関係全体に対する破壊的な影響を引き起こす。市場において人々は、価格（あるいは賃金）の決定に際して相反する利害を持つ買い手と売り手（あるいは労働市場における資本家と労働者）として対峙する。そのため人々は、交渉における敵として顔を合わせることになる。これに加えて、資本主義のもとにいる人間は、市場で反対の側にいる人との衝突のみならず、自分と同じ側の人との衝突も経験する。こうした人々は、彼の競争相手だからである。すでにプラトンが知っていたように、市場システムは兄弟愛の代わりに敵意を生み出す。

買い手も売り手も、市場を通じた交換抜きに向き合うよりも、市場での取引を通じて向き合いたいと考える。それゆえ、買い手と売り手の間の敵対的な関係は親切さの仮面をつけて浸透し、人々の間に存在する全ての関係に行き渡る偽りの世界を創り出す。

より良い交換条件を得るために、市場に参加する人たちは隠し事をしたり嘘をついたり脅したりするが、一番うまく相手を騙すことができる者が、最も多く利益を得る。人間の類型を淘汰してゆく方法としての資本主義は、非常に巧みに他人を騙す性格の人々を選ぶ。つねに他人を手段とみなし目的としては決して扱わず、良心の呵責を知らない人は、所得の増加により声望と権力を得る。それゆえにこのような人たちは、全ての他の人々にとっての理想となり、彼らの人間に対する態度が規範かつ自明となる。その結果、利他主義と共感が消え去る一方で、資本主義は〝万人の万人に対する〟闘争という基本理念を助長する〟。

方法としては明らかであるように見える。制度が人間の性格に影響を及ぼすのであれば、性格に与える影響に即して制度を記述することで、それに応じて制度に評価を下すための一つの根拠が与えられる。利他主義者たちに囲まれて生きる方が、エゴイストに囲まれて生きるよりも快適だからというだけではなく、性格に対する影響を考慮することにより、経済システムの長期的な成果をより正確に予測することができるからである。

それ自体では納得できるこのアプローチが持つ問題は、どのようにして様々な全社会的制度――とりわけまだ存在していない制度――が人間の性格を変えるのかということについての確かな知識を、我々がほとんど持っていないことである。

例として、財産共同制が私有財産制度よりも良い人間を生み出すというモアの主張を考えてみよう。

この主張が正しいという結論を導くことができるような実証された理論は存在しない。さらに、財産共同社会の制度が持つ社会心理学的効果についての実験結果は、ユートピア主義者がどんなに望もうともあまり明らかではない。以下に挙げるのは、これを説明するいくつかの例である。

- 過去二〇〇年の間に行われた数多くの小さなユートピアの試み——ロバート・オーエンの一八二五年に建設されたニュー・ハーモニーのコミューンからシャルル・フーリエのファランジュ運動をへて、一九七〇年代のヒッピー・コロニーに至るもの——は、いつも大いなる熱狂で始まりながらも、最後には参加者の権力欲、ねたみ、そして怠惰により失敗した。
- イスラエルのキブツ運動は、比較的早い段階で共同体の構成員に私有財産を禁止するというラディカルな試みに別れを告げなければならず、他と比べれば狭隘（きょうあい）で限定的な範囲から拡大しなかった。
- 毛沢東の文化大革命にもかかわらず、中国の人民公社から生まれた世代は、悪徳資本主義の当時最も経済的に成功した例を生み出した。
- ヨーロッパにおいては、私有財産制が広範囲に渡って廃止されていた最も息の長い制度は修道院である。しかし修道院から卑劣な悪意が蔓延（まんえん）するとも言われており、修道院に入る人間が利他的になるかどうかは疑わしい。

以上から、我々は次のことを認めなければならない。これまでのところ、財産共同制が人々を〝より良い人間にする〟という主張には、統計的に証明可能なデータを備えた堅固な裏づけが欠けている。

その反対に、私有財産と市場が持つ腐敗の効果に関する主張は一面的に、あるいは非常に強く、市場システムの個々の分野での経験から影響を受けている——ちょうど金融業や保険業の肥大のように。市場の匿名性によって、有意義な相互の人間関係を洗練させる、個人の限られた能力が酷使されなくなる。明確に定められた私有財産への権限は、自己責任感をはじめとする人間において非常に好ましい特性を養うことができる。そして激しい市場競争は、しばしば歓迎すべき規律を生み出す。詐欺師になりうる人は、もし自分が嘘つきであることが暴露された場合、将来誰も自分とはそれ以上取引を行わなくなるというリスクを知っている。これに対して誠実な人間は、他の市場参加者が誠実な人に対して見せる信頼を通じてより多くの取引機会に恵まれるので、その信頼から利益を得る。

システムの変化による人々の性格の変化に関しては、ただ慎重な推測が許されるだけである。したがって、ある経済システムの優位性を説く主張が、期待される人間の性格の変化のみに基づいているならば、その主張はあまり説得的ではない。安全を期して、**代替的な経済システムは**、少なくともさしあたりは、**今日そうであるように人々とともに機能しなければならない**という仮定のもとで、基本的には考えるべきである。この仮定から私がはっきりと逸脱しない限り、これ以降はつねにこの仮定から議論を進めよう。

どこにもない島の空間秩序

トマス・モアに戻ろう。ユートピアに関する記述のなかで彼は、共同体の空間的秩序を非常に重視する。空間的秩序と社会的秩序は互いに重なり合い調和がとれていなければならないという彼の考えは、ルネサンスの文化のなかで広く普及し、今日に至るまで建築家と都市計画者に着想を与えている。

それゆえ、ユートピアが持つ実際の政治的および経済的なシステムを説明する前に、この島とその島にある諸々の都市を取り巻く物理的環境を簡潔に描くのが適当だと思われる。

ユートピアは三日月型をしているので、もし飛行機で行くことになれば、ユートピアの島をその形から容易に認めることができるだろう。島の中央は最も幅広く、二〇〇マイルの距離がある。一二〇〇万人以上の人間がその島に住み、ほぼ等間隔に位置し、ほとんど同一である五四の都市に分かれて暮らしている。

幾何学的な規則性は、島の集落の広がり方だけではなく、都市の空間秩序も示している。ユートピアでは、各都市における空間の成り立ちはみな同じである。一つの都市は、それぞれ約六万人の住民が生活する四つの区画に分かれている。都市部の中心には、大きな広場がある。これは社会的な交流の場所であるだけでなく、経済的なプロセスにとっても中心的な意味を持つ。なぜならこの場所は、新たに生産された日用品の集荷と分配に役立つからである。

都市の住民は、優雅な三階建のテラスハウス(集合住宅)に住んでいる。それぞれの家には道路に面した玄関があり、家の裏側には他の通りからよく見える庭がある。旅行者は、ユートピアに住む人々の庭が美しく見えることに感嘆する。最も美しい庭という賞賛をめぐって通りが競い合うおかげで、家々の庭は手入れが行き届いている。

都市の家にはそれぞれ一家族だけが暮らすが、一家族は非常に大きい。通常、一家族はおよそ四〇人を抱え、そのうち一〇人から一六人が大人である。子供の割合が大きいのは、モアの時代に恐ろしいほど高かった幼児死亡率を思い起こさせる。一つの家に共に住む人々は、ある特定の形式による養子縁組――この点についてはのちに触れる――がありうるので、従来通りの意味での血縁関係である必要はない。家族は、ユートピアにかかわる経済的に重要な役割を担う、耐久性のある人工的に作り出された生活共同体である。それぞれの家族を統括するのは、家族に対して責任を持ちながら、また外部に対しては家族を代表する男性の家長と女性の家長である。原則として男女の家長は、それぞれの性別の家族構成員のなかで最年長の者である。

家々の扉は鍵がかからないように作られている。居住者は誰でも家に入ることを認めている。ユートピア人は私有財産を知らず、家もまた共有財産に含まれる。家族は、自分たちが住む家をくじ引きによって獲得し、一〇年ごとにくじによる決定を通じて新たに与えられる。

集団的な決定への到達

ほとんどの政治的決定は、ユートピアでは間接民主主義のシステムを通じて、連邦的な構造を持った枠組みのなかで成立する。これはボトム・アップの方式による。それぞれ都市は、可能な限り同じ四つの市街区に分かれている。それぞれの市街区のなかでさらに分かれている区画によって、隣接する三〇の家族からなる集団が決められる。この集団はおおよそ一二〇〇人で、その半分以上が子供である。この三〇家族は、**フィラーク**（Phylarch）と呼ばれる代理人を毎年一人選出する。したがって、都市の住民が二四万人の場合、二〇〇人の都市代理人が存在することになる。このフィラークたちは、各種の公的な職務を果たす。とりわけ〔重要なのは〕、彼らが今日の知事に相当する都市指導者を選出することである。この選挙において候補者推薦権は住民にあり、四つの市街区のそれぞれから候補者が選出される。秘密投票により、集まったフィラークは推薦された四人の候補者のなかから一人を都市指導者に任命する。

指導者の職は、都市指導者が僭主（せんしゅ）政治を行おうとしているという疑いが生まれない限り終身制である。疑いが生じた場合には、都市指導者は解任される。都市指導者を決定する選挙は必ずしも四年ごとに行われるわけではないため、ユートピア人たちはこの選挙を非常に真剣に受け止めている。このルールはまた、在任中の都市指導者が次の選挙期日を考慮に入れて決定を下すときに起こりうるような、近視眼的な行動を控えさせるという効果も持つ。さらに、生涯にわたってこの職務に服するということは、在職期間に応じて利益の上がる仕事、例えば海外の大銀行の会長のような仕事を行うことが予定されていないことを意味する。こうして、財政の豊かな企業ならびに団体が政治的影響力を手に入れることができる仕組みは排除される。

ユートピアの各都市では、三日ごとに都市指導者が二〇人の主要なフィラークとともに公的な仕事について審議を行う。都市指導者はフィラークたちを代表し、フィラークたちと同様に一年間職務に就くが、交替することはめったにない。

これに加えて各都市には、集団にかかわるいくつかの選択された関心事を審議し決定を下す市参事会がある。市参事会は、ローテーションでフィラークから構成される。また、特定の公共の事柄を審議するために住民集会も開催される。

五四の都市のそれぞれは、その都市を代表する三人の経験豊かな市民を島全体の大評議会に毎年送る。この評議会は、アモロートというユートピアの首都に拠点を置いている。

経済システム

ユートピア人たちの経済システムは、資本主義の中心的制度である私有財産と市場を知らない。なぜなら、彼らのシステムは**一般的な財産共同制**だからである。我々の経済システムにおける私有財産と市場は、協働の問題と配分の問題の克服に役立つ。私有財産によって個々人は、生産し交換を行い、慎重に消費しようという気持ちになる。その一方で市場は、家計と企業の経済的な決定の調整を行う。国家がこの制度を拒否すれば、同じ機能を果たす他のものが必要になる。

モアが説明するのは、どのようにしてユートピアが**経済的な協働**にたどり着いたのかということだけである。そこで彼は、今日と同様に当時流布していた、人々を経済的な理性へと駆り立てるためには私有財産が必要であるという意見に反論しなければならない。この点に関する通念的な見方は、次のようなものである。生産することに対して個人的な理由を持たない者は、次第に怠惰になる。自分の消費に対して支払う必要のない者は浪費的になってゆく。全てのものが全ての人に帰属するなら、適度な労働と消費へのインセンティブはどこから生じるのだろうか?

農業生産

ユートピアの生産の大部分は二つの産業に分類される。農業と手工業である。農業においてユートピア人たちが行う労働は、**市民の義務**を通じて生まれる。各都市の周りには、それぞれに割り当てられた農業生産のための耕地がある。農地の住民は農場に住み、それぞれの農場に約四〇人が土地を持っている。しかし農地での労働はローテーションの原則に従って行われているので、これは定住する農業従事者にかかわる問題というわけではない。全ての市民は、人生のなかでいつかは田舎に送られ、二年間は農場で働かねばならない。たとえその人が農業を好み、そこに長く留まりたいとしてもこれは変わらない。このルールは、志願する人を十分に見つけられるほどには農業は面白くないという考えに由来する。それゆえここで、国家的な強制を伴う市民的義務が必要となる。

この構造は、現代の兵役ないし兵役の代替となる社会奉仕活動と似ており、社会契約の一部と理解されうる。農業はモアの時代において経済の基盤をなしていたため、市民的義務が農業に関係するのである。今日であればユートピアにおけるこの市民的義務は、必要不可欠でありながら、十分な志願者を見つけることができない他の分野や職業に導入されるだろう。

都市の家とは異なり、農場では異なる家族が一緒に、時期が重なる形で暮らす。まず、家族Bの半分が都市から田舎へ引っ越す。そこで彼らは、すでに一年間そこに住んでいる家族Aの半分と共に、一年間一つの農場で生活する。その年の終わりには、家族Aのメンバーは都市に戻り、家族Bの残りの半分が農場に移って来る。さらに一年経った後、家族Bの最初の半分は都市に帰り、そして家族Cの二〇人のメンバーと入れ替わる。これが続くのである。こうして、新たにやってきた人々は自分たちだけで仕事を行うのではなく、すでに一年間農業に携わり、それを教えることができる人たちに囲まれていることになる。こうすることで輪番は、農業の仕事を行うに際して最小の教育負担で実施できる。

農業生産は、農業従事者のフィラーク――すなわち田舎に住んでいる家族たちの代表者――と、都市の支配機関が協力することによって行われる。都市は、農業従事者が必要とするが田舎では生産できない全てのものを無償で農業従事者に提供する。これには農業従事者の消費財と農業にかかわる生産のための道具が入っている。収穫時になると、都市は必要な数の収穫支援者（季節労働者）を田舎に派遣する。農業従事者は、自分たちの消費と農業生産のために必要な収穫物の一部を手もとに残し、残りは都市に送る。

手工業生産

ユートピアの第二の産業は手工業である。全ての市民は手工業を習い、それを行う。手工業の選択は**自由**であるが、通常は父親が行っている手工業を通して教育を受ける。もしある人が他の職業を希望する場合には、職業を替える人が自分の家族の家を去り、希望する仕事を行う家族の養子にならなければならない。こうして一つの家に住むそれぞれの家族はただ一つの手工業に特化し、その構成員は自立した手作業を営む。それゆえ、家族はユートピアにおける生産システムの基本的な単位である。

家族のうちに見出される利他主義によって生産過程を遂行することは容易になり、その結果、経済全体に貢献することになる。全てのユートピア人は、社会的、政治的、経済的な権利と義務を理解できるようになるために、家族の一員でなくてはならない。

ユートピア人たちの労働の課題は、さらなる教育、芸術、趣味、そして社交のための十分な時間がとれるようにしっかりと制限されている。手工業者は毎日六時間、午前中に三時間、午後に三時間働く。扶養される必要のある非生産的な貴族と王宮は存在しないので、消費財に対する社会全体の需要はこれで満たされる。これはまた、全ての女性が手工業を行うことにも由来する。

二つの労働時間の間には、食事のための時間と二時間の休息時間を保証する長時間の昼休みがある。原則的には、皆共に食事をする。三〇の家族を代表する各フィラークは、自身に割り当てられている家族が食事をすることができるホールを自由に使える。そこでは夕食も振る舞われ、しかも音楽も演奏される。各ホールには食事の提供に責任を持つ料理長がいる。ユートピア人は、家でも料理し食事をとることが許されているが、料理長が用意する美味しい食事をわざわざ放棄することはない。

都市に暮らす就業可能な全ての人が、手工業者または料理人として働かねばならないわけではない。それぞれの都市ではおよそ五〇〇人がこの労働義務から解放されており、研究、宗教そして政治の課題を引き受けている。これらの人々は**学識者**階級を構成する。聖職者によって推薦され、フィラークによる秘密投票で選任された人が、この階級に属するようになる。学識者は成果を上げている限り、手工業から解放されたままでいられる。かけられている期待にそぐわない場合には、彼は手工業階級に戻される。

通常、学識者の階級から公使や聖職者、主要なフィラーク、そして指導者が選ばれる。聖職者に関して特記すべき点は、彼らが複数の宗教に属することも可能であり、寺院は全ての宗教の間で共通だということである。ユートピアには信仰の自由があり、聖職者は国民から選ばれる。聖職者には、特に子供たちを教育する義務がある。聖職者には結婚が認められ、自分の家族を持つことができる。女性も聖職者という職業から排除されておらず、選出に際しては差別されることも優遇されることもない。

汚らしい労働

残念ながら〔仕事のなかには〕、重要な社会的必要を満たすためには不可欠であると同時に、それを行う人々の身体あるいは精神に対する大きなリスクを伴う仕事が存在する。こうした活動は、ユートピアの市民に要求し難いものである。モアは例として、全ての感情のなかで最も人間的な感情、すなわち憐憫を次第に鈍らせてしまう動物の屠殺と、皆が食事をするホールの清掃を挙げる。このような活動は、ユートピアでは**奴隷**が行っている。

当然ながらユートピアの奴隷は、私有財産ではなくそこに住まう全ての人のものである。それでも少なからぬ読者は、奴隷が人道的なユートピアにいることに驚くであろう。この奴隷はどこからユートピアにやって来るのだろうか？

モアは、三つの海外からの供給源と一つの国内からの供給源について語っている。第一に、戦争の捕虜がユートピアによって軍事攻撃を受けた国家の成員である場合、彼らは奴隷にされる。第二に、ユートピアは必要に応じて、祖国では死刑判決を下されている人を外国から買い取り、奴隷を調達する。第三は、外国人が自ら奴隷として志願する場合である。彼らは自分の故郷で自由人として生きる代わりに、ユートピアで奴隷になることをむしろ好む。最後に、ユートピア人が重罪を犯した場合に奴隷となるよう宣告されることがある。この処罰は、財産共同制の規則を遵守しない者にとって最大の処罰となるので、経済システムにとっても重要である。

これらの様々な奴隷たちは、異なる仕方で扱われる。例えば海外からの志望者はほとんど普通の市民のように扱われ、いつでも故郷へ帰ることができる。悪事を犯して奴隷になったユートピア人は、祖国の高等な道徳の中で教育されたにもかかわらず裏切ったのであるから、過酷な扱いを受ける。

奴隷の存在を容認していることから、モアにとって技術発展という考えがどれほど程遠いものであったかわかる。もしモアが同時代人であるレオナルド・ダ・ヴィンチと知り合っていたら、いくつかの汚らしい仕事は奴隷ではなく、機械にやらせたかもしれない。しかし奴隷制がなかったとしても、財産共同制の規則を遵守しない者に対する他の刑罰を考え出していたであろう。処罰による脅迫は協働の問題と密接にかかわっているので、あとでもっと論じよう。

財の分配

ユートピアにおける財は、どのように生産者から消費者に届くのだろうか？　これは非常に簡単である。それぞれの家族は特定の種類の財を生産し、それを彼らが居住する地区の中心にある公共の倉庫に持って行く。この場所には手工業者によって生産された全ての物が集められる。ここにはまた、都市の需要を満たすために必要な農産物が周辺の地方から届く。全ての生産物は大きな倉庫に貯蔵される。それぞれの地区に住む家族は、自分たちが消費する分の生産物をそこから受け取る。

個々の家族構成員への供給は、家長によって行われる。家長だけが自由に倉庫に出入りできるのである。家長は倉庫に置かれている供給物を調べ、自分の家族が必要とする物を、過少過多のないように家へ持ち帰る。

ユートピア島の一つの都市で、他の都市で不足している何らかの財が余っている場合、前者の都市は後者の都市にその財を与える。ユートピアは全体として住民が消費するよりも多くを生産するが、これは大いなる豊かさを示唆している。その余剰は輸出され、外国の金、銀、鉄と交換される。鉄は、ユートピアでは産出されないので輸入する必要がある。金と銀は、国家の宝物庫に保管される。政府はこの財産を、対外政策にかかわる難事に対処するために利用する。とりわけ金と銀は、外国の敵を買収するために、そして戦時には外国人傭兵を徴募するために支出される。ユートピア人は戦争を、実に残忍なものとして嫌悪している。外国からの攻撃を回避するために、彼らは熱心に軍事的な規律訓練に励み、考え抜かれた外交を行う。

ユートピアと協働の問題

失業がなく、高尚で均等に分配された福祉、全般的で中味の濃い社会的参加、そして真の政治的自由。ユートピアが成し遂げる様々なことは、奴隷制度を度外視すれば、我々に感銘を与える。モアはこの国を〝どこにもないもの〟と名づけ、〝不可能なもの〟とは名づけなかった。こう名づけることで彼はおそらく、ユートピアの諸制度が単なる思考実験以上のものであると考えていたのであろう。ユートピアの経済システムは、モアが描いたような仕方で実際に機能しうるのだろうか?

ある経済システムが機能するためには、協働のテストに合格しなくてはならない。つまり生産過程に協力しようという個々人の自発性を確実なものとする規則をそのシステムが持たなくてはならないのである。この規則は個々人に、全体の経済が賄いうる範囲内にそれぞれの消費を限定するよう促すものでなければならない。私有財産も市場もない財産共同制というユートピアの経済システムは、どれほどこれらの基本的な要求を満たすことができるのか?

まず始めに、どのようにして資本主義が生産における協働を生み出すのか見てみよう。結局のところ、資本主義のもとでこれまで生活してきた人々の大部分にとっての協働は、非常に単純で残酷な規則に基づいている。つまり〝働かざる者、食うべからず〟である。〝働かざる者、食うべからず〟というルールを通じて、就業可能な個人の大部分は、社会の生産過程に参加するよう資本主義の諸制度によって強制される。このルールに従わず、他人の私有財産を同意なく使用する者は、警察にマークされて社会の残りの集団から締め出される形で生活することになる。これらの人々は盗人と呼ばれる。

資本主義のもとに暮らす人は、生計を立て自身の子供を養うために、彼が必要とする賃金と交換で自らの労働力を売る。これに対してユートピアでは、働く人や家長は社会によって生産された財に直接アクセスすることができる。資本主義のもとでは、働くことを拒む人は金銭がないために飢え死にすることになる。ユートピアにおいても、そのような人は同様に過酷な結果を考えておかねばならない。**労働を拒む者は国家から追放され**、場合によっては奴隷にされることで処罰を受ける。この限りでは、両方の経済システムにおいて生産過程に参加する強い動機が存在する。

それにもかかわらず、経済的に意味のあるインセンティブは、人々が労働の場に現れ、この意味で正式に生産過程に参加することを確実にするために必要となるインセンティブを、はるかに超えてゆく。協働の問題の真の解決が求めているのは、生産に積極的に協力することである。それゆえマルクスは、資本主義においては労働ではなく労働力が売られていることを強調した。これが意味するのは、雇われ労働者は自らの労働力を雇用者に一定期間、例えば週四〇時間提供するということである。しかし、これによって協働の問題は全く解決されない。なぜなら、雇われ労働者は生産的に働いている、つまり量と質において課されている生産要求を満たす具体的な労働を提供するということが保証される必要があるためである。ユートピアでも状況は似ている。協働のテストに合格するためには、この財産共同制の規則は、就業可能な人々が実際に自身の能力に即した形で働くということを保証しなくてはならないのである。

資本主義における労働のインセンティブ

資本主義における企業はあの手この手を使って、労働者が望ましい労働意欲を抱くよう働きかける。一方で企業は、様々な心理的報酬に基づく方法を用いる。例えば大企業はしばしば、全従業員の間に企業との心理的一体化を生み出そうとする。小企業は労働者の間に連帯感を生み出し、企業に対する個人的な結びつきを構築することで、労働者は自分が良い仕事を行う意欲があるのだと感じられる。他方で企業は、労働者の物質的豊かさを目的とする飴と鞭も利用する。この後者の方法は、財産共同制のもとでも同じ規模で利用することはできない。したがってここでは、その意味を強調する必要がある。

資本主義に特徴的な鞭は、被雇用者の業績が、上司が期待していたレベルを下回り続けた場合の**解雇という脅し**である。失業が経済を支配している場合にのみ、解雇という脅しはその〝教育的〟効果を発揮する。そうでない場合には、解雇された被雇用者は、直ちに新しい同等な価値を持つ職を見つけることができる。さらに雇用主は、被雇用者が雇用主を本当に裏切ったと十分な確証をもって断言するために、被雇用者を相応な仕方で徹底的に監視する必要がある。この条件が満たされるかどうかは、その職と被雇用者の誤った行動の程度に依存する。特定の雇用関係においては多くの不確実性が存在し、良い従業員を誤って解雇するというリスクを雇用主が冒したくないために、解雇という脅しは二次的な役割を果たすに過ぎない。ドイツを始めとする国々では、法的な解雇保護によってもこの脅しの有効性は限定されている。

労働者の実際の成果に関する雇用主側の情報不足には、多くの理由が存在する可能性がある。被雇用者が生産過程に行う投入(インプット)、つまり労力を雇用主が把握できるのは概して散発的であり、それを労働裁判所で法的な解雇の証拠として役立ちうる形で把握できることは希である。多くの場合雇用主は、生産過程の成果物(アウトプット)——生産された財やサービス——を観察することで、被雇用者が実際にどれほど生産に寄与しているか認識できる。しかしながら、生産の成果物を観察したからといって、被雇用者の労力についての確実な情報が得られるわけではない。第一に、多くの労働者が生産過程に携わっている場合、個々人のそれぞれの成果を突き止めることは難しい。第二に、生産成果の測定にはしばしば間違いが伴い、生産の結果に関するいくつかの重要な指標は、許容できる負担では全く測定できないことがある。さらにこれには、生産品の質だけでなく、被雇用者による機械や他の作業道具の損耗が加わる。第三に、被雇用者の労力ではどうしようもなく、雇用者が正確に観察することもできない多くの偶発的な出来事が、生産の結果に影響を与えうる。

比較的容易に管理可能であり、また被雇用者がほとんど言い逃れできない行為に対しては、失業という脅迫はしばしば十分な規律の手段になる。しかしここにはつねに一定程度の裁量の余地がある。

流れ作業や収穫に際してでさえ、様々に注意を払って、解雇されるというリスクを冒すことなく働くことができる。管理するのが難しく、被雇用者がうまく言い逃れしやすい行為に対しては、解雇の脅しはあまりにも短期的にしか効果がない。それゆえ雇用者は高給という積極的なインセンティブを、**賞与、賃金の引き上げ**、または企業のヒエラルキーにおける**昇進**を通じて、よりわかりやすい成果が出た場合にむしろ好んで使用する。

適度な成果に被雇用者の報酬を多かれ少なかれ密接に連動させることは、資本主義で用いられる中心的な手段であり、望み通りのインセンティブを生産過程に創出し、それによって協働の問題を解決することを目的とする。これは効果的だが、効率化に関する近視眼的観点からするとある欠陥を持つため、全くもって完璧な手段ではない。とりわけこれを通じて被雇用者は、雇用者であればうまく引き受けられるはずの所得のリスクを負うことになる。賃金が結果に依存している場合には、不確実な大きさになる被雇用者の所得に対する予測不可能な影響要因と計算違いが表出する。この不確実さが被雇用者に降りかかる。被雇用者は、リスクを引き受けたことを補償されなくてはならないので、最終的にこの所得リスクは企業の労働コストを引き上げる。こうして、資本主義における報酬の成果依存の程度は、度合いの違う二つの効果を吟味することで明らかになる。すなわち、インセンティブを望ましい形で創出することと、リスクを被雇用者に不都合な形で押しつけることである。

労働義務の制約された効果

ユートピアの制度のもとでは、解雇の脅しや成果に依存する賃金支払いを手段として協働の問題を解決することはない。ユートピアには、失業も金銭も存在しないためである。しかしユートピアでは、全ての就業可能な人間が誠実に自分の仕事に専念するよう求める、公的な労働義務が存在する。この規則が遵守されているかどうかは、地域の行政官である家長とフィラークたちによって監視される。この規則の違反は、財産共同制の濫用を意味する。こうした濫用は国家によって処罰され、国家の評議会が刑量について決定する。ここには私有財産が存在しないため、罰金刑は除外される。下されうる極刑は、奴隷身分に落とすことである。

したがってユートピアは、市民の生が地域に根ざしていることを利用する管理システムを用いて協働の問題に対処する。各人は大家族のうちに暮らし、働き、それぞれの家族は社会的および政治的制度を通じて近隣の家族と密接に結びついている。これらの家族は自分たちの代理人であるフィラークを選出するが、フィラークは家族の一員であると同時に公職者で、つまるところ全体の財産共同制の代理人である。フィラークは、手工業にかかわる生産の場所としての家族を監督し、全体の生産成果に対するこの家族の寄与に責任を負っている立役者である。一人のフィラークは、合計して約四〇〇人が働く三〇の小企業を監督する。例えば彼は、毎日午前中にある企業を訪問し、午後は別の企業を訪れる。そうすると、全ての企業を一度に管理するためには一五労働日が必要ということになる。労働義務への違反が確認された場合には彼が警察に通報し、司法が介入する。この脅しはユートピアにおいて、資本主義における解雇の脅しの代替となる。加えて協働の問題は、働くことへの社会的圧力と、働かずに生活することへの社会的軽蔑によっても緩和される。

この鞭が協働のテストに合格するのに十分であるかどうかは、現段階では不明である。懐疑的な人は、ユートピアの諸制度はせいぜい、労働規準への粗野な侵害を回避するという意味で協働の問題を解決できるだけだと異議を唱えるかもしれない。しかしながら、この侵害ゆえに成果が規定の水準を超えることなく、ユートピアの倉庫はほとんどの場合空のままということもありうる。このようなぶちこわし屋の視点から見ると、ユートピアは協働のテストに落第するだろう。

ぶちこわし屋〔懐疑的な批判者〕は次のように述べる：〃フィラークがルール違反者を見つけ出すためには、この誤った行動がどこに存在するのかをまず突き止めなければならない。したがって、義務として生産者に課される規定が必要となる。手工業の内容と従業員数に応じて、役所は例えば、人々が生産しなければならない最低量を定める。

しかし最低量をあまりに低く設定すると、多くの潜在的な生産力が利用されなくなってしまう。過去〔のデータ〕から導出された平均を最低量として定めると、規則の遵守を保証することは難しくなるだろう。フィラークがより少ない生産量を見出したとしても、それは生産した家族が労力を割かなかったことを意味するわけではない。なぜなら、例えば家族構成員の誰かが病気に見舞われたというように、様々な不遇ゆえに、生産量が少なくなることがあるからである。当該の責任のない人が処罰されないよう、生産規準は比較的控え目に設定される必要がある。つまり、見込みとして可能であるものの下限に近い量である。

いずれにせよこのシステムには、成果を決められた最低基準以上にし、自身の潜在能力と一致させようとする生産者にとってのインセンティブが欠けている。確かに、処罰によって基準を下回ることは防げるかもしれない。しかしこれが積極的な効果を持つことはないだろう。そのためには、それぞれが作り出す量に左右される〝消極的な処罰〟が必要になるだろう。これはまさに、資本主義において賞与や昇進を通じて達成されるものである。普遍的な報酬の道具としての金銭は、達成された業績に依存する利得の精緻な等級づけや、変化する諸条件へのインセンティブの柔軟な対応を可能にする。ユートピアには貨幣経済が存在しないため、こうしたことは不可能である。

加えて、フィラークが手工業者を本当に管理するかどうかは疑わしい。なぜなら、彼を選出した人がどれほど働いているかを実効的に管理するフィラークにとってのインセンティブは弱いからである。フィラークが手抜きする者を告発すると、自身の再選に危険が及ぶ。市街地には、フィラークの管理のもとで働く家族が全体として相応の最低生産物を届けるかどうか管理する役所を設置しなくてはならない。こうして上記と同様の理由から、フィラークを通じて管理の最低程度だけが達成されることになるだろう。

うまくいく場合には、ユートピア人たちは手にしている生産性の余力を使い切ることなく、比較的低く定められた労働規準を維持することが期待できるかもしれない。生産におけるこの弱いインセンティブに対置されるのが、消費における強いインセンティブである。資本主義においては、所得が消費需要を制限し、市場経済のなかでの所得を通じて、個人の社会福祉への貢献と個人が社会から受け取る福利の間に比較的緊密な関係が生じる。ユートピアでは、全ての家族が自分たちの貢献度とは関係なく公共の倉庫から必要なもの全てを受け取ることが許されるため、上記の関係性は存在しない。それではなぜ、家長は家に持って帰ることのできる最大量、あるいは高品質の希少な財を倉庫から持ち出さないのだろうか?〟

一六世紀の協働

ある経済システムに期待される結果は、そのシステムが持つ基本ルールだけでなく、そのもとにある枠組みの諸条件、とりわけ達成された技術水準に依存する。モアの時代の技術的諸条件のもとでは、彼が構想した財産共同制は機能しえたであろうと私は思う。少なくとも、そのような経済システムのなかで生きていた人々は経済的に理性的に行動する、つまり彼らが抱えていた協働の問題を実際に解決するために十分に動機づけられていたという意味においては。

ここで私の主張を裏づけているのは三つの論拠である。第一に、ユートピアの手工業者は一般的に自分の職業を誇りに思い、自分の仕事に喜びを覚えていると考えることができる。自分の労働に対するポジティブな考え方――これは自身の衝動に由来する強い動機である――のおかげで、労働へのインセンティブの追加は余計なものになる。仕事に対する誇りと労働への基本的な愛着に依存する形でユートピア人たちは職業を選択するので、誇りと愛着はここでは期待できるのである。彼らはある特定の手工業を行うが、それは彼らがその手工業を好むから、またもしかすると家族の伝統であるという理由によるのであって、その手工業によって非常に多くの金銭を稼ぎたいからではない。さらに、労働時間は非常に短く一日六時間であるがゆえに、労働意欲を掻き立てる明確な刺激は必要ないだろう。これはおおよそ、退屈さやストレスや嫌気が生じてくる労働持続時間である。この時間のもとでの労働は、めったに大きな負担にはならない。とりわけ仕事が自由に選択される場合には、労働時間は快適な状態に定められ、気の置けない仲間たちと共に自分自身の快適な部屋で働く。通勤する必要もない。

　当然ながらこの自由な職業選択からは、労働市場が不在であるにもかかわらず、どのようにしてユートピアが全ての職業を適切に確保するのかという疑問が生じる。また、あまり魅力はないが、かといってそのために奴隷が投入されるほど魅力がないわけでもない仕事の確保に関してもそうである。しかしこの問いは経済システムにおける配分の問題にかかわるので、これについてはあとの章で論じよう。ここでは、現在の国民経済と比べると、モアの時代のそれは本質的にそれほど複雑ではなかったと指摘しておけば十分だろう。それゆえ配分の問題を解決するため必要とされる情報もずっと少なかった。

　第二に、ユートピアにおいて仕事を怠る誘惑は以下の理由ゆえに弱い。労働のために確保されている時間に、労働に代わってなしうることはわずかである。我々がすでに見たように、ユートピアには居酒屋もクラブもない。都市はどこまで行っても一様なので、観光も問題にはならない。これを度外視しても、旅行には許可が必要で厳格な規則のもとにある。チャットをしたりネットサーフィンをしたりできる自分専用のコンピューターは、モアの時代にはなかった。こうした状況のもとでは、ユートピアでの労働は苦痛を伴う必要不可欠なものというよりはむしろ、人が憧れ、また好む時間の過ごし方と見なされると容易に想像できる。

　第三に、ユートピアの倉庫には贅沢品がないため、そこにやって来る消費者が度を越して持ち出すことは滅多にない。ユートピアでは、贅沢品は嘲笑の的である。ユートピア人は金と銀で便器を作り、犯罪者が刑罰として身につけなくてはならない指輪とネックレスも金銀で作られる。偶然にも人々が集めた真珠やダイヤモンドは、非常に小さな子供のための玩具を作る材料となる。成人した娘が現代では人形と遊ばないように――そうすることで、娘は自分がもはや子供ではないことを示そうとするのだ――、ユートピアの若者たちは、少し前まで楽しく遊んでいた真珠やダイヤモンドを軽蔑するようになる。それぞれの家族が自分たちのために自家生産するユートピア人の衣類は非常に素朴で、みな似かよっている。ユートピアの都市の商店は軒並み、非常に限定された種類の商品しか揃えていない。

これら三つの要因は、財産共同制のシステムを搾取しようという人々の誘惑にとって決定的な抑止となる。これらに加えて、人々が地域に強く結びついていること、そして手抜きをする者は奴隷化されるという脅威に基づいた社会的な圧力も働く。これら全ては、モア自らがこの問題について考えたことからは独立しているものの、ユートピアの経済システムが一六世紀の初期資本主義に対する現実的に通用する代替案であったことを示唆している。

しかしながら、この結論は今日の資本主義批判者の助けにはあまりならない。というのも、ユートピアの経済的な有用性に役に立つ上記の要因は、目下の代替案の構想について別の観点から見ると、非常に問題含みだからである。

一方で、個々人の職業の決定に際して仕事への愛着が優先されると、効率的な分業にかかわる問題が生じる。今日的な技術水準のもとでは、ある程度の効率的な分業は豊かさに到達するための必要条件である。

他方で、余暇と消費可能性に関する制限は、個人の行動の余地と同様に自由と自己発展の可能性を狭めることになる。この制限は、ルネサンスの技術状態を前提とする国民経済においては、ひょっとすると受け入れられたかもしれない。初期資本主義においては、ごく少数の人々だけが自分がしたいことをすることができた。しかし二一世紀の仮説的な財産共同制のもとでは、余暇の形成と消費の可能性を実質的に断念することは決して受け入れられない。環境保護政党の職員ですら、今日ではブルジョア的な生活の快適さを諦めようとはしない。二一世紀の財産共同制は、個人の余暇を人為的に形成しようとすることも、消費社会の多様性を抑制しようともしない。しかしそうなると、個人が利己的な目的のために財産共同制を悪用しようとする誘惑が大きくなってしまうだろう。

二一世紀に財産共同制は考えられるか?

ユートピアの特別な規則を抽象化し、今日でも望みうる社会包括的財産共同制を考察してみよう。例えば国家、大陸、あるいは地球全体を覆うような、我々の世紀において考えられる財産共同制のもとでは、労働と消費財やサービスの要求を民主的に規定することができるかもしれない。**労働規準**は、個人がどれほどの時間、どの程度集中して働くかを定めるだろう。労働規準は均一ではなく、公正な理由に基づいて、職種や経済分野、場所、そして働く人の社会人口統計学的な指標——すなわち年齢や健康など——に応じて変化する。**消費規準**も同様に異なるだろう。この規準は物質的な財と非物質的なサービスの消費を、それに関連する指標に即して定める。

労働規準によって、社会が抱える潜在的な労働力が効率的に利用されるだろう。消費規準は、全ての人間の必要を考慮して計算された消費構造に配慮するものである。労働規準と消費規準は整合的でなくてはならない。国民は、生産する以上には消費できないからである。規準は、それぞれの財とサービスのための条件が満たされるよう選定される必要がある。変わりゆく技術的条件と社会人口統計学的構造のもとでは、これらの規範が経済全体の均衡を作り出すよう、つねに新たに調整される必要がある。

このような公正で効率的な労働および消費規準は民主的な手続きを経て決定されるので、もし全ての人がこれらの規準に従うならば、我々の社会包括的財産共同制は全体の福祉を創出できると仮定しよう。このような状況下では、この財産共同制が持つ経済的有用性は、個人が協働しようとする態度、つまり規準を遵守することにかかっている。この心構えは、理論的には法的な命令と警察によって強制することができるかもしれない。しかしこれは、すでにユートピアに関する議論で見たように、人々が生産的な労働と慎重な消費を行うよう促すには不向きである。法的な命令と警察は、せいぜい協働が一定の最低水準を下回らないよう指導できるだけである。だが、わずかな協働が最終的にわずかな豊かさをやっと手に入れる程度であるから、これは資本主義に代わる一つの魅力的な選択肢となるには不十分だろう。

しかしながら、要求度の高い労働と消費の規準を備えた社会包括的財産共同制は、法的な命令と警察よりも好意的な手段を用いて、これらの規準を支持しようとすることができるかもしれない。ここでは二つのメカニズムがとりわけ問題になる。第一に、**社会規範**は財産共同制の構成員に協働しようという意欲を掻き立てることができるかもしれない。この場合、個人は一般的な双方向性を期待して行動する。彼らは、自らの協働を通じて他者の協働を維持したいために協働するのである。第二に、協働への衝動は適切な**価値**の内面化から生じる。この場合個人は、自分が利己的な目的のために財産共同制を悪用するならば放棄しなくてはならない高い自己評価を持っているため、協働的に行動する。

ではいったいどのような条件のもとで、このようなメカニズムが社会包括的財産共同制の持つ協働の問題を解決することができるのだろうか？　次章ではこの問題に答えてみよう。

第四章　協働、合理性、価値

時は二〇五〇年、陰鬱な資本主義の時代がほんのわずかに思い出される。全てのものが全ての人に属するようになって久しい。貨幣、市場、そして私欲にまみれた企業はもはや存在しない。民主的手続きを経て、全世界市民に対する細かな労働規準と消費規準が定められ、全ての人は自発的にそれを遵守している。強制されないにもかかわらず、誰もが自分の力量に見合った形で公共の福祉のために働き、皆が同程度に自分の欲求を満たせるよう、自由意志に基づいて自らの消費を制限している。

これは全く非現実的なシナリオだろうか？

本章で詳細に考察するのは、自由意志に基づく社会包括的財産共同制の構成員間で生じる協働の問題を解決できる、諸々のメカニズムである。これまでの各章と異なり、本章は特定の作品を取り上げるのではなく、財産共同制として構築された国民経済が機能しうるかどうかを決定する基本的諸関係を説明する。したがってここでは、以下の問いに答える必要がある。どのような条件のもとであれば、財産共同制として構築された国民経済への参加者たちが、対価を得ることも、また警察による強制に服することもなく、期待された成果を実現するのか？
この条件は、多くの人が考えるほど限定的ではないということが明らかになるだろう。

贈与

国民経済全体が**自由な財産共同制**のように機能するならば、そこはあたかも毎日がちょっとしたクリスマスのようである。共同体の構成員は毎日自らの労働を贈り、他の人の労働によって生み出された財が贈られる。しかもクリスマスは、資本主義において社会化された人たちによって機能する。毎年、誰もクリスマスの贈り物を強制されないにもかかわらず、ほとんど全ての人が一つ以上のプレゼントを贈るのを見たことがあるだろう。おそらく、プレゼントを持ってくると期待されている人が何も持たずにやって来ること(これは協働の失敗を暗示している)よりも、彼と同じプレゼントを持った人が隣に座ること(これは配分の失敗の例である)の方が頻繁に生じると考えられる。

クリスマスとのアナロジーが示唆に富んでいるのは、生産者と消費者の贈り物をしようという気持ちが根底にある場合にのみ、財産共同制は機能することができるからである。ここでは、どのような条件のもとでこうした基本的な態度が涵養されるのかが問題となる。

ある人が誰かに何かをプレゼントする場合、その人は様々な動機を持ちうる。この動機は三つのカテゴリーに分けることができる。第一に、プレゼントが心を込めて贈られる場合は、その人がプレゼントをもらう人の幸福を思い、本当に相手を喜ばせたいと思っているためである。この場合の贈与は、愛、友情、または他者に対する好感を前提としている。第二に、戦略的な動機に基づいて贈与が行われることがある。贈り手は贈り物を通じて、自身に利益をもたらす反応が返ってくることを期待する。例えば贈り手は、将来、贈り物を受け取った相手から、そのお返しとして価値のある贈り物を受け取ることを期待できるかもしれない。また彼は、彼が贈与するところを目撃し、それを良いと認める第三者が彼に報酬を与えることを期待できるかもしれない。第三に、贈与という行動をとることを道徳的な義務と見なすがゆえに、誰かに何かを贈ることがある。この場合、もし贈与しなければバツが悪いと感じるので、人は贈り物をするのである。

原理的には、これら三つの動機づけによって財産共同制における協働的な行動に拍車がかかるかもしれない。そうであるならば、贈与される人を愛するがゆえに、そして／もしくは、贈与によって個人的な利益が約束されているがゆえに、そして／もしくは、贈与を道徳的な義務と感じるがゆえに、人々は国家に労働を贈与する。

これら三つの動機づけは同時に作用することもあるが、まずは別々に観察し、そしてその妥当性を個別に確かめる方が良いだろう。したがって、以下ではそれぞれの動機づけの影響を、残りの二つがないという仮定のもとで評価することを試みる。そしてさらに一歩進んで、三つの動機づけの相互作用を考察し、それにより動機づけが持つ全体としての可能性を捉えよう。

隣人愛——心から与えよ

社会包括的財産共同制における協働は、隣人愛の力だけで支えられうるだろうか？　この場合、共同体の各構成員は自らの成果を何ら考慮せずに、つまりその見返りとして何も要求することなく、自発的に心の底からすぐに与え、分かち合い、そして他者のために自らを犠牲にしなければならないことになる。

隣人愛の二つの形式、つまり具体的なそれと抽象的なそれとの間で区別することは有益である。日常には、数えきれない具体的な隣人愛の事例が溢れている。これは、我々の贈り物の名宛人である**具体的な**人間、とりわけ家族と友人に向けられた明白で持続的な利他主義によって特徴づけられている場合である。この場合、物質的な贈り物だけではなく、大小様々な困難に際して人を助けるために贈られる個人的な心遣いも重要である。

隣人愛のこの具体的な形式はおそらく人間的な幸福の最も重要な源泉であるが、社会包括的財産共同制における協働の問題の解決にはほとんど役に立たない。その理由は、技術的に高度に発展しグローバル化した経済においては、自らの労働の生産物によって誰を幸福にするか、つまり事実上贈り物をする相手をほとんどの人が知らないことにある。

はっきりした分業を備えた複雑な国民経済において、ほとんどの生産労働者は自らが生産に携わった生産品を利用する具体的な個人を特定することはできない。この〝贈与を得る人たち〟がいつの日か利用する財を生産者が製造する場合、〝贈与を得る人たち〟のなかには、まだ生まれてさえいない人も含まれる。幾世代にもわたって利用される高速道路や家を考えてみればよい。

贈り物をされる人が誰かわからない場合、具体的な人間に対する隣人愛は、必要な対象がその射程には欠けているためにうまく作動しない。それゆえ、経済的な行動の一般的な欲求のバネとしては役に立たない。

したがって、二一世紀の仮説的な財産共同制における贈与行動を支えるためには、生産者と消費者が見知らぬ人々のために犠牲になるよう促す、人類に対する**抽象的な**愛が必要になる。

これは理論的には十分考えられるが、実践的には非常に難しい。というのも、我々に似たものを素材として共同体の構成員が作られるならば、協働の問題を解決するためには抽象的な隣人愛で十分だという言説は疑義を挟むべきものだからである。確かに、困窮している人々を支援する世界中の救援機関や慈善団体の多くは、この種の隣人愛によって活動している。このことは、我々の社会のうちに財産共同制にとって望ましい利他主義が、少なくとも原初的な形では存在していることを物語っている。しかしこの利他主義は一般的に広まっているものではなく、専ら非常に困難な状況に置かれている人々に対して向けられている。世界の全ての人に対する抽象的な愛が、毎朝早く起き、ともすれば退屈な労働をするよう個々人を動機づけるとは想像し難い。なぜなら、おそらく個人には、その時間にしたいと思うもっと他のことがあるためである。

我々の多くは、人類愛ゆえ自らの一生を〔他者に〕捧げる人々を聖人と見なす。聖人は地上にめったに現れない。したがって、社会包括的財産共同制は隣人愛だけで協働のテストに合格するという主張を、私は信用していない。

社会的な規範——汝が与えるために、私は与える

はじめに述べたように、財産共同制において協働の問題の克服に役に立ちうる、さらに二つのメカニズムが存在する。社会的な規範と個人に内在する価値観である。前者は、人が社会的な報酬を得る

ために成果を提供する場合のメカニズムである。後者は、自分の行動原理を満足させようとする場合のものである。まずは、どのような条件のもとであれば、互いへの贈与、あるいは**互恵性**の社会的な規範が構築されうるのかを考察しよう。

〝あなたが私にするのと同じように、私もあなたに対して振る舞う〟という互恵的な行動は日常的な現象である。親切は親切をもって報いられる。貨幣を用いずとも、人々の間の協働はこの互恵的行動に支えられている。こうして、人々が参加する隣近所の相互扶助や地元のクラブ、作業班、そして数多くの何かしらの企画は、賃金が支払われることなく機能している。しかし、協働的な行動があらゆることに役立つケースは多々あるとしても、この行動が広く受け入れられることはない。来園者が公園に置き去ったごみや、公的な管理の不足によりインフラの整備が利用者に委ねられているような発展途上国での、公的なインフラの荒廃ぶりを考えてみればよい。したがって、協働規範の生成を促進する要因と、それを阻害する要因が存在しているはずである。これらの要因を特定することは、かねてから社会科学者の最も重要な目的である。

一見すると社会的な諸規範は、習慣や模倣のような要因に基礎づけられているように見える。人が上品に振る舞うのは、過去にそのように振る舞っていたからであり、また他の人も上品に振る舞うからである。明らかに習慣と模倣は、社会的な行動においてある種の惰性をもたらす。しかしながら、規範が破壊され他のものによって置き換えられることは繰り返し見られる。したがって、社会的な規範の持続性にとって決定的な、ルーティンとは異なる何か他のものが存在しなければならない。この要因は、個々人が規範に適応するようよく考えられた利益である。

まさにその逆となるのは、個々人が社会規範を侵害する方が〔遵守するよりも〕自分たちにとって良いと気づき、すでに長く存在している規範自体が崩壊し始める場合である。最初の逸脱者は残りの人たちに、彼らにとっても規範の侵害が利益になりうると知らせるだろう。規範を破壊するか、あるいはその設立を完全に阻むためには、社会的なルーティンに疑問を投げかける人間は少数で良い。

これらの考察は、長期間存続しうる社会規範を見分けるための方法を示唆している。安定した規範とは、他の行動を取ると自分に有利になるかどうかを合理的に吟味する人々によっても遵守される行動規則である。ここで戦略的に考える個人は、自分の行動の直接的な結果だけでなく間接的な結果も吟味する。そこである人は、自らが社会規範を侵害することは、他の人々にも規範を侵害するようそそのかすことになるかもしれないと考える。他方で、自分が規範を遵守すれば、他の人々も同じ行動を取るかもしれない。このようにして作り上げられた互恵的な行動に対する期待こそ、財産共同制における贈与の規範を持続的に支えられるだろう。

利己主義者の間の贈与

財産共同制において合理的に行動する個人は、どのような条件のもとであれば、社会的な規範に基づいて時間とエネルギー、そしてそれによって生み出される製品を共同体に贈与するだろうか？　本章のはじめに述べたプログラムに即して、そのような規範の働きを、協働を促進する他の二つの動機——利他主義的な性向と道徳原理——を考慮せずに検討してみよう。そのためにまず、自分の大いなる豊かさのみを追い求め、自らの行動を合目的的に決定する仮説的個人から出発したい。

この問題に関する目下の研究が示す本質的な見解は、簡単な**思考実験**を用いて示すことができる。二つの家族だけからなる財産共同制を考えてみよう。一方の家族は街に住み、他方は田舎に住んでいる。一方は手工業を営み、他方は農業を営んでいる。それぞれシュミット家とバウアー家と呼ぶことにしよう。シュミット家とバウアー家は、一定の期間(例えば一ヵ月)の終わりに、自分たちの消費を上回るそれぞれの生産物を、もう片方の家族が取りに行くことができる街はずれの倉庫に届けることを互いに約束する。つまり彼らは、互いに対して贈与することを約束するのである。シュミット家は家具と工具を贈り、バウアー家は農産物を贈る。両者は相応の労力を費やすことで、他方の家族の必要に応じた量を届けることができる。さてそれでは、彼らは自分たちの約束を守り、共に協働のテストに合格するだろうか?

思考実験をさらに進めよう。倉庫には、それぞれ鍵をかけられる扉のついた二つの別々の区画があると考えてみよう。各家族は好きな時に、一つの区画用の鍵を使って自分たちの生産物をそこに保管できる。取り決めた日時に両家族は鍵を交換し、他方の家族が用意した消費可能な財に自由にアクセスする。

期間のはじめに、シュミット家とバウアー家は生産活動に関する計画を立てる。その際、各家族は二つのオプションを持っている。他方の家族の消費需要もカバーする量を生産するように計画するか、自分たちの需要のためだけに生産するように計画するかである。後者は当然、少ない労力ですむ。前者のオプションを〝協働〟(K)とし、後者を〝逸脱〟(D)と記そう。二つの家族におけるこれら二つのオプションの組み合わせから、我々の仮説的な財産共同制においては四つの結果がありうる。

一、結果(K, K)：それぞれの家族は他方の家族のために労を割き、他方の家族が届けた生産物から利益を得る。この場合には、財産共同制は協働のテストに合格する。
二、結果(D, D)：いずれの家族も他方の家族のためには行動しない。両家族は、生活に不可欠な財の不足に悩む。結果、協働の問題は解決されることなく、財産共同制は破綻する。
三、結果(K, D)：第一項に示される一方の家族は、第二項に示される他方の家族のために働き、搾取される。大きな労働力の投入にもかかわらず、協働した家族は必需品を欠くことになる。協働の問題は解決されない。
四、結果(D, K)：これは三の結果と全く逆になる。第一の家族は協働から逸脱する一方で、第二の家族は第一の家族のために働く。財産共同制における協働の問題は依然として解決されない。

第一項の家族の物質的な利得は、この第四の結果(〔相手の〕高い供給水準のもとでの、少ない自己の労働投入)において最も大きい。第三の結果(大きな支出とわずかばかりの消費)における福利は最低である。これら二つの結果の間には相互の協働と相互の逸脱のケースがあるが、この両者の間では相互の協働における家族の福利が相互の逸脱よりも大きい。したがって、第一の家族の視点から見れば第四の結果が最善、第一の結果が二番目、第二の結果が三番目であり、第三の結果が最悪である。第二の家族の場合には選好順序はこれと対称になる。

それぞれの結果に、観察対象の家族の幸福指数、すなわちそれぞれの結果の利得を割り当てる。第一の家族の利得は、(D, K)の場合にはギリシャ文字αで表し、(K, K)の場合にはβ、(D, D)の場合にはγ、(K, D)の場合にはδとする。その結果、$>$という記号で〝より大きい〟ことを示すならば、$\alpha>\beta>\gamma>\delta$となる。

我々の思考実験は、上のマトリックスにまとめられる。

家族の利得は、彼らの行動に依存して決まる形式でマトリックスの成分に記入される。右上の成分は、シュミット家が協働する一方でバウアー家が逸脱する場合にはシュミット家がδを受け取ることを示している。この場合、バウアー家は利得αを受け取る。

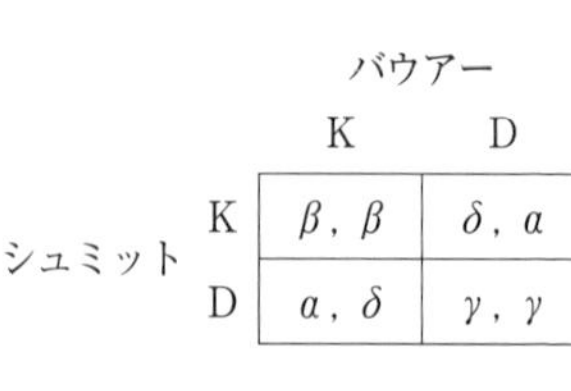

		バウアー	
		K	D
シュミット	K	β, β	δ, α
	D	α, δ	γ, γ

それでは、協働、すなわち戦略Kの規範を遵守すべきか否か、両家族が冷徹に考える場合には、どうなるだろうか？

答えは明白である。この場合、財産共同制は失敗したと判断される。他方の家族が行おうとすることとは独立して、それぞれの家族にとっては逸脱すること、つまり戦略Dの選択はつねに利益が上がる。そこでシュミット家は次のように考えるかもしれない。〝バウアー家が我々のために一生懸命働く場合(マトリクスの第一列)、我々が戦略Dを選ぶならば結果としてαの利得を得るが、もし我々が戦略Kを採るならば、βしか得られない。これに対して、反対にバウアー家が逸脱する場合(第二列)、戦略Dを選べば、我々はγを得、戦略Kを選ぶ場合には、δしか得られない。バウアー家がどのように決定するのかということとは関係なく、我々は戦略Dを採ればつねにより大きい利得を得る。なぜなら、そうすることで我々はバウアー家のための生産の支出を節約できるからである。したがって、我々は自分たちのためだけに働くことにしよう。つまり、戦略Dを選択しよう〟。

バウアー家も同じ結論に達するため、財産共同制において協働は全く行われないことになる。両方の家族は約束を破り、倉庫の二つの区画は空のままである。こうして彼らの福利は、より高い水準βに達することが可能であったにもかかわらず、より低い水準γに至ってしまう。先のマトリックスに当てはめれば、シュミット家とバウアー家は、上段左の数値を達成できたはずなのに、下段右の数値に収束することになる。

この失敗は、ゲーム理論において**囚人のジレンマ**と呼ばれる状況に典型的な、個人的合理性と集団的合理性の間の対立を反映している。ゲーム理論とは、戦略的な行動選択の分析を研究する応用数学の一分野である。経済学者、政治学者、社会学者、そして生物学者が、協働がどのようにして生じるのかを研究するためにこの理論を用いている。ここで観察された財産共同制の論理構造は、ゲーム理論において、囚人のジレンマが扱う構造に対応している。囚人のジレンマでは、協働は次の理由に基づいて選択されない一つの戦略である。すなわち、他方のプレイヤーが何を行おうと、非協働を通じて得られるよりも少ない利得を、協働を通じて目指すという理由はない。したがってプレイヤーは、協働しないという決定を下す。

ゲーム理論では、合理的なプレイヤーの間の戦略的な相互作用から帰結する行動を均衡と呼ぶ。均衡においては、どのプレイヤーも**単独で**自分の行動を変えるインセンティブを持たない。とはいえ、**集団としての**プレイヤーが全員一致で自分たちの行為を改善したいと考える状況へと均衡が導く場合がある。この場合、その均衡は明らかに非効率である。これはちょうど、集団としてのプレイヤーは結果(K, K)を望みながらも、各プレイヤーは個別的に戦略Dを選択する上記の財産共同制の状況である。

繰り返される関係

ここまで、我々の思考実験は一回きりの期間しか持たない生活範囲に限定されていた。この仮定は、互恵性が持つ本質的な側面を考慮に入れていない。その側面とは、互恵的な行動は時間を越えた広がりを持つということである。しばしば人は、過去における他人の社会的な行動に報酬を与えようとする。そしてまた我々はしばしば、他人から後になって報酬を得たいと思う。こうしたことに考えを巡らせることは、職場や近隣での協働の重要な原動力である。それゆえ、財産共同制が存続するチャンスを見つけ出すためには、我々の思考実験をこれに対応する形で拡張する必要がある。

シュミット家とバウアー家の財産共同制が一回きりの期間しか持たないと仮定する代わりに、ここからは、先に描かれた相互のやりとりが長期間にわたって繰り返されると仮定してみよう。例えば、財産共同制がちょうど一年間継続され、毎月の終わりに倉庫に出入りするために鍵を交換すると考えてみよう。すると毎月末にそれぞれの家族は、他方の家族が生産した財を自分たちの消費のために取りに行く。翌月に一方の家族は、前月に他方の家族が生産物を格納した倉庫に、自分たちの生産物を納める。その月の終わりになると、再び鍵を交換し、最終月までこれが続く。

関係が繰り返される場合には、〝あなたが私にするのと同じように、私もあなたに対して振る舞う〟という報復の脅威のおかげで協働が約束されうる。より厳密に言えば、それぞれの家族は、他方の家族から前もって信用してもらい、第一期に必死に働くと始めに宣言するのである。しかし第一期以降の期間においては、一方の家族の行動はもう一方の家族がとった過去の行動に影響を受ける。自分たちが搾取される場合には、この家族は協働を停止する。

問題となるのは、そのような脅威が合理的な利己主義者を本当に協働へと促しうるのかということである。今まで見てきたように、自分たちが他方の家族のために労力を割かない場合、その家族はまずそれによって得をする。しかしもう一方の家族の協働がそれ以降得られなくなると、彼らの状況は悪化するだろう。したがって両方の家族は、そのような行動を慎重に吟味する。これは、利得を示すために上記で導入した指標に基づいて明確化できる。他方の家族の信頼を短期的に裏切ると、自分たちの家族の利得は一カ月の間βからαへと引き上げられる。しかし報復が行われると、自分たちの利得はβからγへと低下する。したがって、当該家族にとって協働して行動する価値があるかどうかは、$\alpha - \beta$と$\beta - \gamma$の間の比較と報復の期間に依存する。他方の家族による報復が行われる月数が増えるにしたがって、彼らを裏切る価値は減少する。

それぞれの家族が、もし裏切りを働いていることを一度でも見つけた場合には、協働を完全に停止すると脅す場合に、協働的な行動へのインセンティブは最も強くなる。この脅しとは、〝もしあなたが私を一度でも騙すなら、それでおしまいだ！〟というものである。ゲーム理論には、このような行動様式に対する名前がある。**トリガー戦略**である。トリガー戦略を用いるプレイヤーは協働（K）から始め、自らが裏切られない限りは協働的に振る舞う。一度このプレイヤーが搾取されると、このことは搾取されたプレイヤーに対して取り消しの効かない逸脱（D）を誘発するトリガー（引き金）のように作用する。全てのプレイヤーがトリガー戦略をとる場合には、当然ながら全ての期間を通じて協働が達成される。

このトリガー戦略は、財産共同制のメンバーが合理的に熟慮した結果でありうるのだろうか？　参加しているプレイヤーの合理性によって同じことが理解されていると仮定すると、これは驚くほど悲観的な帰結に至る。トリガー戦略がゲームの始めに宣言され、α－βが、β－γよりもはるかに小さい場合——こうすることで、ごまかしによってもそれほど利益を得られず、そのために厳しく罰せられることになる——でさえ、財産共同制は協働のテストに合格しない！

この予期せぬ結果の理由を探るために、財産共同制の**最後の**月の始まりにおける二つの家族のうちの一方を考察してみよう。わかりやすいように、財産共同制は一月から一二月までの期間であるとしよう。もし一方の家族が最後の月である一二月に自分たちのためだけに働こうと決めても、一二月三一日に共同制は解消されるので、他方の家族による報復を恐れる必要はない。それゆえ一方の家族の誰も、一二月に他方の家族のために労力を割く理由を持たないことになる。家族のメンバーが、これまでつねに協働してくれていた人間を裏切ることで、良心の呵責に苛まれることはあるかもしれない。しかしこのケースは、仮定されている条件によって排除されている。なぜなら、ここで我々が考察しようとしているのは、人間が自分の物質的な利得にのみ関心を持つ場合には、社会的な規範が協働的な行動を支えうるかという問題だからである。この仮定のもとでは、過去の月々に起こったこととは無関係に、それぞれの家族が一二月には自分たちのためにのみ働くことは明らかである。

そうなると、一一月にはどんな決定が下されるだろうか？　共同制最終月の前の月においても、家族にとって協働は価値がないことになる。なぜなら、一方の家族が一一月に他方のために労力を割いたとしても、一二月にはそれぞれが自分たちのためだけに働くため、報われることがないからである。つまり、一二月だけではなく、一一月も両家族は協働しない。

一一月にも一二月にも協働の見通し立たなければ、一〇月にも両家族は同様に考えることになる。そして同じことが、最初の月も含めて、それ以前の全ての月に当てはまる。したがって、もし両家族が前もって考えを巡らすならば、すでにその年のはじめには、全ての月において協働からの逸脱を決意しているだろう。驚くべきことではないだろうか？

はてしない物語

しかしこれまで見てきたように、様式化された財産共同制のうちには何か特殊なものが存在する。それは、財産共同制が時間的に制限されているということである。両家族は、いつが最後のやりとりになるのかを正確に知っている。その時点で、二つの家族が何かしら協働することは不可能だろう。報復の脅威が効果を持たないからである。それゆえ最終的に協働は完全に崩壊する。しかし、もし財産共同制が数限りない世代にわたって、誰も明確な期限を知らないと仮定するならば、先の帰結にはどのような変化が生じるだろうか？

バウアー家とシュミット家からなる、我々の仮説的経済を改めて考えてみよう。ただし今回は、計画がはてしない広がりを持っている。これは、財産共同制が際限なく続くということを意味するわけではない。互いのやりとりには当然ながら最終期があるだろうが、それを主体的に前もって確定することができないのである。言い換えれば、財産共同制に期限がないのである。この枠組みでは、好ましい結果が得られる。先に述べたトリガー戦略が、ついに均衡を達成することができるのだ！

最初の家族が他方の家族に、トリガー戦略という意味で互恵的に行動することを宣言すると仮定してみよう。二番目の家族は、この場合何をなすべきかを考える。相手と同様にトリガー戦略を用いることが、彼らにとっても合理的だろうか？　よりうまくことを運ぶことができるような他の戦略がない場合には、ゲーム理論家が主張するところでは、トリガー戦略は第二の家族にとって、第一の家族がとるトリガー戦略に対する**最良の答え**である。これが本当ならば、最初の家族にとってのトリガー戦略は、同様に二番目の家族がとるトリガー戦略への最良の答えであることになる。彼らは決定にかかわる同じ問題を解決しなければならないからである。その戦略が互いにとって最良の答えである場合には均衡が形成される。他方がその戦略に留まるかぎり、誰もその戦略から逸脱するインセンティブを持たない。もし両家族のトリガー戦略が一つの均衡を形成し、互いにそれを拠り所とするならば、プレイヤーが純粋な利己主義者であっても、財産共同制においてはつねに協働〔という戦略〕が支配戦略〔他のプレイヤーがどの戦略をとるかにかかわりなく最大の利得をもたらす戦略〕になる。

ある特定の条件のもとでは、トリガー戦略は均衡を形成する。バウアー家がトリガー戦略を用いると仮定しよう。シュミット家が同じ戦略でそれに応じる場合、彼らは毎月利得βを獲得する。しかしある時、そうする代わりにシュミット家はその戦略から逸脱し、バウアー家を搾取することも可能である。そうすることでシュミット家は、一カ月間は利得αを受け取る。しかしその後は報復を受けるため、彼らが高い利得を得るのは詐欺を働いたひと月だけである。これに続く全ての期間でバウアー家は、自分たちのためだけに働くだろう。このはてしなく続いてゆく長期間の全ての月で、シュミット家はβの代わりにγの利得水準しか得られない。
トリガー戦略から逸脱し相手の家族を騙すことが、ある家族にとって価値があるのかどうかは、結局のところ三つの要因に依存している。第一に、利得αが利得βよりも相対的に大きい場合、相手家族を騙す誘惑はより大きくなる。第二に、利得βが利得γと比べて相対的に大きい場合、騙す誘惑は低下する。第三に、その家族が将来を考慮に入れる度合いが強いほど、騙す誘惑は小さくなる。三番目については容易に理解できる。詐欺は、財産共同制がその先もさらに存続し、決定者が将来に得られる利得の水準に関心を持つ場合、例えばこの財産共同制のなかで生きていく自分の子供や孫のことを考えるならば、決定者にとって好ましくない帰結をもたらす。相互のやりとりが継続する公算が高くなればなるほど、また、自分の子孫に対して持つ利他主義が顕著になるほど、制裁がもたらす帰結をより多く考慮に入れるようになる。

これら三つの要因は様々な規模と範囲を持ち、特定の条件のもとでは、両家族のどちらもトリガー戦略から逸脱しようとしない理由を説明できる。こうして、この戦略は均衡を形成するのである。したがって我々は、裏づけを得た好ましい中間的な解を手にした。自分と自分の家族のことだけを考え、そして道徳も市民的徳も知らないような合理的な人々のもとでさえ、財産共同制のインセンティブ問題は特定の状況下で解決可能である。このために必要となる重要な前提条件は、財産共同制が時間的制約を受けないということである。この場合、相互的な協働で得られる利得が比較的高く、人々が将来の発展を重要と見なしているならば、例えば自分の子供の福利に強い関心を寄せている場合には、トリガー戦略によってインセンティブ問題は解決される。

信じるに足る脅し

上述の要因が好都合な結果になったという点から出発しよう。熟慮を重ねることによって、トリガー戦略からの逸脱は、する甲斐がないことが明らかになる。そうであるならば、財産共同制の設立者は、この制度の構成員が報復に恐れを抱くために、協働の規範を決して侵害しないように以降正しく振る舞うと宣言できるかもしれない。

しかし、もしある家族があるとき公共の倉庫に自分たちのための生産物が置かれていないという事態に襲われた場合、この共同体には何が起こるだろうか？　共同体の設立に際して宣言されたトリガー戦略に基づけば、この家族はその時点から協働をやめるはずである。他方の家族も同様に協働を放棄するために、利得の期待水準βの代わりに、彼らは毎月γの水準の利得を得るだけになる。この状況で、他方の家族は、次のような通達を送るかもしれない。

逸脱をした家族　〝前月にあなたたちに何も準備をしなかったのは、確かである。しかし過去は過去であり、後になってそれを争うのは無意味である。我々の前には、何も決まっていない未来がある。だから、我々両者とも全ての期間にわたってγしか得られないことになるような報復はやめにしよう。その代わりに我々は、しっかりと考えた上でトリガー戦略をとるという以前の形式に戻り、これからはいつもβを達成するようにしよう〟。

この提案は実に合理的に聞こえる。この提案を受け取ることは、この状況下で両方の家族をより良い状態にする。しかしこのような分別のある提案が受け入れられる場合、何が起きるだろうか？　この場合、協働の逸脱者は処罰を受けない。もし両家族が最初からこうした結末を予見しているならば、トリガー戦略の脅しはもはや信用できるものではない。なぜなら両家族は、一緒に働くことをまた新たに交渉するはずなので、搾取に対する処罰は下されないからである。だがそうなると、両家族は協働へのインセンティブを失ってしまう。その結果トリガー戦略は、逸脱に際して予想される処罰よりも良い成果で合意するという可能性に対して免疫がないことになる。

こうした結果を受けて、ゲーム理論家はこの問題を解決する手掛かりを探してきた。トリガー戦略が持つ信頼度の問題は、処罰を行うはずの人自らがこの行為によって罰せられてしまうということにある。というのも、他方の家族も同様にこれ以上は協働しないからである。それゆえ、**新しい取り決めの可能性がある場合**、この脅しは結局のところ自己拘束的にはならない。自己拘束的な脅しを定式化するためには、処罰を行うべきときが来たら、罰する人間が本当に処罰したいと思うような罰が通告される必要がある。

ゲーム理論の答えは、〝ある状況下では存在する〟である。問題は、そうした罰が存在するのかどうかである。

財産共同制のもとでの詐欺の犠牲者に対して、次の行動を指示する社会的な規範を考察してみよう。その規範とは、〝詐欺を働いた相手が、もう一度あなたのために労力を割くということが確実にならない限り、あなたは協働をやめなさい〟というものである。つまり、ある期間において裏切った家族は、相互的な協働に復帰する代償を払うために、彼らの側でも一定期間搾取されなければならないのである。彼らはいわば〝悔悛（かいしゅん）〟しなければならない。そうでなければ、両家族は、悲惨な状況(D, D)に留まることになる。

トリガー戦略とは対照的に、処罰を行う人はこの脅しをする際にβ（協働の場合に得られる利益）ではなくαを目指すため、この脅しは実際に信用に足る。こうして処罰を行う人間は、騙されたことを〝忘れる〟代わりに、実際に罰を与える動機を持つ。詐欺者に〝悔悛〟を要求するこの社会的な規範は、財産共同制における協働を支えることができる。

大きな共同体

では、たった二家族ではなく、非常に多くの家族が生活する社会包括的財産共同制においては、罰を与えるインセンティブはどのようなものになるだろうか？

たったひと家族が自分たちの生産物のノルマを果たさない場合でも、上記の規範に従えば、残りの全家族が共同の倉庫に生産物を届けるのをやめなければならないはずである。それは、逸脱者の家族が〝悔悛〟した、つまり、取り決めた量の生産品を届け始めたと確認するまで続く。

しかし、家族の数が多く、ひと家族による生産が多くの家族の消費のごく一部しかカバーしていない場合には、これは賢いやり方ではない。トリガー戦略の批判と同様に、彼らが（協働しない家族のことを）大目に見てただ協働を続けた方が、他の家族はうまくいくと確信しているためである。だがその場合、逸脱者の供給水準は低下しないため、逸脱者が罰せられることはない。家族がこの猶予を予想してしまうなら、全体のために労力を割くインセンティブはもはやなくなってしまう。

この考察から得られるさらに重要な洞察は、より大きな財産共同制は小さな共同制に比べると、傾向として協働の問題を解決するのに不向きだということである。

確かに大きな共同体は、例えば他の人々のために残業をするなどして逸脱者が悔悛の情を示さなかった場合には、消費財を調達できないようにさせることによって、合目的的に処罰しようとすることもできるだろう。二家族からなる財産共同制の仮説的状況に似て、この脅威は信じるに足るもので、協働を支えうるかもしれない。しかしながら、合目的的な処罰は新たな困難を引き起こす。それは、詐欺を働いた者が共同体の倉庫にアクセスできないように強制力を発動するのは誰なのかという問題である。

この強制力の行使は、再び社会的な協働の問題を提起する。逸脱者を追放することが保証されるなら、追放は社会全体における協働を支えるのに役立つ。ただし、詐欺を働いた者を倉庫から遠ざけておくのにはコストがかかる。というのも、彼らが倉庫に立ち入らないよう、自由な時間を享受する代わりに公共の倉庫の入り口に立っていなければならない人が必要になるからである。財産共同制の構成員はみな、自分がこの仕事を引き受けなくてよいように、誰かがこの仕事を引き受けてくれればと思っている。

この新たなジレンマから抜け出すために、二つの方法を試してみよう。最初の方法は、このジレンマが実際に表出しないようにすることである。技術的に高度に発展した財産共同制では、寄生する者〔詐欺を働く逸脱者〕を処罰するために、情報技術、特にロボットを使うことができよう。例えば機械を使えば、取り決めに従った量が届けられたかどうかを調べることが可能であり、さらにこれに基づいて、倉庫への出入りを可能にする磁気カードを有効にするか無効にするか決めることができるだろう。

しかしこの第一の方法は、これまでの思考実験が示唆する以上に困難な情報の問題が存するがゆえに、あまり説得的ではない。問題となるのは取り決めに従った量の財が届けられたかどうかだけではなく、誤った量が届けられた場合、それが故意によるのかどうかも問題となるからである。この点については次の項で詳細に論じる。今の段階では、今日の嘘発見器によってさえそのような調査はまだ行われたことがないということ、そして、読心術のためのコンピューターは、まだしばらくの間は夢物語に留まることを指摘するだけで十分である。

第二の考えうる方法は、倉庫の施錠を国家に委ね、それによって**自由な**財産共同制の理想から離れることである。しかしこの打開策も疑わしい。利己主義者たちの間での協働を構築するために国家を呼び出すことは不十分である。なぜなら、国家に仕える者として国家をその活力で機能させている諸個人もまた、ここでの仮定のもとでは利己主義者だからである。そうすると最終的には、国家が持つ効果は社会的な規範以外の何ものにも依拠しないことになる。その際、国家が経験する帰結として示されるのは、際立った法治国家(戦略Kと同値)から蔓延する贈収賄(戦略Dに対応)に至るまで、幅広く多彩である。それゆえ、我々が抱えている問題を打開するために考案された方策は、実際のところその問題を解決することはなく、ただそれを別の次元にずらすに過ぎない。

非対称的な情報

すでに示したように、財産共同制における協働は、その参加者がお互いを監督し合うために利用できる情報に依存している。情報の分布の役割を明らかにするために、二つの家族に関する思考実験に戻ろう。

生産における事故〔例えば、悪天候や労働者の間に広がった病気に起因するもの〕、あるいは生産物の運送に際しての事故のため、バウアー家が届ける財の量が予想外に減少してしまった場合を考えてみよう。この家族がそのような事故を回避しようとして通常の対策を講じていた場合、月末にシュミット家に対する供給不足にはなっても、バウアー家に落ち度はない。もしシュミット家が、農産物の不足に関してバウアー家に落ち度がないことを知っているなら、当然ながら報復は起きないはずである。このような場合の処罰は、本来は模範的に協働して行動してきた人々を困難な状況に陥れる。もし諸個人が、〔生産当事者に〕責任のない供給不足のリスクをわかっていれば、協働を中断することなくその不足を受け入れるだろう。問題は、いわれのない理由による供給不足と〔生産当事者に〕責任のある不足が異なることを、情報が遮断されることで見分けられなくなるということである。

この情報の不足があまりにも大きい場合、財産共同制における協働は崩壊することが予想される。生産者という立場を利用すれば、バウアー家はシュミット家のために労力を割かなくてすむように、シュミット家が〔バウアー家の〕生産環境の状況を調べられないという事実を利用できるかもしれない。その場合バウアー家は、シュミット家に対する農産物の不足は、不運な外的状況に起因すると説明するだろう。シュミット家もまた日和見(ひよりみ)的に行動するインセンティブを持つだろう。農産物が不足するたびにシュミット家は、バウアー家に悔悛を強制しようと、生産物不足の責任はバウアー家にあるはずだと言い張ることもできる。これはつまり、ある一定期間はシュミット家がバウアー家に見返りとして供給することなく、バウアー家にシュミット家への供給を強いるということである。このような状況のもとでは、財産共同制が協働のテストに合格することは不可能である。

それゆえ財産共同制は、情報への接近に対する非対称性を取り除くために最大限の透明性を作り出す努力をする必要がある。そうすることで、相互の不信が積み重なって、最終的に人々が互いに対する贈与をやめてしまうというリスクを軽減しようとしなければならない。相互管理のためのこの透明性は、共同体が小さく、参加者が安定している場合にはより容易に達成可能である。しかし二一世紀の大規模な財産共同制は、参加者の生産行動と消費行動を(自由時間を含めて)正確に監視するために、新しい情報技術をさらに発展させ、それを投入しなければならない。経済的に有効な財産共同制には、透明な参加者が必要である。これは、我々の思考実験から導出されたもう一つの重要な洞察である。

ここで、財産共同制における協働を下支えするメカニズムとしての社会規範が影響を持つ範囲について、中間的なまとめを示そう。せいぜいのところうまくいくのは、このメカニズムが非常に限定的な条件のもとで機能する場合だけである。すなわち、互いをよく知っており、長期間にわたって人々がともに生活する比較的小さな共同体、という条件である。これに対して、互いにわずかな情報しか持たない多数の利己的な人間からなる共同体の場合は、社会規範が協働的な行動を支えることはできない。

これらの洞察は、ゲーム理論の研究においてはっきりと導出されている。これは、財産共同制に似た状況、例えば、魚の乱獲による海洋の搾取や、共有農地の濫用において示される、協働の問題を考察した多くのケース・スタディと一致している。

内面化された価値観――義務感からの贈与

隣人愛と社会規範に並んで、内面化された価値観は経済システムとしての財産共同制が協働のテストに合格するために役立つ、三つのメカニズムのうちの一つである。社会規範を考察するにあたり私は、人々は利己主義者であるだけでなく、物質主義者であると仮定した。彼らは、自分たちの物質的な福利にのみ関心があるか、せいぜいのところ、自分自身の子供の豊かさに関心がある程度である。彼らの行為がそれ自体価値を持っているのかどうかということは、その行動にとって重要ではない。良心の呵責を感じないこのような人々は、生活をともにする人々を犠牲にして自分が豊かになるために、あらゆるものを使い尽くす。それゆえ、このような人々の間での財産共同制がほとんど成功の見通しを持たないとしても、驚くことではない。

しかし現実には、人間をある行為へと駆り立てる原動力は多様である。自分自身の豊かさはその一つに過ぎない。経済が発展している場合には、それが中心的な原動力になることはまずないだろう。物質的な幸福よりも重要なのは、しばしば行為の理念的な価値である。この価値は、二一世紀の財産共同制における協働の問題の解決に資する可能性がある。

人間は、黙考や議論、人間形成、教育、教化、伝統、模倣、そして習慣化を通じて、ある価値観に従って特定の行動様式をとったり特性を持ったりするようになる。価値観はとりわけ幼少期と若年期に形成され、堅固な個人的価値体系を徐々に作り出す。しかしまた歳をとるにつれて、例えば、衝撃的な体験を通じてある人の意識が変化し、その人の価値観が変わることもある。

価値体系は最終的に、自尊心と同様に社会的な交流のなかで享受する尊敬を決定づける。こうして個人の自尊心は、自身の価値観と理念に合致した状態で生きる能力に大きく依存している。尊敬と承認は、他者の価値観と合致して生きることを望むのである。

価値観は、財産共同制の協働の問題を解決するためにどのように役立ちうるだろうか？　ここではまず、他の二つの動機づけの手段、すなわち隣人愛と互恵性が機能しない場合の、内面化した価値観が持つインセンティブの効果を観察しよう。

誠実さと正義を重視する価値体系は、諸個人が協働的に行動するよう促すことができるかもしれない。財産共同制では、参加者の合意である特別な社会契約は、共同体の需要を満たすために、能力に応じて働くことを重要視する。これが行われない場合には契約違反となる。誠実さに価値を置く人々にとっては、良心の呵責を感じるがゆえに不誠実な行動はそれ自体で悪である。正義に価値を置く場合も同様である。人が与えることが可能であり、それをなしうる他の人たちもまた与える場合には、社会に与えることは間違いなく正しい。カントの定言命令の意味での正義もまた、財産共同制の全ての参加者が協働して行動することを望む。誠実さと正義が価値観として内面化され、個人にとっても自尊と社会的承認が、財産共同制を悪用することで得られる物質的な利得以上に重要である場合には、個人は共同体の規則を遵守しながら協働して行動するだろう。

注意すべきは、人々が自身の行動の象徴的な結果に注目するということは、財産共同制の運命にとって良くも悪くもなるということである。これは価値観次第である。例えば、もし諸個人が他人よりも裕福だと見なされることに価値を置く場合には、この象徴的な価値観は個人の協働への自発性を蝕んでしまう。したがって問題は、財産共同制においてはどのような状況下で、協働の問題の解決に資する特別な価値観を樹立できるかということである。

良い価値体系の安定性のために

時を超えた倫理(エティーク)とエートス〔人々の慣習的な行為の傾向〕に関する国家間の相違と，同じ社会に暮らす個人の間でのその相違は，可能な価値体系の多様性を示している。価値観は生じ，そして受け継がれる。それは環境の影響を受けて変容する，**文明の進化**の対象である。財産共同制に必要な価値体系が存続しうるかどうかは，価値観変遷のダイナミズムにかかっている。

他の者よりも先に価値観を打ち立てることができる場合，あるいはそれを行うことができ，実際に行う人々がいるのであれば，価値観は容易に内面化される。こうして，公的な討議は価値観の中心的な源泉となる。なぜなら，公的な討議は集合的な観点から見て，理性的な行動原則を見つけるのに役立つからである。正直に，また公正に振る舞うことは，ほとんど普遍的に公衆が肯定する行為原則の一つである。したがって，財産共同制における協働を下支えするのに役立つ価値観の促進を公的な討議に期待できる。

しかし，相応の行為が言葉に伴わない場合には，公的な討議の射程はわずかであろう。それゆえ文明の進化に関する研究は，自然淘汰の理論に準拠しながら，価値観はそれを体現するものの成功を通じて作り上げられるという仮説を生み出してきた。これは，価値観は集団や個々人によって支えられ，それぞれの価値観はその相対的な成功に応じて普及するという考え方である。他の人々よりも成功した，ある価値観の担い手は模倣され，その結果，成功した人々の価値観は引き継がれ，次第に社会的な環境，場合によっては社会全体の性格を作り上げてゆく。

この進化論的アプローチに端を発する洞察の中心となるのは、文化の選別の過程が行われるレベルの重要性である。長期的な価値の選別が、**個々人**の相対的な成果に依拠しているのか、それともそれぞれの集団のそれに依拠しているのかによって、大きな違いが生み出される。

これを実際に観察するために、全く同じ規模の財産共同制を構築している五四の都市からなるユートピア島を改めて考えてみよう。島のいくつかの都市は、誠実さに価値を見出す一方で、消費を他の人々より大きくすることには全く価値を置かない**道徳主義者**のみが住んでいると考える。他の都市では、全住民が他の都市住民の消費と比較して自分の消費に相対的に高い価値を置くが、誠実さには全く価値を置いていない。後者はすなわち、**実利主義者**の都市である。道徳主義者の都市では、実利主義者の都市よりも広範囲にわたって住民の間での協働が達成されるだろう。それゆえ道徳主義者が住む都市は豊かになり、そして実利主義者の都市は貧乏になる。徐々に実利主義者の都市は消滅する。住民が貧困から逃れようとするため、あるいは実利主義者の都市が、道徳主義者たちの暮らす成功した都市の価値体系を引き継ぐからである。他方で道徳主義者の都市は、拡張のための資源を得ることになる。

この場合、集団間、すなわち我々の例においては都市間の比較は、文化的発展にとって決定的である。なぜなら、諸々の価値は集団的選別によって支配され、この選別が道徳主義者の住む都市からもたらされた誠実さの価値を促進するからである。集団間での成果の比較は、〝良い価値観〟が広まることに資するのである。

さて、価値観の選別が個々人の成功に依存する別のケースを見てみよう。ここで、ある時点で完全な協働が行われている、道徳主義者たちの一つの都市を考えてみたい。あるときこの都市に、実利主義者たちのなかから一つの家族がやってくる。問題となるのは、移住して来た家族、あるいは何らかの理由で〝転向した〟家族である。この家族は、自分の子供たちに実利主義的思考を伝えようと決意した。この家族は、仕事をサボりながら、自分たちのためにできるだけ多くの消費財を公共の倉庫から取ってゆく。その際、この家族の誰も良心の呵責を感じない。それどころか彼らは、他の人たちよりも高い生活水準にプライドを持っている。彼らは自分たちが賢く、他の人たちは愚かだと考える。

もし情報の遮断や調整の問題のゆえに、他の家族によってこの逸脱者が処罰されない場合には、彼らは都市の他の全家族よりも物質的にはるかに豊かになる。我々の選別仮説に従えば、この〔家族〕間の比較によって、時間の経過とともに他の家族は逸脱者を真似したいと考えるようになる。これらの家族は伝統的な価値観を捨て、子供たちを実利主義者へと育て上げる。もともと良い価値体系だったものは、ゆっくりと、しかし確実に崩壊への道を歩み始める。より多くの家族が実利主義に移行し怠慢になるにつれて、残りの道徳主義者によって処罰される危険は減少する。最終的に都市全体は実利主義になり、その結果協働も行われず困窮に陥る。価値の転換を通じて裕福になるというそれぞれの家族の試みは、最終的に全ての家族に破滅をもたらす。この結論は憂慮すべきものである。良い価値体系は悪い体系に置き代わり、財産共同制は崩壊してしまうだろう。

利他主義、社会規範、そして価値観の共演

自由な財産共同制は、警察、さらには生産者と消費者を規律し訓練する道具としての貨幣を放棄す

る。協働は、隣人愛、社会規範、そして内面化された価値観を通じて守られなくてはならない。しかしよく見てみると、これら三つのインセンティブとなる力のいずれも、単体では財産共同制の参加者を持続的な協働へと促すことはできない。隣人愛は、家族および友人の範囲を越えると弱くなる。社会規範は比較的容易にすり抜けられる。そして道徳的な価値観は、実利的な価値観によって迫害される傾向にある。これら全ては、社会包括的財産共同制が協働のテストに合格する見込みに影を落としている。

しかし、隣人愛、社会規範、そして内面化された価値観は、それぞれ互いに独立した駆動力ではない。むしろそれらは互いに影響し合う。これらが同時に持つ効果に目を向けると、二一世紀の財産共同制の展望について根本においては楽観的になれるだろう。

第一に、道徳主義は協働の社会規範の補強を容易にする。社会規範を侵犯する者は、社会的に処罰されるリスクにさらされるだけでなく、自身が道徳的な罪の意識を感じる。さらに、公正な処罰を評価する価値も存在しうる。これは、実験ゲーム理論がはっきりと証明したところである。多くの実験では、参加者が他人の不正な行動を罰するために進んで負担を担うことが示された。しかも、処罰する者はそうすることによって自分たちの後の利得が向上しえないと知っていながらもそうするのである。

第二に、協働の規範を遵守することによって社会における利他主義が強化されることが期待される。共に生活する人々が協働的に行動するのを見ると、それを見ている人が抱く利他主義的な傾向は高まりうる。財産共同制から贈与を受けるために、人は共同制の参加者に対する感謝の気持ちが大きくなるのである。人は好意を想定し、好意を好意によって遇するようになる。こうして、贈与者であるところの社会全体に対する共感が醸成されうる。

第三に、社会規範を遵守することによって、人々を再び協働へと動機づける誠実さや公正さといった価値の普及が促される。多数の人々が誠実さに価値を置く場合、不誠実は社会的な尊敬の喪失を引き起こす。尊敬の喪失に対して恐れを抱くために、実利主義者は道徳主義者のように振る舞おうという気になるだろう。しかしそうなると、実利主義的な態度は自己の振る舞いによって否定されるのだから、この考え方を保持する意味はなくなる。むしろこの実利主義的な人々は、自分たちの誠実な振る舞いを誇ることができるように、その価値の体系に適応しようとするインセンティブを持つ。それゆえ実利主義的な価値観は消滅し、協働的に振る舞うインセンティブは強くなる。

規律化の道具としての人間相互の関係

人々は消費者と生産者、あるいは国家の市民と代表者としてのみ顔を合わせるわけではない。彼らは社会空間のなかで、例えば隣人や友人として、団体や教会で交流を持つ。人々が互いに社会的な交流を持つことは、財産共同制が抱える協働の問題を解決するための一助となりうる。

この点を明らかにするために、**社会的な交換**が持つ特殊性に注目したい。財産共同制の参加者は、自分が大事だと思うあらゆるものを、アクセス可能な公共の倉庫から持って行けるわけではない。親切と不親切は、人々が社会的な交流において手にするものである。つまり、集団的な倉庫とは違って、誰にクリスマス・カードを贈るのか、誰を家に招くのか、一緒に行う企画を誰に提案するかを決定するのは、それぞれの個人である。友情は、自分が好きなように要求できるサービスではない。友情は、それを分かち合う個人が互いを認めていることを前提にする。それゆえ財産共同制のもとに暮らす人々にも、友情を享受できない可能性がある。同じことが恋愛関係にも家族の構築にも当てはまる。

財産共同制における社会的な交流は、〔逸脱によって〕得をする人間を社会的に排除する可能性がある。ルールの侵犯者がごくわずかである限り、彼らを社会生活から締め出すとしても、残りの個人に特に費用がかさむことはない。これはさらに、ルールの侵犯者とのあらゆる社会的なかかわりを避けようとする圧力が残りの個人に加えられることにつながる。つまり、自分たち自身が共同体の残りの人々から排斥されないようにしようとするのである。これによって、二一世紀の財産共同制は協働のテストに合格する可能性が高まる。

詳細に見た帰結

資本主義のもとで人間は、〝あなたが私にそれをくれれば、私はあなたにこれを与える〟という原則に従って行動する。これに対して自由な財産共同制における人間の行動原則は、〝私はそれを私たちに贈る〟である。前者は個別の自己利益を、後者は兄弟愛を肯定する。おそらく我々の多くは、後者のような人々に囲まれていたいと思うだろう。しかし問題は、それが可能であるのか、そしてもし可能であるなら、そのためにどのような前提条件が満たされなければならないのかということである。

我々は、国家が労働規準と消費規準をあらかじめ示し、人々は自律的に自分が割く労力を決定して、自由に利用できる公共の倉庫へアクセスできる仮説的国民経済を観察した。このようなシステムが機能するためには、適度な労働成果を生み出すこと、そして自らの消費に適切な制限を設けることを人々が自発的に決定しなければならない。基本的には、様々な動機がこうした行動を引き起こす。その動機とは、利他主義、社会的な圧力、そして義務感である。これらの駆動力は、資本主義におけるよりも財産共同制のもとでの方が、より強く発達しうる。時間をかけて協働の問題を解決するためには、究極のところこれで本当に十分なのかどうかという問題には議論の余地があり、それについて私も最終的な答えを持ってはいない。

しかし今日では、財産共同制として作り上げられた国民経済は仕事の拒否と濫用ゆえに必然的に崩壊してゆく、と悲観的な判断を下すことは不当だと思われる。協働が抱える問題の解決に関して大いに期待できる制度設計を考えることは、確かに可能だからである。この意味において有望な財産共同制は、以下のように特徴づけることができる。

有望な財産共同制は非常に分権化している。人々は、広範囲にわたって自律した比較的小さな共同体において、生産と消費を互いに行っている。豊かな共同体は、自分たちの生産物の一部を貧しい共同体へ贈与する。全ての人々は、人生の大半をたった一つの共同体で過ごす。それぞれの共同体においては、全ての人は互いに顔見知りである。これによって社会全体は一望することができ、透明性のある幅広い社会的な管理が行える。

財産共同制は、監視と、場合によっては処罰を行う最小の国家機関を持っている。この機関は、個人の生産行動と消費行動を詳細に把握し、そのデータには誰でもアクセスできるようなコンピュータを基盤とした情報システムを運営している。個人や集団による大掛かりなシステムの悪用は、国家権力によって罰せられる。

市民は誠実さと公正さを重要な価値観として深く内面化し、強力な超自我によって導かれている。超自我は、国家との強い主観的同一化を司る。こうした価値観および国家との同一化は、人格形成と文化の中で強く支持されている。

個人の地域への定着、国家による監視、そして道徳主義という上記の三つの前提条件は、部分的には交換可能である。例えば国家は、厳密な国家規模での管理、あるいは厳格な道徳によって、地理的な可動性の不足を補うことができるだろう。

それゆえ三つの次元全てにおいて、現代と比べるとはっきりとした厳格化が必要であると思われやすい。この厳格化が人々にとって重大な不都合を伴いうることは、私が強調するまでもないだろう。地域への定着は居住地変更にかかわる制約を暗黙裡に含み、わずかしかない地理的可動性は人々の生活圏を矮小化する。社会的な圧力は、しばしば一元的な順応主義を生み出す。労働と消費行動を国家が監視するということは、法律の条文、トロイの木馬〔スパイウェア〕、ビデオカメラ、捜査と処罰がよりいっそう、日常を構成するゆるぎない要素になることを意味している。厳格な道徳主義は、自身と他人に対する不寛容を生み出しうる。

これらの費用は、財産共同制の導入によって期待される便益と比較されなければならない。その効用とは、各人にとっての物質的な平等と安全、より少ない競争思考と所有欲、そして人々の間のより温かい関係である。これらのコストと効用を慎重に検討することは明らかに、自身の価値判断に依存した、あまりにも主観的な無理な相談である。

おわりに

ここまでの全ての考察は、協働の問題の解決において、財産共同制における経済全体の福利が、今日の資本主義におけるそれと比較可能であるという仮定を暗黙裡に含んでいた。しかし実際には、こうした仮定を支える根拠はこれまでのところ存在していない。なぜなら福利は、協働に対する自発性だけではなく、経済的資源全てが投入されたときの効率性の程度、すなわち前章において強調した**配分の問題**によっても決定されるからである。

我々が知っているのは、資本主義が最適な資源配分を保証しないということである。次章では、財産共同制に期待できる配分の方法をより詳しく論じよう。

第五章　贅沢と無政府主義

今日の多様な消費財とその技術の精巧さは、過去の多くのＳＦ小説家の想像力を凌ぐものである。四〇年前にはテレビのシリーズ番組、〝宇宙船エンタープライズ〔スター・トレック〕〟の視聴者を驚かせた多くの発明品も、今では日常的なものになっている。さらに今日の中産階級の人々は、五〇年前には裕福な人間にすら決して可能でなかったものを経験している。休暇には飛行機でわずかな時間で移動し、インターネットサーフィンをし、冬には新鮮な苺を食べ、夏には新鮮なオレンジを味わうことができる。極めて特殊な好みを持っていても、我々は楽しく生活できる。なぜなら、たとえその機能が取るに足らないものであっても、数え切れないほど多くの選択肢からあらゆる製品を手に入れられるからである。これは、全体としてはおとぎ話の消費世界のように見える。

一九三〇年代に米国に移住したテオドア・アドルノ、ヘルベルト・マルクーゼ、そしてエーリッヒ・フロムといった偉大なドイツの社会科学者は、我々の過剰な社会が持つ消費のフェティシズムの危険性を言葉巧みに訴えた。彼らは、資本主義における外面的な豊かさは内面的な貧しさの現れであると考えたのである。人々が労働や社会的交流のなかで自己実現に失敗したことから感じるフラストレーションは所有欲として爆発し、そして度を超えた消費への熱狂にたどり着く。

この批判は、今日でも一部はなるほどと思わせるが、資本主義に代わるものの探究において重要な基準となる消費への評価を下げるには、十分ではない。まず、大多数の人は消費が持つ大きな価値を認めているという実質的な理由がある。西側の消費水準を手に入れたいという東側の人々の願望が、東欧における現実社会主義に対する拒否を促したことは公然の事実である。

また、消費を悪者に仕立てることはあまりに一面的である。人が消費への衝動の奴隷になってしまうことは、確かにありうる。しかし多くの人々は、自らを律し、それによって消費の魅惑的な世界を制御することを身につける。選択の可能性を維持しながら自制する方法は、選択の可能性を排除する方法よりも明らかに優っている。多数の選択肢が目の前にあっても、多くの人は一人だけにしか与えられないものを欲することはない。これは大きな個人的自由の現れである。

国家が自律した人々から成り立つ限り、個々人の必要と選好の多様性を尊重するより大きな決定の自由ための、より幅広い生産の多様性への通路は存在する。そして消費手段の広範囲にわたる多様性は、人間性を開花させるためのより大きな空間を創り出す。病床に臥す人々が、絶え間なく改良される医薬品の提供によって得られる新たな回復の兆しを少し考えてみれば良い。

したがって資本主義に代わるものは、同様に消費手段の点で幅広い多様性を持つ必要がある。これには、諸々の可能性を利用することなく、単純で自然に寄り添う暮らしを好む自由も含まれている。我々が資本主義に代わる選択肢を本当に真剣に考えるためには、その選択肢が苦行を与えるだけではいけない。

モアの時代には、利用できる技術の多彩さも生産品の多様性も比較的限られていた。したがって

〝ユートピア〟においては、彼が主張する理想的な経済システムが、多様な生産部門のもとでどのように理にかなった資源配分を行ってきたかという問いを無視しても許された。これに対して産業革命を経たあとになると、資本主義に対する有力な批判は、配分の問題をもはやおろそかにできなくなった。この章では我々も、経済システムの様々な代替的な配分方法を議論することから始める。本章では財産共同制の議論を進め、より良い世界における消費の多様性の問題を中心に据える構想を詳しく見てみよう。

クロポトキンの無政府主義的共産主義

ロシアの地理学者で、貴族の家系出身のピョートル・クロポトキンは、約一〇〇年前には無政府主義を牽引する国際的な人物であった。しかし彼は人となりとしては、温和な愛すべき人物であった。一九世紀の終わりに出版された、彼の随筆を集めた『パンの略奪』は、社会包括的財産共同制を擁護する者に、配分の問題を解決するためのおそらく最良の試論を示している。クロポトキンの文章は、哲学的な論文でもユートピア小説でもない。むしろそれは、その当時に実りある革命へと直接つながる現実的な提言を含んでいた。

モアと同様にクロポトキンも、資本主義を財産共同制によって置き換えようとする。しかし彼のビジョンは、モアのものとは二つの重要な点で異なっている。第一に、ロシアの無政府主義者は、例えばフィラークのような国家とその制度を完全に放棄する。秩序規律的な機能を持つ、国家の代わりになるものは何であれ否定するのである。また同様に、クロポトキンの場合には家族という制度は中心的な地位を占めていない。第二にクロポトキンは、どのように財産共同制における"贅沢品"が供給されるべきかを比較的詳細に描いている。"贅沢品"には、トリュフや宝石だけではなく、食事や睡眠といった基本的な欲求の充足にその役割が限定されない全ての財が数え上げられる。

国家と人間

全ての無政府主義者と同様クロポトキンも、権威、特に国家の強制力が人々を堕落させると主張した。この主張の根本にあるのは、国家の権威は支配者が被支配者に対して用いる信用に値する暴力的な脅迫に基づくという考え方である。この暴力的な脅迫の目的は、人々による法の侵犯を防ぐことである。しかし、無政府主義者が考えるところでは、この脅迫はこの目的と並んでもう一つのもっと重要な効果を持っている。つまり、この脅迫は人間の自然的な徳を抑圧し、最終的にはそれを破壊してしまうのである。

無政府主義者のこの主張は、もしかすると核心をついているかもしれない。特定の状況下では、協働して行動しようという内側から生じる動機が、国家の強制によって次第に衰えていくことは、十分にありうる。禁止と処罰を命じる法は、規則を遵守すべき人々に対する立法上の権威を用いた警告であるが、それは同時に多くの情報を伝えうる。

まず、法律上の禁止は、禁止された事柄の魅力に関する何らかのことを伝えられる。支配者が罰によって脅す場合、禁止されたものは被支配者の関心をますます引いてしまうかもしれない。なぜなら、理性によって禁止を理由づけることはできないと考えられるからである。そうでなければ強制は必要ない。よく知られているように、ある一本の木の果実を味わうことを神がアダムとイヴに禁止したことからこの種の考察が生み出され、我々は今でもその帰結に苦しんでいる。このように権威の行使は、むしろ禁止された行為への欲求を駆り立ててしまう。

他方で法は、それに従う者がどのような仲間とそれを行うべきかについても語りうる。特定の方法で行動せよという国家の命令を、個人は国民に対する信頼の欠如と解釈するかもしれない。それはあたかも、行動の選択肢が非常に制限されなければならないような〝悪い人間〟からなる国民の大半にその命令を下しているかのような印象を与える。この情報を通じて国家は、他者と協働して行動しようという個人の気持ちを挫き、その仲間に対する良からぬ想像をあとから正当化する。専門用語で言うところの、いわゆる〝予言どおりに成就される予言〟である。

一九九八年にイスラエルで行われたフィールド実験は、非協力的な行動の予想が反生産的でありうるということを、示唆に富む方法で証明した。この実験で問題となったのは、法の重大な違反ではなく、保育所における一般的な礼儀に関する規則の違反であった。世界の多くの保育所と同じように、ハイファ〔という町の保育所〕においても、しばしば両親が子供たちを遅い時間に迎えに来るため、保育士は自分の労働時間の管理に悩まされていた。この問題を解決しようと、子供を非常に遅い時間に迎えに来る全ての両親に対する罰金をいくつかの保育所が導入した。他方で他の保育所では現状が維持され、遅い時間に迎えに来る両親に対する罰金は導入されなかった。

実験の結果は、専門家を唖然とさせた。罰金が導入された保育所に通う両親の遅刻が増えたのだ！罰金が導入されなかった他の所では行動の変化はなかった。おそらく罰金は、礼儀上の規則を守ろうという内面から生じる親のモチベーションを抑圧したのだろう。罰金が廃止されると、この罰を経験した両親は、他の両親よりも頻繁に遅れて保育所に来るようになった。

また別の実験は、人間の動機が多元的な構造を持つことを裏づけ、ある状況のもとでの処罰は、反生産的な効果を生み出しかねないことを示している。しかしこれらの実験は、国家権力が、一般的に人間を堕落させるという無政府主義者の主張を証明するものではない。

無政府主義的な信念は、多くの国家が非民主的であった時代に生まれ、また普及した。国家放棄の責任を、無政府主義者は概して国家に押しつけた。しかし権威主義的な体制とは異なり、民主主義における国家の命令と禁止は支配者が恣意的に決定できるものではなく、むしろ市民の選好と結びついている。つまりそれは、一般的に根拠づけることができる。例えば前章で、最小限の国家の監視がなければ、実現可能な枠組みのもとでの財産共同制は失敗と判断されることが証明された。そのように基礎づけられた立法が、なぜ反抗的な反応を引き起こすのかを理解することはできない。

実際、実証的な研究は直接民主制の範囲と人間の市民的感覚の間に明白な関係を見出している。この理由は何よりも、法律を遵守しなければならない人々が直接同意する、法律のより優れた基礎づけの可能性にある。これが示唆するのは、立法が民主的に正当であると認められ、その内容が適切に見え、それゆえ法が圧倒的多数によって遵守される限りにおいて、国家権力は他人への共感と共同体に対する義務感覚とを危険にさらすことはないということである。

贅沢品の供給

革命のあとの実りある経済システムについて記述するなかで、クロポトキンは二つの大きな生産部門を区別する。必需品を生産する部門と、贅沢品を生み出す部門である。この区別はユートピアにおける農業と手工業の間の区別を思い出させるが、必要と自由の二分割に対応するものである。

クロポトキンによれば、労働義務は**必需品**の生産のみにかかわる。怠慢な者を国家が迫害することはないので、問題となるのが社会的な規範を通じて支えられている道徳的な義務である点は注目に値する。二〇歳から四五歳ないし五〇歳までの全ての健康な人は、毎日四、五時間、必需品にかかわる部門で働かなければならない。部門の運営に際しては、そこで働いている人々がバランスよく仕事を行うことで、不快な労働が全ての働き手のもとで均等に分けられるよう配慮される。輪番と技術的順応によって、手作業と知的作業の間の分離は克服されるはずである。生産工場は、誰もが自由に選べる。その際どのようなメカニズムのもとで、様々な必需品の必要とされる量が実際に確実に生産されるようになるのかについては、クロポトキンはそれほど厳密には説明していない。こうして生産された必需品の分配は、モアのユートピアに似た方法で行われる。個々人は必要に応じて公共の倉庫から必需品を持ち出し、全ての人が全てのものを分かち合うのである。

消費の世界の多様性は、クロポトキンの場合には贅沢品の部門において効果を持つ。この点を中心に考えよう。贅沢品部門の労働は完全に自発的で、そこには全く労働義務は存在しない。ある特定の種類の贅沢品に関心があり、またそれを消費したいと思う人々は、彼らが望む財を生産するために、自らの発案で**合意**を形成する。これは、モアと比べると非常に革新的である。クロポトキンは、贅沢品の例として本を挙げる。本を書いたり読むのが好きな人々は、本を印刷するために一緒に集まって働く。このシステムでは全ての人に、他者との協働を通じた自分の消費欲求の充足を目的として、あらゆる合意に加わることが認められる。

この提案は、自由な人間の自由な協働の形成に基礎を置いている点で非常に魅力的である。生産を決定するのは利潤の追求でも国家権力でもなく、個人の自律した消費欲求である。したがって、諸々の合意のシステムは、世界がこれまで試みた他のいかなるものとも全く異なる国民経済の資源配分を考えるための手掛かりを示している。

クロポトキンのビジョンにおいては、贅沢品のために自発的に組織された多くの独立した合意を通じて、贅沢品が国民に供給される。さらにそれぞれの合意は、もし合意の参加者が協力的に振る舞わない場合には、個々の参加者をそこから追放する(道徳的な)権利を備えている。この追放は、追放された人自身がそれを正当であったと理解できるものだろう。追放された人がそれを理解できない場合、クロポトキンによれば、〝合意の有力な参加者〟が——これは、クロポトキンが実際には持ちたくない国家に代わるものである——、追放された人にその理由を示し、合意への出入りを拒否する。

共同体への贈与の原理と違い、各々の合意は自分たちが作り出した製品をまず自分たちの手元に置く。合意は、自発的に生産量を上げ、可能な場合には他の合意や団体との取り決めのなかで自分たちの労働が生み出す製品に関して集合的に決定を下す、小さな独立した財産共同制に似ている。こうして、各々の合意に基づいて生産したものに対して、それぞれの合意が持つ限定された所有権は事実上容認されるが、ここでクロポトキンは、この権利が厳密にはどのような形のものであるのか提示していない。予想されるところでは、主に、あるいはむしろ排他的に合意の構成員だけがその合意の生産品を受け取る。どのようにして合意が、その参加者が生産した財を参加者の間で分配するのかということについて、クロポトキンはあまり詳細に論じていない。必需品部門と本質的に異なるのは、一つの合意のうちに集まった人々が自分たちで消費するための生産が、社会全体のための生産の位置を占めるということである。

合意による経済の正当化

なぜクロポトキンは合意を導入し、そうすることで一般的な贈与の原理と差別化するのか？合意は一方で、協働の問題を緩和する。必需品と比べると、一般的な財産共同制における贅沢品については、消費の規範を遵守しないという誘惑は個人にとって大きいものである。個人は必需品に関しては比較的すぐに満足するが、贅沢品の場合、より高い質を求める欲求には際限がない。それゆえ一般的な財産共同制に暮らす個々人は、非常に多くの贅沢品を公共の倉庫から持ち出すだろう。これに対して合意は、より良いインセンティブの構造を備え、より小さく、さらに特化した財産共同制を創出する。特定の贅沢品を消費したい個人は、欲する贅沢品を生産する合意に参加しなければならないのである。

合意の内部における協働の問題は、共通の利益の追求を目的として合意の参加者が嗜好を共有し集合することによって、容易に克服できるようになる。つまり、参加者は互いに同質的なのだ。ここに〝解雇〟という脅迫による規律化が加わる。合意は、協働しない参加者を排除できるからである。

他方で、自由な合意というクロポトキンの考えは、社会全体での資源配分に関して集団的な決定が持つ、否定できない難しさに対する反動であると解釈することができる。必需品のみの財産共同制では、利用可能な資源によって満たされるべき、様々な家計にとっての需要がどのようなものであるかを、全ての市民が比較的簡単に知ることができる。それゆえ彼らは、これに対応する消費規準も比較的容易に構築できる。しかし贅沢品については、その嗜好の方向性が全く異なるがゆえに、適度な供給水準の確定はずっと困難である。ある特定の製品を生産するための合意に必要な数の人々が連携するのだから、それに対応するこの製品の社会的需要が存在することは自明である。

合意は、自由と友愛のうちに生きる人間のより高次の消費願望を満たすためのクロポトキンの制度である。合意の参加者は、共に定めた目標を達成するために自発的に労働効率を上げる。下からのこの種の自由な経済的企業は、決してユートピア的には機能しない。今日では、例えばウィキペディアのインフォメーション・プラットフォームがそのように機能している。萌芽的なものであれば、自己組織化のこの形式は建物の修復や引っ越し、そしてその他の共同行為においても見られる。友人や知人の助けを借りて、人々は率先して家を居心地の良いものにし、引っ越しに際しては協力する。この場合、この種の助けは無償である。ある時にはある人の家が、またある時は別の人の家がリフォームされる。

それでは、合意のシステムは、配分の問題の実用的で代替的な解決策だろうか？

合意と労働生産性

クロポトキンが提案した経済システムの主な帰結を判断するために、このシステムをあえて最後まで機能させてみよう。

例えば、意外にもEUの国々がクロポトキンの考えを実行に移そうとする場合、全ての人によって生産され消費される財・サービス（必需品）と、それぞれの合意に参加している人々によって生産される財・サービス（贅沢品）との間に明確な境界線を引く必要がある。それぞれの財が国民の間でどの程度普及しているかを基準として用いることは、わかりやすい出発点である。ほとんど全ての家計——少なくとも国民の四分の三としよう——によって使用される財は、必需品と呼ぶことができる。これには、普遍的な基礎的需要を満たす財、例えば、電気、水道、ソーセージや麺類、洗剤と歯磨き粉が含まれるだろう。合意は、住民のわずかな部分が欲するその他の財を生産することになる。例えば、ジョギングシューズや演奏会、コンピューターゲーム、そして休暇を利用した外国旅行などである。

食事や住居、家具、そして体のケアなど大抵の基礎的な欲求の場合には、それぞれの欲求が非常にたくさんの様々な製品によって満たされる。これらの様々な種類に対して、人々は異なる選好を持っている。この場合、それぞれの〔義務労働による〕基本モデルには社会全体に対して生産させ、また、形成される可能性のある自発的な諸々の合意には〔対応する製品を〕生産させることができるかもしれない。社会では例えば、簡素な灰色のトイレットペーパーは必需品として全員が利用できても、装飾が施された五枚重ねのトイレットペーパーの供給は、合意に委ねられるかもしれない。簡素な一色の毛の歯ブラシは、公共の倉庫にあっても、曲線を描いた持ち手と二色の毛を持った歯ブラシ、あるいは完全な電動歯ブラシを利用するためには、合意に参加しなければならないかもしれない。

したがってこの経済システムのもとでは、ジョギングシューズや電動歯ブラシ、五枚重ねのトイレットペーパーを使用したい人は、それに対応する合意に参加し、これらの財の生産に貢献しなければならない。ある大人、あるいはその人の子供がある特定のスポーツを行いたいのなら、それぞれのスポーツで必要な道具を生産するために、行いたいスポーツに対応する合意で働かなければならないだろう。もしかすると人々は、もはや働くこともできず、また働きたくはない高齢になってから、消費したい財を生産するために合意で働かなければならないかもしれない。

全体的な結果として、生産水準が目標とされる消費水準と一致するためには、思考実験で仮定したように一年間で、そのような三〇〇の贅沢品を消費する個人は、それに対応する三〇〇の合意のもとで働かねばならなくなる。個々人は、自分が消費する財の生産に注ぐ労働力とおよそ同じほどの労働力を、それぞれの贅沢品のために使わなければならない。その際、ある特定の贅沢品の生産では、異なる労働能力に由来する異なる生産性を考慮しなければならない。

一目でわかるのは、このシステムはとりわけ実用的ではないということである。現在の多様な消費を維持したいと思う人は、自らが消費する生産品の種類と同じ数の工場で働かなければならないだろう。自宅と多くの工場の間を行き来するだけで、莫大な時間を費やすことになる。諸々の合意も楽ではない。一年に一日しかおそらくそこで働かないような参加者によってつねにローテーションが組まれている場合には、日々生産のためのオーガナイズを行うことは、大変困難な仕事になる。

クロポトキンの構想による変革をさらに押し進めてみると、彼の経済システムは生産性の成長に悲惨な影響を及ぼすことがわかる。生産性は、生産技術の改善によって発展する。このためには専門家、すなわちある特定の分野において技術的な事柄に関する詳細な知識を得た人々が必要である。クロポトキンのシステムでは、専門家はいくつもの異なる合意で働く時間がないはずなので、実際には必需品しか消費できないだろう。そうすると、専門家になりたいと思う人間は存在しなくなる。しかし専門家なしには、多くの価値ある生産は行いえない。このシステムが導き出す重要な帰結は、技術進歩の停滞である。

歪んだ生産構造

もう一つの例を考えてみよう。クロポトキンの理想の世界で生活し、テニスをしたい人々がいるとする。テニスは必要不可欠なものではないので、ラケットやボール、そしてテニスコートを含むその他テニスで必要なものは、贅沢品の部門に分類される。テニスプレイヤーたちは、〔テニスという〕自分たちの目的のために一つの合意を設立する。さて、そのような合意の具体的な課題は何か？

テニスの合意を、今日のテニスクラブと取り違えてはならない。クロポトキンの合意は第一に、プレイのために必要な財を生産するという課題を持っており、そしてさらに、合意の参加者がその課題を遂行しやすくするという課題も持っている。しかし、例えばテニスボールを生産するためには、テニスプレイヤーの労働力だけでは十分ではない。なぜなら、特殊な設備と機械、そして生産要素がある場合にのみボールの生産が可能だからである。ボールの外側のフェルトの覆いを生産するためには、例えば羊毛やナイロン、木綿が必要である。ボールの芯には天然ゴム、アルミナ、石英、硫黄、酸化亜鉛そしてマグネシウムカルボナートが必要である。プレイヤーが圧力ボールでプレイしたければ、ゴム球を満たすためのガスも入手しなければならない。

テニスボールやテニスラケットの生産に必要な特殊な機械も同様に、クロポトキンが意味するところの必需品ではない。これは、最終消費のために用いられるのではない中間財にかかわる。したがってこれらの機械は、皆が出入りする大きな倉庫では見つけられない。同様のことが、テニス産業で必要とされるもののために追加で消費される原料や材料にも当てはまる。これらは社会全体で用意される必需品ではない。ここでの問題は、我々の仮説的なテニスプレイヤーは、どのようにして自分たちの身の回りのものを作るために必要な中間財にたどり着くのかということである。

他の人が誰も必要な機械を生産しないならば、テニスの合意に参加する人々がそのような機械を自分で作らなければならない。同じことが、その他の中間財についても当てはまる。テニスプレイヤーはさらに、テニスボール等々を作る機械を生産するための中間財を必要とする。以下同様に続いてゆく。そうすると原則的には、テニスをするという目的を達成するために、原料から最終生産物まで続く、全体を覆う垂直的な生産の連鎖をテニスの合意が組み立てなければならなくなる。

この垂直的な統合は、クロポトキンのシステムにおいては全ての贅沢品に必要となる。例えばスマートフォンのような一つ一つの贅沢品のために、それに対応する合意は、完全に垂直的に統合された企業のように編成されなければならない。これが、こうした財の生産を、個別の必要によって決定せよという要求が持つ論理的な帰結である。

しかし完全な垂直的統合は通常、効率的な生産方法にはならない。大半の中間財は、生産要素として多くの最終財の生産に投入されることがその主な理由である。中間財の生産における規模の拡大に伴う収穫逓増に基づいて、中間財を比較的多く生産することこそが効率的である。中間財を、その財を利用するそれぞれの人に生産させるよりも、数多くの利用者の需要が少数の供給者によってカバーされる方が賢明である。

根本問題――失敗した分業

改めてテニスの合意の例を見てみよう。テニスボールの芯の生産には、専門家が考案し管理する化学的手順が用いられる。それゆえ、専門的に教育を受けた化学者が必要となる。何人かの化学者が、我々の仮説的な社会に暮らしていると仮定しよう。それにもかかわらず、彼らの誰もテニスをプレイすることが好きではない場合、誰もテニスの合意の参加者になろうとは思わないだろう。しかしまさにこの化学者こそ、テニスボールを生産するために必要な人材なので、テニスボールが生産されることはかなわず、ボールなしではテニスは決してプレイできない。したがって、化学者が熱烈なテニスプレイヤーでない場合、クロポトキンの世界では誰もテニスをプレイすることはできない。

この不合理な結果は、いわゆる贅沢品は専ら自分が使用するために生産され、それゆえ効率的な分業が行われないというルールに由来する。

このクロポトキンのシステムの非常に根本的な歪みは、簡単な思考実験を手掛かりにすれば明らかになる。たった二人の人間がクロポトキンの世界に生活しており、彼らは異なった技能を持っている状況を思い浮かべてほしい。彼らの必需品はすでに満たされており、彼らの技能は贅沢品を生産するのに適していると仮定しよう。さらにこの二人は、同じ嗜好を持っていないとする。一方が気に入っている贅沢品に、もう一方は関心がない。この状況下では、各人が〝一人の合意〟を作り、自分が生産したものを消費する。
しかし、それぞれが他方の好む商品しか生産することができないならば、合意は形成されず贅沢品も消費されない。この場合、彼らは価値を生み出さないため、彼らの技能は無価値である。これは明らかに非効率である。もしそれぞれが、他方にとって有用で、その後諸々の生産物と交換されるような何らかのものを生産するならば、彼らにとってはより望ましいだろう。この場合は、両者の技能は価値がある。これに対してクロポトキンのシステムでは、両者の技能は無駄にされてしまう。

あるモノを非常に強く欲する人は、ほとんどの場合、そのモノをあまりうまく生産できる人ではない。そして何らかのものをとりわけ好んで消費する個人からなる集団が、望んでいる消費財を効率的に生産できる集団であることはほとんどない。それゆえ、社会包括的な分業を通じて利用可能な資源を使用する共同体は、それぞれの人にとっての豊かさを、個々の集団が自分たちの消費を自分たちの生産によって賄うような共同体よりも多く生み出しうる。しかし、自由な合意によるクロポトキンのシステムにおける資源配分を支配しているのは、個々の集団による自己生産である。これが、彼のシステムが配分のテストに失敗する本質的な理由である。

自己生産よりも分業の方が技術的に優越していることは、経済史上の重要な事実の一つであり、また経済学の成立にとって決定的な原動力である。二〇万年にわたる古代の歴史の大半の時間において、ホモ・サピエンスの豊かさは一つの世代から次の世代へと移るなかでもほとんど改善されなかった。人間は数千年にわたって、自身の小さな集団の消費のために〔木の実などを〕採集し、狩りをして生産し、分業はこの小さな集団のなかでのみ行われた。我々の歴史において古代の後に自己生産へと逆戻りした最後の時代は、ヨーロッパ経済が数多くの自給自足による地方のまとまりから構成されていた、中世初期であった。都市と市場の発展と同様に貨幣経済の樹立によって初めて、交易のための生産が再開された。それとともに生じた分業と専門化のメリットを活用することで、長期にわたる加速した技術進歩と幾何級数的な経済発展の基盤が生み出され、そこから我々は、今日でも莫大な利益を得ている。

二つの没落シナリオ

クロポトキンが示したように贅沢品の供給がいつかはうまくいくということには、疑問の余地がある。資本主義の代わりに彼のシステムを導入し、彼が示す諸々の自由な合意が完全に構築されるならば、これらは新しいシステムの非効率性を乗り越えようとする強いインセンティブを持つかもしれない。おそらく諸々の合意は、それぞれの参加者に対する供給を改善するために、生産の一部を他の合意が作り出した生産品と交換し始めるだろう。一度相互の交換が受け入れられると、彼らはすぐに多くの合意の間での交換を多数の合意のもとで行おうとする。そうすることで分業の本質的により大きなメリットを獲得できるからである。同様のインセンティブは、個々人にもあるだろう。つまり、多数の異なる合意において専門的な資格のない労働者として働く代わりに、彼らは小さなグループで互いに仕事を分かち合い、それぞれの合意が作り出した製品を交換するだろう。こうして間もなく合意も個々人も、多方向的な交換の過程で容易に仕事を行えるように、一般的に受け入れられる支払い手段〔貨幣〕の導入に強い関心を持つようになる。貨幣と市場が再び導入されさえすれば、それは資本主義的経済システムの再構築への小さな一歩になるだろう。

しかしもしかするとこの最後のシナリオは、暗黙のうちにあまりにも強く、専ら個人主義的に考えて行動する人間を出発点としているかもしれない。つまり、集団的な要素〔の方〕が〔個人主義的要素より〕人々のうちで優位であるならば、クロポトキンの無政府主義にとっての全く異なる結末を考えることができる。垂直的統合の非効率性を減らすため、同じ中間財を必要とする二つの合意は、この財を両者の合意のために生産するよう統合することができるだろう。例えば、テニスの合意と羊毛のセーターの合意は、テニスボールとセーターに羊毛を供給するために一緒に羊を飼育できるだろう。この協働作業を通じて二つの合意の参加者は、両方の財を生産するために、またそれと同時に、二つの生産連鎖の間での労働者のローテーションを避けるために、両方の側から合併への希望が生まれうる。このメリットはさらなる合併によっていっそう増大するので、合併は全ての商品が唯一の巨大な合意によって生産されるという終着点まで、つねにより大きな合意を作り出していくだろう。全てを包括する合意の合理的な舵取りは、多くの社会主義者が計画経済のもとで思い描くものである。

小括

その独自の出発点にもかかわらずクロポトキンの構想は、今日の消費社会の様々な多様性を維持し、さらに発展させることができる代替的な経済システムを描き出してはいない。むしろ逆に、分業が後退するがゆえに福祉は劇的に低下するだろう。贅沢はおそらく存在しないだろう。機能しうる唯一のものは、人々に必需品を供給し、それによって生存のために必要な最小限のものを保障する一般的な財産共同制だろう。これに、演劇の上演やチェスのような、不明瞭な分業を前提とする消費活動を行うためのいくつかの合意が加わるかもしれない。

生活水準の劇的な低下と技能の不活用に直面すると、人々は目的指向的な分業によって、失敗している資源配分を改善する強いインセンティブを持つだろう。このインセンティブによって、生産と配分の全体の過程を調整するために市場が生まれ、そしてまた中央官庁が創設されることになる。恐ろしくも思い浮かぶのは、非効率にもかかわらず財産共同制を維持し、そして反革命、あるいは新しい革命による攻撃から財産共同制を守ろうとする試みによって生じる衝突である。

それゆえ次のようにまとめることができる。クロポトキンが考えたような財産共同制は、確かに空想的科学小説の場合には関心を引く考えであるかもしれないが、現代のシステムに代わる真剣に考えるべき選択肢ではない。彼の財産共同制は、協働の問題の解決という点で必ずしも失敗しているわけではない。良い条件のもとであれば、人間は今日以上に、貨幣がもたらす利益や、国家権力に対する恐れよりも気高い動機を通じて、経済的な協働へと強く駆り立てられるということは、見込みがないわけではない。しかし財産共同制が、社会が持つ資源を技能と人々の必要性の観点から合理的に利用するという配分の問題を解決することは全く不可能である。これは、自由な合意という自然発生的な自己組織化には、全くできることではない。

このまとめは、中央で管理される財産共同制、つまるところ計画経済は、配分のテストに合格することができるかどうかという問題につながっている。次章ではこの問題に取り組む。

第六章　計画

資本主義は、次の構造によって置き換えることができるかもしれない。一、全ての生産手段は共有財産である。二、政治システムは民主制である。三、市民は、生産手段に対する共同の財産権を国家に託し、国家は生産手段を彼らの利益のために投入し、そこから生まれる生産物を市民たちに公正に分配する任務を担っている。四、市民は、国家に代表権を与え、**中央計画**により国民経済全体の資源配分を管理する。

経済プロセスの調整は、資本主義においては大部分が市場システムを通じて行われる。本章が考察の対象とする代替案においては、計画が市場の代わりとなる。この方途はすでに一九世紀に、とりわけ社会主義のロマン主義的な思考から距離をとろうとした、いわゆる〝科学的社会主義〟の信奉者によって提案された。カール・マルクスを真似たこれらの社会主義者たちにとって計画は、人道的な社会へ至るための王道であった。中央計画は、それによって人類がついに自分の運命の主人となりえたと思われた、新種の制度であった。資本主義的な無政府主義、つまりつねに繰り返される恐慌とそれに伴う大衆の貧困化の代わりに、経済現象は合理的に、全体的な計画経済によって支配されなければならない。これまでの目標とされてきた科学と技術に関する成果の全てはこの計画経済に注ぎ込まれる。自然に対する人間の勝利に続いて、いまや経済的なものが、さらにそれに伴って社会的なものが克服されて然るべきものであった。

この約束は非常に強い魅力を持っていたので、プラトンやモアやクロポトキンが考え出したシステムとは異なり、計画経済は実際に試行された。一九一七年のロシア革命に始まったこの実験は、一般的には失敗したと見なされている。現在では、北朝鮮とキューバだけがそのような計画経済を行う国である。その結果はよく知られている。これらの国の経済は、長い間悲惨な状態にある。左翼的な知識人でさえ、誰も中央計画に関することに耳を傾けようとはしないようだ。

しかしながら、実際の社会主義の失敗から、計画経済が現代において全く魅力のない経済システムであると結論づけてはならない。

第一に、現実の社会主義を用いた実験は、科学的なテストではなく歴史的な経験であった。歴史的経験それ自体は、それが生じた技術的、文化的、そして地政学的な条件に結びつけられている。これらの条件は今日の我々のものとは大きく異なるので、この実験の失敗は計画経済が今もかつても機能しえないことを証明するものではない。

第二に、計画経済は特殊な政治制度、すなわち、いわゆるプロレタリアート独裁を伴う形で試みられた。このシステムには民主主義的な管理は存在せず、一つの党が支配する。しかし我々が望んでいるのは、市民の参加が今以上に広く行き届いた民主主義的な政治システムである。民主主義的な制度の枠組みが与えられると、計画経済は、例えばドイツ民主共和国におけるドイツ社会主義統一党のもとでの経済以上に、本質的にはよりよく機能しうるだろう。

第三に、計画経済は異なる規則の組み合わせを基盤としながら実施することが可能だが、東側諸国において用いられた規則は、明らかに最良のものではない。計画経済が失敗を繰り返す間に数理経済学者たちは、はっきりとより良い帰結を約束する最適な計画プロセスを考え出した。

これら全ての理由から、我々は計画経済を可能性を持った代替的な経済システムとして捉え、真剣に対峙すべきである。もしかしたら、マルクスは正しかったのかもしれないのだ！

計画経済の射程をはかるために、ここでは考察を二段階で進めたい。まず、仮説的な最適計画経済の基本的特質を紹介し、その可能性と限界を導出することによって、その射程についての抽象的な考察を加えたい。その後、そこから得られた見通しを、東欧における計画経済の経験を記述し評価することによって裏づけたい。

市場の代替としての計画

まず痛ましい東側ブロックを忘れ、それが持つ潜在的な基本的特質に基づいて計画経済を考えてみよう。ある**純粋な計画経済**が理想的に機能する方法については、以下のようにその輪郭を描くことができる。まず国家は、国民経済によって可能な生産と、社会構成員が必要としているものを把握する。その際、今現在だけではなく、数年後の将来において可能な生産と必需品の展望も問題となる。これに基づいて国家は、全ての事業の生産と投資の範囲、さらに財の配分を決定する。つまり、それらの財を最終的に消費する個人の家計への配分と、現行の生産、および生産力の拡張に取り組む企業への配分である。就業能力のある者は一般的な労働義務に服し、働く場所、ならびに年齢や健康状態といった重要な個人の特徴に従って、法的な労働規準が彼らの労働範囲を決定する。細分化された消費規準は、消費財の配分を決定する。年齢、性別、居住場所のような選別された指標に従って、国家は財とサービスの組み合わせを決定し、それを個人は自分の指標に基づいて受け取る。国家の決定は、生産活動と財の配分を総合した観点から、それぞれの財とサービスのための生産量と消費量が一致する、関連した計画のなかで実現される。全ての企業と配給場所は、ちょうど諸個人の場合と同様に計画に従うよう法的に義務づけられている。

計画の作成は、民主主義的な意思形成の結果となる集団的決定である。これは明らかに望ましいものであるから、以下では民主主義的に合法化された中央計画から出発する。例えば敵対する政党は様々な重点項目(例えば、健康に関する分野、あるいはエネルギーと環境の分野)を持ち、その政党が政権を担った際に実行しようとする全体的な経済計画を投票者に提案する。

計画と市場の間には、三つのシステム論的な違いがある。二一世紀の計画経済の見通しを得るためには、それらについて知ることは有益である。第一に、市場が分権化したメカニズムである一方で、計画は経済行動の調整のための**集権化したメカニズム**である。第二に、資源配分は市場経済においては自発的な取引を通じて行われる一方で、計画経済においては指令を通じて行われる。この意味で市場は水平的に調整されるのに対して、計画はヒエラルキーによって**垂直的**に調整される。第三に、市場システムにおける調整は、ふさわしい経済主体の行動適応によって事後的に実施されるが、計画は**事前に(前もって)**明確な調整を目指す。

中央計画は、今日の読者にとって全く馴染みのないものに思えるかもしれないが、ごく自然なアイデアである。それは、家族の経済的な機能を社会全体へと実際に転用したものとして解釈することができる。家族は、その構成員の間で計画された分業と生産の成果の分配を行う、小さな計画経済と見なすことができる。これとは別に、この小さな計画経済の〝対外貿易〟が行われるのと同じように、家族の内部においては実際には決して市場取引を通じた資源の配分は起こらない。むしろ家族の内部では、家族全体の幸せのために何をするべきか、個別的に誰が何を受け取るのかを大人たちが取り決める、詳細な調整が行われる。

さらに計画経済のアイデアは、際立った内部の分業により特徴づけられ、小企業との競争において成功を収める資本主義的コンツェルンを観察すれば、一定程度のもっともらしさを含んでいることがわかる。これらのコンツェルンの内部における資源の配分は、計画経済の構造に似たヒエラルキー的構造の枠組みのなかで生じる。ただ一つの巨大なコンツェルンのような国民経済全体を組織する考えは、この観点のもとでは全く世間離れしているわけではないだろう。それどころか、唯一の資本主義的コンツェルンが持つ比較的高い生産効率性を全体の経済に移行することを期待することさえできるかもしれない。

しかし、コンツェルンとの類比によって誤ってしまうこともありうるので、この比較は二つの理由から慎重に行うべきである。第一に、コンツェルンは比較的明確に決定された目標を持っている。コンツェルンを所有する資本家は、企業価値を最大化したいと考える。彼らは、コンツェルンによって最大限可能な収入を得ることを目標とする。これに対して市民は、計画設定という点で多様な利害を持っている。それゆえ、集合的な決定に到達すること、そしてその成果を管理することは、計画経済の場合、コンツェルンの場合よりもはるかに難しい。第二に、コンツェルンの組織はヒエラルキー的だが、目標を達成するためにはあり余る金銭的インセンティブが用いられる。コンツェルンには、〝プロフィット・センター〟、利潤分配、能力主義に基づく報酬等々がある。これに対して純粋な計画経済では、計算単位以外に金銭は何の役にも立たない。計画経済は、個人が経済的に労力を割くことや、より高い社会主義的な道徳意識によってそれを置き換えるという中心的原動力としての個別利益を、その目標から締め出すことによって計画経済の正当性を引き出すので、それは基本的には物質的なインセンティブ抜きで成立しなければならない。

優越性の命題

そこで問題となるのは、計画か市場か、である。興味深いことに、計画経済に有利に働く論理的な根拠が存在する。市場も貨幣も、金融に関係するいかなるものも存在しないが、全ての実際の経済プロセスが今日の我々が持つものと同じである国民経済を考えてみよう。現在と同様に企業は生産して供給し、個人は働き消費する。全ての現実的な観点において我々の経済と同じそのような経済は、適切な企業と諸個人の経済行動のために相応の指示を出す中央計画を通じて、原理的には設立可能だろう。必要なのは、計画者が企業と個人に全ての経済活動を正しく割り当て、その計画を実行に移す権威を持つことだけである。そのような計画経済においては、実際の経済プロセスは市場の取引の結果としてではなく命令からの結果として生じるが、しかしその物質的な帰結としては、二つのシステムにおける経済プロセスは全く同じだろう。

この思考実験が示すのは、我々の国家は原理的には計画経済で、少なくとも今日の経済システムと同じほどうまくやってゆけるはずだということである。計画者が慈悲深く振る舞い、今日のシステムの結果が最適でない場合、計画者は今日のシステムの配分に勝る仕方で資源を配分することができる。例えば計画者は、失業も社会的不均衡もくだらない広告も認めないことによって、市場がもたらす帰結に勝りうるだろう。

不可知論的間奏曲

この論理的な証明は、現実の経済プロセスが同じ場合には、計画経済と市場経済を等価値と見なすべきであることを前提している。しかし、本当にそうだろうか？　この物の見方は、経済的成果が持つ**心理学的要素**を蔑ろにしている。成果がもたらされること、そしてそれが享受できるようにしようとする動機は、実際のところ、その経済プロセスに関係する人間に満足感を与える。そしてこの動機は、計画経済と市場経済とにおいてはっきりと異なる。

市場の信奉者は、成果の創出要因が市場取引のうちに組み込まれていること、また、業績を担う者がそこから個別的な利益を得ていることを含むのだと指摘するかもしれない。成果は市場において報われるので、当事者となる諸個人は互いに好意を持つ。こうすることで、相手が置かれている状況を容易に理解でき、また両方が持つ利益を際立たせる共通の立場をとるよう促される。この相互性は、人々の間の関係に有利に作用する。これに対して計画経済において成果をもたらすものは、国家的命令の結果として生じる。成果をもたらす者と成果を受け取る者の間の関係には、相互性という要因が欠けている。それゆえ、共通の仕事を行っているという感覚を分かち合うことはできない。この観点から見て、経済の心理学的要素は市場経済においてより高い水準に到達する。

中央計画の信奉者は、これとは全く別の観点を強調するだろう。この信奉者は、市場とは両方の側が相手を騙そうとすることだと指摘するかもしれない。こうして、お互いに不信を募らせることになるだろう。これに対して、計画経済において成果を生み出すものは、公共の利益に資する、社会包括的な行動の枠組みにおいて生じる。助力は相手の個人的な効用のためではなく、社会全体の役に立つため、当事者となる個人はこれを通じてお互いに助け合うようになる。民主主義的に成立した中央計画が実施される場合には、人々はよりいっそう共に何かを達成するという気持ちを持つだろう。

これら二つの対立する見解は、客観的には同じ経済的帰結を導くとしても、市場経済と計画経済における個人の動機とエートスは、大きく異なりうることを示している。さらにこれらが示唆するのは、どちらのシステムにおいてこれらの人々の気質がより高く評価されるべきかについての合意が生じえないということである。

計画経済の情報の問題

さて、中央計画の卓越性のテーゼに戻ろう。そもそも、このテーゼを受け入れることができない重大な理由がある。このテーゼは、計画者について支持し難い仮定に基づいているのである。

最初の問題は、〝計画者〟という名のもとで一体何を考えるべきかである。この語は、市民の委任のもとに計画を具体化し、計画に実行可能な形式を与えると同時に、計画の実行を監視する制度を意味している。確かに、慈悲深く全知全能の計画者が指示を与えることによって、あらゆる可能な世界のうちでの最善の世界がもたらされることはあるかもしれない。しかし我々の目的にとってより興味を引くのは、計画者が一〇〇％慈悲深いというわけではなく、全てを行うことはできず、決定の問題の重要な側面を必ずしも十分に知らない場合に、中央計画を持った国家が何を達成しうるか知ることである。これは、慈悲深く全知全能の計画者よりももっともらしい仮定である。

計画経済の根本的な情報の問題を明らかにするために、計画者は完全に慈悲深く、国家の利益のために行動しようと最善を尽くすとまず仮定しよう。すなわち、我々はまず真の民主主義から出発する。そのような計画者が抱える中心的な問題は、彼が企業に可能な生産についての、そして個々の家計の選好についての直接的な知識を持っていないということにある。それゆえこの計画者は、どのような資源配分が最適であるかを知りえない。生産部門におけるこの情報不足は何よりも、技術的な諸関係を映し出す量的な大きさに影響を持つ。例えば計画者には、ある一定期間に特定の生産要素を所定の量だけ集めようとすれば、それによって技術的に可能である特定の製品の最大生産量がどれだけかに関する情報が必要である。さらに、同じ生産量を(同じ質で)生産するために、他にどのような生産要素の構成がありうるかも知らなくてはならないだろう。できるだけ多くの異なる水準の産出量と、経済の全ての生産物について、計画者はこれら全ての情報を知らなければならない。一定の生産成果を達成するためには、いつ生産要素をある製品や企業または部門から、他の製品や企業や部門に組み替えると採算が取れるのかを算出しなければならず、そのためにこの情報は必要不可欠である。同様に、計画者は家計の選好について直接には観察しない。計画者は、家計はどのようにして各種の考えられうる消費構造のもとで、選択が可能な場合には選択を行うのか、また、ある財の消費を一定量引き上げるために、どれほど特定の消費財を断念しなければならないかを知る必要がある。この莫大な量の情報は、経済全体の最適な生産計画と財の最適な配分を見出すためには不可欠である。

中央計画に必要とされる情報は、個々の生産者と個々の消費者のレベルでのみ収集することができる。理想としては、生産者と消費者について得られた知識は計画者へ回収されるべきであろう。そうすることで、計画者はこの情報に基づいて最適な計画を見つけ出すことができるからである。

しかしこの方法は、二つの技術的な問題ゆえに困難である。一つには、生産者と消費者のレベルで計画にかかわる情報量は、非常に広範囲にわたり、さらには複合的であるため、それだけの情報がそもそも計画者に伝わりうるのかは不明である。遠い将来には思考を読み取る技術が存在し、それによって生産者と消費者に関する総合的な情報が、計画者がアクセスできる中央コンピューターに規則的な間隔で保存されるようになるかもしれない。しかし近い将来には、まだこの技術は存在しないだろう。

もう一つには、この情報量を処理するというのは、計画者の計算能力に対する過大な要求である。最適な計画を見つけ出すために、計画者は、極めて複雑な数学の最適化問題を解かなければならないが、これは実際には現在の技術力を超えるものである。

それゆえ、全てを知って無限の計算能力を持つ計画者という虚構は、少なくとも現在では依然として人を惑わすものである。したがって、中央計画の可能性について真剣に考えようとするのであれば、計画者は限定された情報量しか理解・処理することができないと想定するべきだろう。

アローとハーヴィッツの計画方法

この間に数理経済学者たちは、企業や家計との情報交換が限られていても、単純な計算を行うことで、国民経済全体にとって最適な計画を計画者が作成することができる方法を考え出した。バーチャルな形で一貫した安定的な計画が達成されるまで繰り返される反復的な方法にかかわる点は、〝科学的なユートピア〟と共通である。この仮想的な最終成果に到達する場合にのみ、現実の経済プロセスが計画に即して行われる。

非常に説得力のある計画方法は、米国の経済学者、ケネス・アローとレオニード・ハーヴィッツによって六〇年代に提案された。彼らの方法の基本的な考え方は、その約三〇年前のポーランドの経済学者オスカー・ランゲの研究に遡る。ランゲは、ルードヴィッヒ・フォン・ミーゼスとフリードリッヒ・フォン・ハイエクを始めとする多くの著名な経済学者を巻き込んだ、三〇年代の国際的な社会主義論争のスターであった。第二次世界大戦後、ランゲはポーランド人民共和国のために政治的な職務を高いレベルで全うした。ケネス・アローは一九七二年にノーベル経済学賞を受賞し、レオニード・ハーヴィッツは二〇〇七年に受賞した。アローは、経済学において最年少のノーベル賞受賞者であり、ハーヴィッツは最年長であった。両者は計り知れない影響を経済理論の発展に与えた。アローについては、彼は本質的にさらに二つのノーベル賞に相当する貢献をしたと述べる経済学者もいる。

アローとハーヴィッツによって提案された計画方法は、いわゆる**シャドー・プライス**を利用するものである。これは各種の資源の相対的な希少性と代替的な用途の場合にそれが持つ社会的な価値を計ることにのみ役立つ、架空の価格である。このようなシャドー・プライスは、市場経済において経済主体の購買力を決定する真の価格ではない。アローとハーヴィッツの方法は、計画者がそのようなシャドー・プライス、すなわち各々の財と各々の遂行能力に対する価格の完全なリストを考案することから始まる。そして計画者は、ある一定期間ではその企業にとって重要となるシャドー・プライスのリストを各企業に配布する。これは企業の製品価格と、生産のために企業が用いる、労働力を含めた要素の価格である。

企業には、独自の専門的知識がある。シャドー・プライスを基盤として、それぞれの企業は仮の生産計画を作成する。生産計画は、企業が所与の期間内に生産を計画している様々な製品と、そのために必要となる各種の生産要素のリストである。企業は、技術的に可能なあらゆる生産計画のもとで、計画者によって指示されたシャドー・プライスにおいて、最も高水準の仮説的利潤を生み出すもの、つまり、生産のシャドー価値と使用される生産要素のシャドー・コストとの間の差額が最大となるものを作成しなければならない。その後それぞれの企業は計画者に、その仮説的利潤を最大化する生産計画を報告する。

全ての企業が生産計画を計画者に提出すれば、計画者は全ての財およびサービスに対して、**仮の供給と仮の需要**が企業の側においてどれほどなのかを容易に計算することができる。ある特定の財に対する仮の供給は、その財の生産者によって示される財の総量である。仮の需要は、生産要素としてその財を利用する企業によって示される財の総量である。

こうして、住民の最終消費のために生産される諸々の財に対して、仮の供給のみを計算することができる。アローとハーヴィッツの方法に従えば、家計の仮の需要は以下のアルゴリズムによって見つけられる。所与の量（例えば、その前の期の消費量）から出発して、ある特定の財に対する家計部門の仮の需要は、この財の社会的な価値とそのシャドー・プライスとの間の差に比例する金額の加法と減法を通じて得られる。一つの財の社会的価値は、消費財の量に依拠して社会福祉という点で計画者の見解を反映する、計画者の目的関数の一次導関数を通じて得られる。この目的関数は、様々な住民グループの利害の公正な重みづけを反映し、明白な民主主義的正当性を有している。ある財の社会的価値がシャドー・プライスを上回ると、一定額が財の所定の需要量に上乗せされる。こうしてこの財に対する仮説的需要は、所定量よりも大きくなる。社会的な価値がシャドー・プライスよりも低い場合には、一定額が引かれ、仮説的需要は所定量を下回る。

これは確かにいくぶん不自然な方法だが、企業と同様にそれぞれの家計に仮説的な消費計画を作成させたくはないと考えたアローとハーヴィッツは、このアプローチを採った。その代わりこの課題には、家計の代表的なサンプルを通じて完全に取り組むことができるだろう。計画者は、回答を義務づけられたそれぞれの家計にシャドー・プライスのリストと架空予算を知らせる。これらの予算の算出された合計額は、企業が家計部門に仮説的に供給する価値と一致しなくてはならない。その場合、アンケートの参加者は彼らの好みに応じて、割り当てられた予算を様々な消費財に割り振るだろう。続いて彼らは、こうして得られた仮説的需要を計画者に伝える。同様の計算によって、計画者は家計部門の全体的な仮説的需要を算出することができるはずである。

しかし、企業と消費者が初期のシャドー・プライスのリストにどのように反応するかを計画者が知ったならば、そこから家計部門の仮説的需要と同様に企業部門の仮説的供給および仮説的需要を突き止めることができるはずである。そうして、それぞれの財に対する仮説的な経済全体の供給と仮説的な経済全体の需要が明らかになるはずである。

この場合、供給と需要が等しくなることはまずありえない。むしろ、供給が需要を上回る財と、またその反対のことが起こる財が存在することになるだろう。そこで計画者は、シャドー・プライスのリストを以下の規則に従って調整する。ある財において需要が供給よりも大きい場合には、計画者がシャドー・プライスを若干引き上げる。ある財が過剰供給であるならば、そのシャドー・プライスを若干引き下げる。供給と需要の乖離が大きいほど、価格の調整もまた大きくなる。同様に、仕事の成果のシャドー・プライスは様々な技能に合わせられる。つまり、企業の需要と生産者の総数の帰結である潜在的な労働力の間の比較を手掛かりにするのである。

続いてこのプロセスは第二ラウンドに進む。上記の方法で調整されたシャドー・プライスのリストは企業に通知され、企業は利潤を最大化する新しい生産計画を確定する。企業は傾向として、製品の価格が上昇した場合にはより多く供給し、価格が低下した場合には供給を減らす。生産投入要素に対する需要に関しては、反対のことが生じる。この修正された生産計画は計画者に通知され、それに応じて、家計部門の仮説的な需要の修正が行われる。

それでもまだ供給と需要の間の不一致が存在する場合、計画のプロセスは第三ラウンドに進む。計画者は、以前と同様の手法で改めてシャドー・プライスを変更する。全プロセスは、全ての財と労働効率に対する仮説的供給と仮説的需要が一致するラウンドの終わりになるまで繰り返される。それゆえこの一致に至る生産と消費の計画は統一のとれたものであり、国民経済は実際にそれを実現することができる。これらの計画は中央計画のうちに書き込まれ、これに基づいて実行に移される。

アローとハーヴィッツは、特定の条件下で、彼らのプロセスから帰結する中央計画が技術的な観点から見て統一的であるだけでなく、経済的な意味においても効率的であることを証明した。この計画は、住民の様々な集団の利害が持つ重みづけに従いながら、どのような資源も無駄にすることなく計画者のビジョンを実現する。こうしてこの計画プロセスは、最適な資源配分をもたらすのである。

この結論は極めて注目に値する。というのも、分散的に存在する情報と、その情報にアクセスしそれを処理する限定的な能力を持った計画経済でも、配分のテストに合格しうることを示唆しているからである。

計画のユートピアの未解決問題

残念ながら、アローとハーヴィッツの方法もほかの最適な計画方法もこれまで試されたことはない。これは、こうしたアプローチの数学化に問題があるためではない。なぜなら、計画経済を実験したいくつかの国には、この方法を理論的に問題なく扱える数理経済学の優れた学派が存在していたからである。これらの国の政治的エリートは、そのような計画の手法が気に入らなかったらしい。政党のエリートによる恣意的な介入の余地が全く認められない、透明性を持ったルールに計画が委ねられていたならば、彼らは権力を失ってしまったはずだからである。考えられるのは、これらの計画の方法が資本主義と結びつけられた利潤や価格、需要と供給といったものを尺度とするため、イデオロギー的理由に基づいて拒否されたということである。なるほどイタリアの経済学者エンリコ・バローネはすでに一九〇八年に、資源の合理的な利用を可能にし、その浪費を避けるためには、そのような諸概念は計画経済においても必要であることを示したが、こうした認識が社会主義者の間で実際に受け入れられることはなかった。指導者たちは、例えば、社会主義の利潤と資本主義の利潤は等しくないということを説明しなければならない。独占的な雇用者の利潤は、何よりもまず労働者と彼らが作り出す製品の消費者に対する搾取を反映する一方、競争的な市場からの挑戦に立ち向かう企業の利潤は、第一義的にその企業の効率性のシンボルである。

今日、イデオロギー的な異論は二次的な役割しか果たしておらず、大抵の人は、再帰的に資本主義と結びつけられた経済的な諸概念が、計画経済の舵取りにとってもまた有用でありうるということをすぐさま理解するだろう。それにもかかわらず、経済学者たちが考案する最適な計画の方法がこれまで試みられてこなかったということには重大な理由がある。この方法に関して残された問題は三つのカテゴリーに分類することができる。第一のカテゴリーは資源配分の問題に、第二のカテゴリーは協働の問題に、第三のカテゴリーは二つの問題に同時にかかわるものである。総じてこれらの未解決の問題は、理論的にはそのような最適な計画方法が今日の条件下で機能しえないのではないかという大きな疑念を呼び起こす。これについてもう少し立ち入って考察してみよう。

複雑性

第一の問題は、非常に高度なあまり私たちの手には負えないと考えられる、計画方法が実際に持つ複雑性に関するものである。方法の個々のステップは単純だが、発展した経済においてはこれらのステップが極めて多くの財に適用される必要がある。なぜなら、そこではつねに技術進歩を通じて新しい商品が生み出されるためである。技術進歩は無数の製品を作り出すことを可能にするため、規格化された製品が占める場所に、それぞれの顧客の特殊な希望に応じてオーダーメイドで生産されたものが入り込むからである。これは、企業が中間財として消費する商品にも消費財にも該当する。その結果、今日では様々な財が数え切れないほど多いために、本当のところ誰もその数を知らないことになる。計画経済においてこれらの財全てを個別に扱うことは、最新の情報技術をもってしても、もとより解きえない超人的な仕事だろう。

必要となる情報量を減らすために、計画方法において様々な財をただ一つの財のグループにまとめることもできるかもしれない。しかしそうすると、誰も欲しいとは思わない種類の財が生産される一方で、他の種類の財の供給は不十分になる。これがどれほどひどくなりうるかを一般化して言うことはできない。これは、需要と供給の間の不一致と同様に、人々が自らの消費に対して認める重要性に依拠しているためである。最適な計画方法のうちに消費財のための本物の市場を組み込むという試みに、代替的なアプローチがあるかもしれない。家計は、消費財を購入しうる実際の貨幣所得を得る。計画者は価格を決定し、在庫状況を手掛かりに、どの財の需要が供給を上回り、どの財の供給が需要を上回っているかを観察する。そうして需要と供給とが均衡するように、計画者は前者の場合には価格を引き上げ、後者の場合には価格を引き下げる。

しかし残念ながら、家計にとっての実際の消費財市場は、企業にとっての反復的な計画方法とは一致しない。プロセスを通じてそれぞれの財の需要と供給が一致しない限り、後者にはシャドー・プライスと実行に移されることのない架空の生産計画が存在する。これに対して実際の価格と量によって機能し、事後的に計画者に伝えられる。言い換えれば、どの財が過剰でどの財が過少であるかを確定できるように、財は市場に受け入れられている必要がある。つまり、企業は生産行動をすでに起こしているが、この生産行動は反復的な計画方法の最後にしか組み込まれていないのである。

もちろん、プロセスを行うたびに計画をすぐ実行に移すことで、全体の計画プロセスが停止していない場合にも、企業がその生産計画を実現しようとすることも可能だろう。しかしそうすると、企業が自己利潤の最大化に際して仮定する価格は、需要と供給が均衡していないために、様々な財の社会的な価値を正しく示すものではないだろう。企業は、需要のある財全てを実際に手元に置いているわけではない一方で、生産品の一部は抱えたままである。この供給と消費の乖離は、生産行動の配分が効率的ではなかったことを意味している。修正された新しい計画を提示するためにはかなりの時間が必要とされるので、資源配分は大抵の期間で効率的ではないであろう。その間にもいくつかの基本的枠組みは変化するので、適応が失敗することもあるだろう。生産の決定の一部は変更不可能であるので、例えば、何か特別な財を生産する機械を製作するために中間財が用いられる場合には、さらなる損害が生じることになる。そうなると、新しい機械の設置のような変更不可能な決定は、その後の期間における企業の供給行動に影響を与えるため、誤った価格に基づく配分の失敗が長期的な影響を持つだろう。

さらに、住まいや車をはじめとする耐久消費財の投資と消費を最適に決定するために、どのように反復的な計画方法を構築すべきかということは不明瞭である。アローとハーヴィッツによって開発された方法は、生産・消費行動の時間の幅が、例えば四半期もしくは一年というように、比較的狭く限定されている生産・消費行動にとっては意味がある。しかしこの方法で長期的な計画を立てようとするなら、それは非常に複雑になる。厳格に考えれば、計画者はそれぞれの関連する時点ごと(例えば、一〇年という期間の四半期ごと)のそれぞれの財と、将来の予測可能なそれぞれの状況(例えば、研究および開発にかかわる活動の結果、埋蔵資源の発見や気候変動、自然災害の発生と国際市場価格の変動にかかわるもの)に対して、企業と配給所に指示を与えなくてはならない。これは、生産者と消費者にとっての財の価値が、その技術的な特性のみならず、それが入手可能な時期とその時期に優勢な外的条件によって左右されるために、このアプローチの枠組みにおいて必要である。シャドー・プライスが期間的にも状況的にも固有のものであるならば、機械をはじめとする耐久財の仮説的な需要は算出できる。

例として、製剤Xの製造に特化した設備に関しては、現在拡張することができるような製薬会社を考えてみよう。この投資の収益性は、この設備によって製剤が作られる期間にわたるXのシャドー・プライスに依存する。製剤の価格は、その間により良い製剤が発見されて生産準備が行われていない場合には高くなるが、その製剤がある時点で新しい製剤によって追い抜かれる場合には低くなる。企業が仮説的に予測される利潤を所与の時間内で最大化するためには、企業は計画者から、様々な期間とシナリオにおけるXのシャドー・プライスを教えてもらう必要がある。

投資の中央計画にとっての実用的な打開策は、短期的な生産能力の適応と長期的なプロジェクトの区別である。前者は、上記のような反復的計画方法をわずかに拡張した枠組みにおいて決定される。これに対して後者は、国民経済の長期的で構造的な発展と全経済的な投資比率を決定する戦略的な計画の枠組みにおいて確定される。そのような計画の一例は次章で示すが、それにもかかわらずこのアプローチは、計画理論家がこれまで満足に答えることができなかった数多くの問題を提起している。例えば、二つのタイプの投資の間のどこに境界線が引かれるべきかは明らかではない。さらに、諸々の短期的計画の結果は長期的計画と一致しなくてはならないので、短期的計画と長期的計画の間の一貫性という問題も生じる。

操作性

あらゆる反復的な計画方法に対する第二の重大な批判は、個々のアクターに期待される協力にかかわるものである。

一方では、労働者と消費者としての個々人の協働が求められる。純粋な計画経済は、労働市場も消費財の市場も知らない。計画者が仕事と財を最適に分配できるよう、個々人は労働と消費にかかわる自分たちの指標を事実に即して計画者に伝えなければならない。その結果、個々人は計画を遵守する。しかしここには金銭的なインセンティブがないので、誠実に計画者と協働しようという個人の動機づけに関する問題が生じる。この問題は、すでに財産共同制の場合について詳細に論じた問題に類似のものなので、ここでこれ以上立ち入る必要はない。

他方で、反復的な計画方法における協働の問題は企業にかかわる。上述の計画方法の枠組みにおいて企業は、収益最大化のルールを守ることなく、偽の生産計画を報告しようとする大きな誘惑に駆られる。企業が受け取る実際の利潤は存在しないためである。これは、この経済システムにおける貨幣は単なる計算手段で、財源への要求を生み出しはしないからである。企業の利潤は架空なので、この利潤はインセンティブを引き出さない。こうした状況に置かれた企業は、計画者を騙し、全従業員が非常に容易に達成できる生産計画を計画者に伝えようとするだろう。国家は比較的容易に生産計画の変更をチェックできる一方で、企業が利潤最大化の生産計画という点で正しい報告をしているかどうかを管理することは難しい。計画者が騙されたという証拠は、類似の企業が全く異なる生産計画を提示してきた場合であろう。しかし、たとえ一貫した生産計画が提示される場合であっても、企業は談合できるために、計画者がそれらの計画が効率的であると確信することはできないかもしれない。企業がこのようにして生産計画を改ざんするならば、最終的に効率的な中央計画が実現することはない。

報告が本当であるか否かをチェックすることはできず、事実に即した報告からは何の物質的なメリットも生じないので、このシステムが機能しうるのは、計画者に事実を告げるという義務感が非常に強いために、企業が楽な生活の誘惑に屈しない場合だけである。ここには当然、懐疑の余地がある。全員が協力し正確な報告をするという望ましい状況は、非常に脆弱に見える。第四章で論じた価値体系と同様に、散在する逸脱が長期的に見ると、原理的に協働を支えうる価値観の全般的な崩壊へとつながることが、ここでもまた懸念される。

イノベーションの弱さ

この計画ユートピアが抱える第三の未解決の問題は、長期的に国民経済の生産性を高め、生産の多様性を拡大するイノベーションは、どのようにして生み出されるべきなのかという問題である。以下で見るように、この問いは配分の問題と同様に協働の問題も含んでいる。

まず、計画者が研究と開発のために全資源、および様々な企業、研究機関、そして個々のプロジェクトに分配する全資源を決定しなければならない場合、計画者は圧倒的な量の情報の問題に直面する。研究と開発に関する決定は、投資の決定と似ている。なぜなら、資源をある期間拘束し、長期的で不確実な収益にさらすからである。上述のように、投資に対して理論的に有効で実用的な計画方法がどのようなものであるのか、我々は知らない。

また計画経済の企業には、革新的であることへの金銭的なインセンティブがない。イノベーションは構造的な転換を意味するが、これはしばしば、新しい仕事の仕方を学ぶことや、職場を変えること、そして納入業者と顧客にそれを知らせることといった不都合を伴う。イノベーションの可能性を引き出すためには、従業員自身の自発性に由来する動機づけで十分なのかという疑念もある。そもそも、計画者がかつて教えたことがないにもかかわらず、意味のあるアイデアやイノベーションが仕事をしている人々の頭に浮かぶのか疑問である。

これらの批判的なコメントは、イノベーションに関して言えば、中央計画は資本主義よりも全ての点で劣っていることを意味するのではない。ここでは二つの区別が必要である。一つは、抜本的なイノベーションと追加的なイノベーションの区別であり、もう一つは、イノベーションの初期導入とそれの国民経済全体への浸透の区別である。

広範な領域で小さなイノベーションを実施する際には、資本主義の方がうまくいく。というのも、資本主義のもとでは競争の圧力によって、企業は各々の分野での支配的な〝ベスト・プラクティス（最善慣行）〟に素早く適応するよう強いられるためである。

これに対して、国民経済全体での抜本的なイノベーションが急激に広がる際には、そこには特許によって生じる障害が存在しないという理由で、中央計画の方が効率が良いと期待できるかもしれない。しかしこの抜本的なイノベーションは、前もって創出されなくてはならない。資本主義の歴史においては、抜本的なイノベーションの大部分は、個々の事業家が貫徹する能力に帰される。私有財産、信用市場、そして開かれた市場参入と市場テストは、イノベーターの直観と意地を試すことができる制度的な枠組みを提供する。イノベーションをもたらすこの信頼できるシステムは、ここで考察している計画ユートピアでは利用できない。

何よりも、私的事業が存在する余地がないため、純粋な計画経済においては一匹狼の存在可能性が欠けている。計画経済では、潜在的なイノベーターが独力でイノベーションを導入し、それに伴うリスクを引き受けることは許されない。イノベーションは、それが計画全体の一部である場合にのみ実現される。これが意味するのは、計画が民主的に決定される場合には、イノベーターの考えに対する民主的な同意にイノベーターが左右されることを意味する。計画経済におけるこの条件のもとでは、資本主義におけるような形でイノベーションが次々と起こるとは考え難い。

中間的総括

すでに見てきたように、最良の計画経済の構想は確かに困難な問題を投げかける。計画方法を賢明な形式にしたところで、中央計画は、より詳細に検証すると非常に複雑で、それゆえに実行するのが難しいということがわかる。計画経済では誤った情報の伝達が行われやすく、おそらくわずかなイノベーションの原動力しかもたらさない。

そうした問題があるとしても、将来の欧州合衆国における計画経済は、どのような姿になりうるだろうか？

もしかしたらこんな具合かもしれない。欧州計画委員会は、アローとハーヴィッツが考案したものに似た反復的な計画方法を用いるが、財の総数は比較的少数に限られる。人々は、非常に数の少ない財の種類に合わせる。これは、労働規準と消費規準の確定を含めて、計画設計への民主的な参加を強調することで補われる。全体の経済プロセスは民主的な官庁によって決定され、最新の情報技術を駆使する国家的監督のもとに置かれる。全ての個人に求められるのは、当該の声明と決議と規約を作成し可決する数多くの民主的な委員会に参加することである。企業では、共同決定、および知的労働と肉体的な労働との間の乖離を克服することに大きな価値が置かれる。社会は政治の優位により特徴づけられ、政治家たちは報酬を与えられる。

イノベーションのリズムは遅くなるので、豊かさの水準は発展した資本主義的な外の世界の水準を下回る。技術の進歩はもはや利潤の追求によってではなく、民主主義的な意思形成を通じて導かれるため、資本主義におけるそれとは異なる進路をとる。イノベーションの重点は、例えば環境技術に向けられるようになる。

欧州の有権者の大多数は、そこに暮らす人々の内部における福利の均等な配分を求めている。しかしそこでの福利は、最も豊かな資本主義の国々における福利より小さくなるので、多くの有能な人材や企業家的な才覚のある個人は国外に移住する。これが理由で、中国と北アメリカの資本主義的な国民経済との格差は拡大する。世論では、欧州合衆国に背を向ける利己主義者に対する反感が増幅する。この国外移住を阻止するべきか、そしてそれはどのようにしてなのか、についての論争が社会に広がる。新たな壁の幽霊がさまよう……。

現実の中央計画

ソビエト連邦と東欧で試みられた計画経済は、これまで考察してきた計画ユートピア(あるいはディストピア?)と三つの重要な点で異なる。第一に、計画は民主的な意思形成と一致していなかった。その計画が提示した政府の目標設定は、多くの場合国民からの幅広い支持とは無縁であった。第二に、上から下への計画の設定は、ヒエラルキーにおける異なる階層間の多くの交渉を通じて行われた。このヒエラルキーは、共産主義政党によって支配される内閣政府を頂点とするものであった。その下には、部門ごとの大臣、企業連合、個々の企業、労働者組合、そして個々の労働者が連なる。計画を設定する際には、このヒエラルキー内部での個別利益の貫徹が明らかに最も重要であった。効率的な中央計画の設定に向けて情報を事実に即して伝達することは、優先事項ではなかった。第三に、純粋な計画経済と異なり、労働力は労働市場の枠組みのなかで賃金のために売られた。これによって人々は、消費財の市場において供給されるものの一部を獲得した。したがって貨幣が持つインセンティブとしての効果が消えることはなく、必要に応じた分配という共産主義的な理想は、いつとも知れない未来へと先送りされた。しかし、労働市場を通じて行われた所得の均等化は限定されていた。はるかに重要だったのは、党の幹部や官僚の利益となる数えきれない特権が生み出した格差であった。

計画経済は、まず一九二〇年代の終わりにスターリン下のソビエト社会主義連邦共和国において、そして第二次世界大戦の終結直後には赤軍によって占領されたいくつかの欧州の国々において、機能しうる経済システムとなった。中央計画を導入した国々では多くの場合、大抵の人々が農業に従事する停滞した経済であった。彼らは十分に教育された国民ではなく、資本もわずかであった。さらにこれらの国々は、西欧のような長きにわたる民主的な自治の伝統を想定することができなかった。いくつかの国々は、法治国家の経験すらなかった。彼らに欠けていたのは、ダイナミックな経済のために腐葉土を作る協会や政党、そして多様な連合を備えた活気ある市民社会であった。加えて、東側ブロックの計画経済は、彼らが持つ資源の相当の部分、とりわけ最も質の良い労働力を、軍事と〝諜報〟を目的として東西の衝突という枠組みにおいて利用した。この衝突は、明らかに彼らよりもよく装備された敵と競い合わなければならない衝突であった。八〇年代終盤と九〇年代初頭に、現実の社会主義は崩壊した。

ソビエト型の経済システムは、基本的にはどのように機能したのだろうか？　年ごとの計画は、実行性があった。省庁との退屈な交渉が終わると、それぞれの企業は何百何千という指標、すなわち企業が計画期間において実現しなければならない指数を受け取った。これには、その企業の生産品の産出量と、その企業が他の企業から受け取る中間財の量が含まれていた。技能に応じて区分される仕事のレベルとならんで、計画は企業の賃金総額を決定した。加えて計画は、費用、利潤、借り入れなどの財務指標だけでなく、投資の範囲、イノベーションの選り抜きの目的といったものまで含まれている。

特定の計画指標は、総じて優先的に考えられた。計画を遵守すると、あるいは目標以上を達成すると、場合によっては明確な報酬が与えられた。報酬は、多くの場合にヒエラルキーの上位階層によって授けられる勲章をはじめとする象徴的な利益や物資的利益であった。

理想的な計画経済と違い、中央計画は自己矛盾していたために実行中には何度も変更され、最終的には全く実現されなかった。さらに、貨幣と市場はソビエト型の経済システムにおいて確かな役割を果たした。被雇用者は、商品を買うために使用できる貨幣によって、労働への対価が支払われた。労働市場も消費財市場も国家によって独占的に支配された。個人は、地下経済、あるいは私的イニシアティブが認められていた限定的な部門にしか逃れることができなかった。公的な市場では国家が賃金と消費財の価格を決定した。その際価格の決定は、相対的な財の希少性のみならず政治的な目標にも合わせられた。資本主義的な国民経済と比較すると、賃金格差はわずかで、日常的な生活必需品となる消費財はむしろ安かった。市場を通じた供給とならんで、行政の合理化による供給は重要な役割を果たしていた。財とサービスのなかには、企業が従業員に与えたものもあった。

価格と所得は、個人にとっては重要である一方、多くの企業や官庁にとっては二次的な役割しか果たしていなかった。市場経済とは反対に、企業部門における貨幣は、受け身の存在であった。なぜなら価格は、企業の生産決定を左右せず、生産構造の決定にほとんど影響を与えなかったからである。事実、企業を経済計算の管理に対する責務から解放し、破産という究極の脅威を排除した緩やかな予算制約に企業は支配されていた。価格は、共通の単位で資源の流れを示すことに役立つだけであった。資本主義諸国と外国貿易を行い、歓迎すべき為替を手配する部門においてのみ、決定は、価格、すなわち世界市場の価格に沿っていた。

協働の問題

この経済システムにおいては、政治的指導の民主的な正当化が欠如していたために協働の問題が非常に悪化した。支配者は、メディア独占によって世論に影響を与えることで自分たちの支配を確固たるものにしようとした。国民は、党のみが真実を知っており、党は人類のためになる歴史的使命を成功裏に遂行しようとしているところなのだと納得していなければならなかった。あらゆる重要な出来事はこの観点から伝えられた。しかし、こうした教化の試みは失敗し、人類の救済者たちはすぐに、俗物的な嘘つきという正体を暴露された。エリートたちに誠実さが欠けているという事実は、人々の考え方に強く影響する結果となった。彼らは人々の信頼を傷つけ、それによって、国民経済の成功に導く計画にとって必要である協働への覚悟を傷つけてしまったのである。

計画ヒエラルキーのそれぞれのレベルは、下位のレベルによる交渉の可能性についてごくわずかのことしか知らず、個々のアクターは異なる利害を持っていたので、個々のアクターが自分の状況を他人を犠牲にして改善しようとする、考えられる限りのあらゆる逸脱行為が浮かび上がってきた。ヒエラルキー上位の官庁と比較して、企業はこの官庁から、可能な限り低い生産目標と交換で最大量の投入要素を得ようと試みた。企業の収益性は何の意味も持たなかったので、計画が本当に達成される確率を高めるためには、これは合理的な戦略であった。そうなると、企業のリーダーのその後のキャリアは、この達成に左右されることになる。それゆえ人的な資源の重要な部分は、生産プロセスを最適化する代わりに、計画の交渉を行うために投入された。

計画を設計する際にも、それを実行している間も、企業はつねにより多くの原材料、中間製品、労働力、そして投資財を要求した。これに対して上位機関は、その資源を過少評価し、計画が悪化した場合に備えて備蓄を隠し持った。計画をさらに上回る生産が可能となるような場合でさえ、翌年に官庁からより高い生産目標を言い渡され、わずかな資源しか与えてもらえないことがないよう、企業はあえてそれを実行しなかった。

配分の問題

全ての企業は国民経済の他の部門から資源を無限に吸収し、他の利用者の要求と交渉を持たないようにしたので、彼らの要求はつねに供給を上回った。それゆえ中間財、とりわけ交換部品、専門的労働力、そして機械は恒常的に不足していた。それと同時に、この不足ゆえに企業はより多くの資源を退蔵することになり、ここから悪循環が生じた。こうして不足経済は休眠状態の生産能力の存在を伴った。あらゆるところで財が不足しているにもかかわらず、機械は稼働せず、労働者は何もすることがなかった。

繰り返し財は不足し、計画によれば納品されているはずのものは納入されず、市場を通じた供給は排除されていたので、企業と官公庁は、可能な限り自給自足となって必要な投入要素を自ら生産することで、このような不安定な状態から自らを守ろうと努めた。しかしこれによって生産を行う組織はひどく鈍重になり、他方で経済全体の分業によって効率性を向上させることはできなかった。

企業による労働力の継続的な〝吸収〟は失業による悲惨さに終止符を打った。これは、確かに現実の社会主義国家が達成した偉大な業績であり、良い意味で資本主義諸国とは異なっていた。しかしながら、解雇の脅威を取り除くことは、労働規準に対して問題含みの影響を及ぼした。ここに、賃金格差はわずかであったこと、そして主要な消費財は配給されていたことが加わった。これら全てが労働のインセンティブを弱めた。長い休業期間、職場の頻繁な交替、そして企業での盗難はその帰結であった。モラルへのアピールや社会規範を通じて労働者のモチベーションを強化しようという、例えばスタハノフ運動の時代のような試みは、最終的には徒労に終わった。これは、指導者に民主的な正当性が欠けていたことを考えれば、特に驚くことではない。これらの諸国に関して特筆すべき点はむしろ、生業に従事する国民の際立った受け身の姿勢である。

他方で、労働の強度はしばしば規準からはずれていた。故障した機械、交換部品の欠如、あるいは専門的労働力の不足ゆえに多かれ少なかれ無理強いされた閑暇の後には、慌ただしい活動の期間が続いた。戦争経済にも似た経済システムは、何かの歴史的に重大な目的を達成するためにあらゆる資源を総動員するよう、党によって突然要求されたのである。

消費財の生産と剝奪を国家が独占し、計画者には民主的な責任がなく、価格は人為的に低く設定され、収益性を考慮しても実際には何の役にも立たなかったことにより、供給は相対的に低品質で量は不十分になった。経済が買い手市場によって特徴づけられる資本主義の諸国とは異なり、東側ブロックにおいては、売り手がつねに有利な立場にいる売り手市場が支配した。それゆえ個人の家計は、闇市場と地下経済に関与することで、よりうまく自分たちのために財を調達しようとした。この二重のメカニズムは、公的部門における資源配分をさらに弱体化させた。例えば労働者は、自分の家を修理するために仕事をサボったり、企業から工具をくすねたりした。こうした振る舞いにより、始めはシステムの公的なルールに従って内的な信念から行為していた人々が、次第に皮肉屋になり幻滅し、そして社会主義を崩壊させてしまった。

拡張的だが急激ではない成長

まずもって驚かされるのは、このシステムが持つ多くの欠陥と悲惨な歴史的前提条件にもかかわらず、計画経済が数十年の間に急速に成長を遂げたことである。しかも、極めて急速にである。六〇年代になっても、一人当たりの所得で計算した場合、ソビエト連邦共和国が米国を一世代のうちに追い抜くだろうと確信する多くの西側の専門家が存在していた。実際、一人当たりの国内総生産(GDP)の実質成長率は、七〇年代の中葉まではほとんどの場合、ソビエト連邦の方が米国よりも高かった。一九五〇年から一九八九年までの全期間を見ても、平均的な成長率は米国よりもソビエト連邦の方が高いことが示されている。より最近の実証的な研究が示したように、現実の社会主義諸国における長期的な経済成長率は、比較可能な市場経済における成長率からかけ離れているわけではなかった。傾向として、停滞している国民経済における計画経済の成長実績は、比較可能な市場経済における成長実績をいくぶん上回り、また豊かな国民経済における成長実績は、比較可能な市場経済における実績を若干下回っているだけであった。

では、なぜそうなったのだろうか? ソビエト型の経済システムは、その初期の段階では目覚ましい〝拡張的な成長〟を遂げることができた。これが意味するのは、以前には利用されていなかった、あるいはわずかな生産性しか生み出さなかった資源が動員され、それによって比較的単純な生産工程が何倍にも複製され、拡張されたということである。この戦略によって、計画者は国民経済の大部分を近代化した。労働力の大半は農業から工業へと回され、女性の就業率は大きく上昇した。国民の教育水準は飛躍的に高まった。わずかな主要産業部門における集中的な投入と包括的なインフラの建設によって、停滞した市場経済において近代的な諸部門の発展をしばしば妨げる調整の問題は克服された。また効率的な重工業の迅速な構築と近代的なインフラのおかげで、ソビエト連邦共和国はナチス―ファシストによる軍事攻撃に抵抗することができ、最終的にヒトラーのドイツに勝利できた。

しかし中央計画のこのような成長実績は、最初の一〇年の技術的諸条件と、当初停滞していた経済構造に結びついていた。マルクス経済学の専門用語を使えば、生産力の向上によって、ソビエト型の経済システムが持つ生産関係は彼らの足かせとなり、さらなる発展に対する克服しえない障害になった。つまり、動員可能な資源がいったん利用し尽くされると、〝拡張的な成長〟の段階は完全に終局を迎えた。するとその時点から計画経済は、イノベーションと生産性の持続的な向上を基礎に据えた〝集約的な成長〟の段階に移行しなければならないはずであった。しかし計画経済にそうした力はなかった。生産品の多様化とオーダーメイドの生産が求められる時代になると、東側ブロックの国民経済が西側に遅れを取らずついて行くことはできないことが明らかになった。彼らの中央計画は、必要な技術進歩を生み出すこともできなければ、受け入れ可能な経済のダイナミズムを獲得するために外部から技術進歩を取り入れることもできなかった。

改革は助けにならなかった

一九五〇年代にはすでに、ソビエト型の計画経済は持続的な経済システムではなく、それゆえ計画経済を改革する方途を見つけなければならないことは、社会主義国の経済学者や政治家の一部にとって明らかであった。ハンガリーは、いわゆる新経済システムの導入によって、一九六八年一月一日に包括的な試みに着手した。この日、ハンガリーは義務的な年次計画の全システムを廃止した。形式的には、短期の生産計画は自ら決定してよくなったという意味で国有企業は独立した。企業は計画者の指示に代わって、市場の指示に合わせなければならなくなった。そうすることで彼らは、得られた利潤を保持できるという見通しによって動機づけられるはずであった。

しかし、かつての行動様式は新しいシステムにおいても生き延びた。国有部門の生産が少数の大企業に極めて集中していた、ハンガリーのような比較的小さな国民経済では、国家の官僚制は経済を統制するための明確な計画を必要としなかった。こうして経済現象は、本来の市場取引以上に、引き続き官僚的政策を非常に強く反映していた。公官庁の官僚機構は、価格、租税、補助金、融資、そして投資について個々の企業と取引を行った。彼らは、定期的に企業を倒産から救い、市場参入を規制することによって、産業部門の構造決定に本質的に携わったのである。

新しいシステムにおいても、官僚機構の決定は企業とその従業員の福祉にとって決定的であった。国家による支援は、市場での成功以上に重要であった。それゆえ企業の主要目標は、可能な限り有利な官僚機構の介入を取り決めることに置かれた。かつての計画システムにおいては、企業は担当省に対してより多くの実質資源とより低い生産目標を要求したが、今や彼らが求めるのは有利な価格形成、より高額の補助金とより安価な貸し付けであった。かくして、市場テストが持つ規律的な効果は上がらなかった。国家の介入と市場の隔離は、始めから競争を窒息させていた。この窒息症状はわずかに形を変えて現れたが、買い手市場は例外であった。

それにもかかわらず、この〝グーラッシュ社会主義〟のなかには消費者にとっては改善されたこともあった。しかしこの改善は、国家企業にとっての中央計画の廃止に帰されるべきものではなかった。一つは、ハンガリーにおける改革は非国家部門の意義深い拡大を可能にした。小さな私的企業と協同組合は彼らに与えられた機会を利用して、彼らの財とサービスによって国民への供給を改善した。他方で、ハンガリーの首相カダルのもとで、寛容で国民の利害関係により大きな重要性を認める新たな政治スタイルが発展した。

小括

現実の社会主義の計画経済は、マイクロ・エレクトロニクス（ME）革命によって可能になった製品差別化のもとで失敗した。西側では技術変化が生産と消費の世界を豊かにし続け、つねに矢つぎ早に新しい製品と生産方法が生み出される一方で、東側はますます遅れを取った。現実の社会主義における計画経済は、自らイノベーションを生み出すことに不適切なだけではなく、外部から技術進歩を取り入れそれを実行することにも適していなかった。

現実の計画経済は純粋な計画経済ではなかった。そこでは労働者が賃金のために自分の労働力を売り、そうして生活のための財を購入していたからである。計画の作成と成果管理の方法は、全く正鵠を得ていなかった。結局のところ、全体的な経済システムに欠けていたのは民主主義の受容だったのである。

原理的には、今日の我々はこれとは全く異なる計画経済を目指すことができるかもしれない。それは、民主主義的な政治制度の内部にあって、それ自体で整合性のとれた方法で行われる計画経済である。しかし、理論的に最善の計画方法を適用する場合でさえ、私の見るところでは、現在のシステムに対する魅力的な代替システムとはなりえない。

これまで考案されてきた計画方法には、計画を通じて効率的な資源配分を行うために必要な情報の伝達と処理にかかわる問題が、その根本において付きまとっている。一つには、圧倒的な複雑さが問題である。消費欲求と技術進歩の多様性は、効率的な計画の作成にとって大いなる挑戦となる。もう一つには、計画方法は、計画設計に必要となる情報を事実に即して伝えるインセンティブが、ヒエラルキーのより下層には欠落しているという問題に悩まされることである。本質的には、そのような経済システムでは個々人が持つ並外れた義務感覚が頼りにされるかもしれない。しかし並外れた人間によって機能するシステムは、例外的な場合にのみ機能するのである。

第七章　自己管理

いつのまにか旅の半ばをほぼ終了した。そこで、この章でこれまでの道のりを手短かに振り返ることは、ふさわしいだろう。

我々は、資本主義を市場システムと私有財産制の組み合わせであると定義し、資本主義に対する代替システムを探したが、代替システムは協働のテストにも配分のテストにも合格することが求められている。旅の途中で、一般的な財産共同制と計画経済を訪ねたが、市場システムでも私有財産制でもないことがわかり、最終的にこれらのシステム全てが、今日のシステムに対して十分に見込みのある代替システムではないということになった。それは、協働の問題を解決できるかもしれないが、配分の問題については全く失敗している。

それでは、我々はどこを目指して行くべきなのか？

一つの要素は、覆すことができないように見える。すなわち、資本主義の構成要素である**市場**を維持し続けなければならないということである。市場は、複雑な経済の配分問題を解くことができる今日まで知られているただ一つの制度である。配分のテストに合格する資本主義に対する代替システムを求めるなら、今日、市場は不可欠な要素であることがわかる。

したがって、これからの旅は、市場と非資本主義的要素とを組み合わせた経済システムに向かうだろう。市場が不可欠であることについて、つまり経済システムにおいて私有財産が果たす役割については何も言及せず、市場を通じて配分される資源の割合がどれくらいの大きさかも問わないでおく。言い換えれば、市場と資本主義は別々の概念であり、市場が不可欠であるからといって、我々のより良い経済システムへの試みを中止しなければならないことを意味しない。

さらに進める前に、市場の経済学的なメリットを明確に指摘しておくことが適切である。なぜなら、それらはしばしば資本主義批判者からも見落とされているからである。

なぜ市場か?

市場は、経済性を高め節約を刺激し、有意義なイノベーションを呼び起こし、複雑な経済において整合性を生み出すことができる。したがって、経済システムにおいて協働の問題と配分の問題を解決することに極めて役立つことができるはずである。しかしどのようにして市場は、この驚異的な作用を生み出すのか?

開かれた市場のもとでは、個人が本当に望むものが明らかになり、慎重に資源を扱うように促される。市場において価格は、需要と供給が均衡する水準に決定され、価格は需要と供給の全体の動きを反映するので、各種の財とサービスの社会的価値の明確なシグナルである。価格は、社会に対する価値が上昇する商品をより多く生産するように生産者の意思決定を導くものである。そして、より高くなる生産要素をできる限り節約しようとする。これは良いことである。なぜなら、他の生産者によって広範に求められる場合、生産要素は高価になるし、この生産要素を使用することによって可能となる売り上げが上昇する場合、またもや生産者にその商品の生産を増加させるよう働きかけるからである。同時に市場価格は、消費者の意思決定を誘導する。すなわち、より高くなる商品はより少なくしか消費しない。というのも、その生産にはより多くの資源が使用されるからである。この反対に、価格が下落するなら、社会はより少ない支出で生産することができる商品をより多く消費する。

中央計画者が苦労して個々の生産者と消費者から取り出さなければならない資源の相対的な希少性についての情報は、市場で生じる事柄については価格という形式の中に自然とあふれ出る。このように容易に手に入る情報は、全ての経済主体の生産と消費の決定をコントロールする。このようにして資源は、非常に大きな生産性を獲得している生産者に利用可能となり、非常に支払いしやすい種類のものが消費者に利用可能となるだろう。無数の独立した決定が、このようにして相対的に効率的な資源配分を生み出す。

一方、市場システムは、個々の個人や企業にローカルな情報を利用させることにより、共同体に有意なイノベーションを発見する方法として役に立つ。つまり市場は、イノベーションを通じて資金を稼ぐために、個人と企業にたくさんの試みを呼び起こす。この試みは、つねに費用がかかり、またその成果はいつも不確実である。市場は、社会に実際にイノベーションをもたらす個人と企業とを圧倒的に賞賛する。それは、どのイノベーションが本当に役に立つかを正確に考えるインセンティブを創り出す。インセンティブは、軽食の屋台を開くことから、技術的に革命的な製品の導入に至るまでに広がる。各々の潜在的な供給者は、何か他の人に対し価値の高いものを生産する場合にのみ、成功することができる。その際多くの需要者は、誰が生産すべきか、また誰がすべきでないかを製品の購入決定により選択する。設立された会社は選別され、そしてより良い考えを持った新しい会社が成果を収めることができる。有用なイノベーションに賞賛を与え、役に立たないイノベーションには罰を与えることにより、市場はイノベーションをふるいにかける。可能である全てのイノベーションの中で、社会は有意なものを見つけ出す。

市場が正しく機能する場合、市場にはすでに多様性が存在しており、経済的な支配力は集中していない。二一世紀において有望な経済システムのデザインに対する挑戦は、制度的な構造を設計することにあるが、その際は市場の基本的な優位性を可能な限り際立たせ、浪費や不公平、そして個性の発展に関して市場が持つマイナスの弊害を可能な限り少なくしようとしている。

自己管理のシステム

市場は、公的所有(公有)、労働市場の民主化、そして戦略的なイノベーションの中央計画を組み合わせることができる。それゆえ混合的なシステムが考えられ、そこでは経済インフラと構造発展、教育、医薬品の供給が、国家の計画の枠組みの中で決定される一方で、商品とサービスの圧倒的な多数は、自己管理する企業と協同組合の参加を通じて市場メカニズムによって提供される。そのようなシステムは、特殊化、柔軟性、多様性に関しては市場の利点を、そして計画の社会的な利点と集団的所有を提供することができるだろう。このように自己管理のシステムとして以下に記されるシステムが、本章の対象である。

生産者の自己管理の考えは、一九世紀の労働運動のはじめから、将来の社会主義的な社会のビジョンを特徴づけていた。この考えは、社会主義的な計画と競合し、権威者や官僚制に疑いを示して対立し、無政府主義の緩和された見方に対していくぶん同情を抱いた一部の社会主義者たちを味方にすることができた。今日、自己管理は資本主義の一つの選択肢を考える場合、左翼のインテリのもとで一段と重要な手掛かりとなっている。それは、協同組合に近い立場の人々の中で相対的に広まった。この集団は、社会主義者に限定されていない。例えば、この集団の中には強いカトリックの伝統主義者が存在している。また市民社会から生まれたいくつかの基盤的な組織の参加者のもとで、今日自己管理の考えの共鳴者が存在している。

とりわけ七〇年代、八〇年代において、経済学者は自己管理の経済システムに関するいくつかの構想を発表した。ここでは、特定の経済学者の構想を述べるのではなく、興味深い要素を含んでいる基準となる構想を示そうと思う。議論の対象とする経済システムには、以下の四つの基本的な特徴がある。第一に、生産手段は、形式的に**国家所有**とされているが、計画経済と違って所有権は、かなりの部分が、この生産手段を用いて働く全労働者に委ねられる。第二に、企業のなかでの決定事項は、そこに従事する人々の**自己管理**に基づいている。第三に、商品とサービスに関する個々の家計と企業への供給は、**市場**を通じて行われる。第四に、**中央計画**は、経済全体の投資の大きさと、各経済分野と地域に対する総投資の配分を決定する。

計画経済と比べて、この経済システムでは中央計画の活動範囲は大幅に減少する。なぜなら、経済活動の調整は、個々の個人と企業に関するミクロレベルでは基本的に市場取引を通じて行われるからである。自己管理システムにおいては、計画者はマクロ経済的な操作と経済の長期的な発展にのみにかかわっている。それにより計画者は、細かい生産プロセスに関する詳細な決定から解放され、前の章で批判的に見た複雑な方法を指図しない。

計画者は市民に対して責任があるので、全体の投資比率と経済の構造的な発展は国民の意思に従って決定される。これに対して、個人と企業のレベルにおける消費と労働の決定は、各人の手元に留保されている。このように見ると、このシステムは明らかに計画経済以上により多くの自由を提供する。公式的な見方では、消費と労働の自由は、資本主義にも存在する。これに対して、自己管理はその限りでは少数の者に富が集中することを避け、自ら行動を決定する可能性を労働者に提供する点で優れている。

要約すると、自己管理システムは、計画の集団的な合理性を市場の柔軟性や労働者の自律性と組み合わせることを約束する。これは、我々の社会的市場経済を含めて資本主義に対する潜在的に魅力的な代替システムとなるものである。今日までにおそらく最も成功した資本主義に対する変種である。自己管理は、将来的に可能性のある構想であるのみならず、また実際に経験したものでもある。**旧ユーゴスラビア**において、第二次世界大戦が終わった直後にソビエト型の計画経済が導入された。期待された成果が生じなかったので、ユーゴスラビア政府は、チトー元帥のもとで一九五三年一月に新しいシステムを導入したが、それは上で描いた経済システムに基本的な点で対応するものであった。そのシステムは、共同所有、計画、市場、そして自己管理に基づいていた。このシステムの基本的な特徴は、六〇年代初期まで比較的に変化がなかった。しかしその結果は、人々を失望させるものだった。さらなる改革が必要になったとき、ユーゴスラビアは自己管理の様々な方式を実験したが、満足のいく解決策を見出すことはできなかった。

旧ユーゴスラビアは民主主義国家ではなく、暴力的な政治的紛争の歴史により重い負担を負っていた。ユーゴスラビアは、大きな経済的、文化的、地域的な格差のために、この種の新しい経済システムを実験するのには、都合のいい場所ではなかった。計画経済の経験と同様に、現在の枠組みのもとで、自己管理の機能的実効性を確認するためには、システムの特徴を引き出すことが必要である。なぜなら、当時失敗したことが、今日では成功しているものとして説明されるかもしれないからである。

投資の中央計画

自己管理システムにおいて計画者は年々の経済全体の投資額を決定するが、この投資額は部門や地域に配分される。計画は、民主的な意思形成の結果でなければならない。資本主義と比べて投資に関する中央計画には、三つの点で長所がある。第一に、国家はマクロ経済的な不安定性に対処したり、少なくともマクロ経済の景気循環の管理をよりよく達成することができるだろう。資本主義において、主として相次いで生じる景気の上昇と後退の局面を作り出しているのは私的投資である。投資行動は、資本家の利潤期待に依存しているので、非常に不安定である。ケインズは、簡明的確に資本主義的な決定の心理的プロセスを、〝アニマル・スピリット〟と表現した。それに代わって、全体の投資額が政府の管理下にあるなら、マクロ経済的な行動を安定化することができる。

第二に、投資の集中管理は、そのような投資の広範囲に及ぶ影響を、期待された収益性を越えて考慮することを可能にするはずである。投資の社会的な収益が投資家の個人的な収益から大きく乖離するなら、これは経済的に意味がある。例えば、計画者は資本主義的な投資家と異なって、環境の質に対して、あるいは地球の気温上昇に対して、投資の長期的な効果を考えることができる。計画者はまた、巨大投資プロジェクトが国民の居住地の選択に対し影響を及ぼすため、有望な地域への入植を促進する投資に優先権を与えるように配慮することができる。

第三に、投資に関する中央計画は、構造的な隘路を回避できる可能性がある。これは、二つ以上の経済部門を構築する際の調整問題から生じる。構造的な隘路は、工業化の歴史からよく知られている。重工業では多量の電気を必要とされるので、重工業全体では十分な電力のない国に投資をすることはない。しかし重工業がなければ、電力供給者は、比較的小さな需要しか考える必要がないので、十分に大きな容量を提供する理由がない。そこから、国家は長く停滞する経済発展のわなに陥る可能性があり、両方の投資家が自ら調整することは困難である。そのような二、三の経済部門の間にある補完性は、決して過去の工業化の現象というわけではない。新しい技術も、しばしば調整の問題を生み出している。例えば、ＰＣの開発とブロードバンド接続の提供といったケースである。計画者による投資の中央管理は、そのような相互依存性が素早く確認され、構造的な狭隘が回避されることを保証する。

自己管理の経済システムの中心的な問題は、いかにして中央投資計画が実施されるのか、いかにして計画によって表現された国家の意思が企業の自律性と調和することができるのか、ということである。最も優れた提案は、すでに前章において反復型計画方法の構想における先駆者として紹介した政治経済学者オスカー・ランゲに帰着する。ランゲの提案では政府は企業の投資量を信用供与によって管理する。経済は、計画者により部門Sと地域Rに分けられる。各企業は、一つの部門と一つの地域に属する。そこで合計するとS×Rの部門と地域の可能な組み合わせがあるが、その際各組み合わせは、企業グループにまとめられる。計画者の課題は、各企業グループにとって所与の期間にある特定の民主的に決定された量の投資を導き出すことである。これを達成するために、計画者は、企業の投資性向と利子率の関係を活用する。すなわち、調達コストが低下する場合、つまり利子率が低下する場合、企業はより多く投資する。

そこでランゲは、企業に対する信用を、国営銀行ないしいくつかの州立銀行から供与することを提案する。各企業グループに対してグループ固有の金利が計画者から与えられ、それぞれのグループの企業は、その金利に応じて投資プロジェクトの資金調達を行うために、銀行から借り入れを行うことができる。

ミクロのレベルでも、個々の企業は、投資プロジェクトを自ら作り上げ、対する国営銀行は与信供与を決定し、また提供された融資の使用を監督する。企業が非常に強い資金調達力を持ち、投資全体を専ら自分の手元に留保する利潤から賄うことができるという想定外の場合を除いて、投資額は提供された貸し出しによって決定される。

企業が銀行から借りることのできる金利は、投資の意欲に影響を与える。金利が低くなればなるほど、それだけ企業にとって投資をすることが魅力的になる。企業グループに対し、計画者は、このグループ全体による資金需要が、計画者が想定する投資額を実現すると期待できる水準に達するまで、金利を変更する。その際計画者は、投資のどのくらいの割合が、企業の手元にある利益により資金調達されるかを推定しなければならない。銀行部門に対する国家管理により、また開示義務の履行により、この推定は決して過大な要求とはならない。このようにして計画者の目的は、企業の自律性を妨げることなく、比較的容易に実現できる。

経済的民主主義

投資の中央管理に加えて、経済システムのもう一つの特徴的な要素は、生産工場における民主化である。ここでの自己管理は、企業の権限が従業員の全体に基づいていることを意味している。労働者は、資本家にも官僚にも従属せず、自ら自分の具体的な生産活動とその成果物の使用を決定する。

自己管理企業の従業員は、平等な構成員として企業の運営に参加する、労働者の永続的な共同体を構築する。労働者の集団的決定が行われる具体的なプロセスには、様々な形式を想定することができる。中小企業では、多くの決定を基本的には民主主義的に全体集会で行うことができよう。大企業では、全体集会は戦略的に重要な問題のみを決定する。一般的に、全従業員は経営協議会委員を選出し、広範な決定権限を委譲する。

経営協議会委員の選出は、自己管理の中心的な重要事項である。なぜなら、経営協議会は、資本主義の株式会社の監査役会と同様な力を行使するからである。しかし経営協議会の選任は、〝一人一票〟という民主的な原理に従うのであって、株式会社の規則による〝一株一票〟ではない。しかしながら選挙権は、雇用のレベルに依存させられるかもしれない。例えば、パートタイムの従業員は一票として、正規雇用の従業員は二票として数えられるかもしれない。経営協議会は、取締役会を再び選出し、取締役会は会社の運営を委任される。

自己管理企業は、新しい投資、新しい生産プロセスの採用、そして新製品の商品化など全ての市場取引を自主的に決定する。企業は職務の専門性を判断する。企業は解雇と新規採用を決定する。企業は生産プロセスと労働組織を決定する。企業は職務の専門性を判断する。構成員は、ある仕事の提供に特化するのか、または肉体的労働と頭脳的労働を交互に行うローテーション方式にするのかどうかを決定することができる。

自己管理企業は、何がしかの税金を控除された後に残る独自の収入の使用を自主的に決定する。これは、特に企業構成員への支払いを決定することである。さらに企業の収入から供出される基金は、例えば従業員食堂や従業員の子供の保育のために使われる。また、企業収入の一部は留保され投資へ配分される。

どのようにして企業の構成員への報酬が、自己管理企業により決定されるのか？　この問題は、企業の報酬規則が社会全体の所得分配に影響するので、重要である。報酬規則には幅広い多様性が考えられる。一つの可能性は、企業の各従業員が、他の全ての従業員と全く同じ所得を受け取ることである。この場合は、時間給は存在せず、報酬は実行された労働の量にも質にも依存しない。あるいは、個々の従業員の労働時間をはかり、それにより報酬を支払うことが考えられる。もう一つの可能性は、時間給は、質の違いと働きに従って決められ、それに応じて従業員に賃金が支払われることである。また、企業がこの時間給を、例えば資本主義の近隣諸国から取り入れられた市場賃金に等しく設定することである。その場合従業員は、個々の市場における賃金と企業利潤の持ち分に対応する配当の合計から成り立つ支払いを受け取ることになる。後者の持ち分は、全ての従業員に対して同一であるかもしれない。しかし企業は、利潤を別の基準によって配当することもできるだろう。例えば、配当は個々の従業員の稼ぎとニーズに基づいているかもしれず、定期的に開かれる総会でこれについて申し合わせることができる。

いずれにせよ給与の決定は、従業員により集団的に決定される企業の内部的な事柄である。通常、企業における比較的質の低い従業員は、その企業の全従業員の中で多数を占める。したがって、全従業員のうちの多数派は、所得の強い均等化に賛成するだろう。このことは、とりわけ様々に異なる質の労働者が同じ労働時間に対してほぼ同じ所得を獲得することを意味する。

しかし、各企業は最も生産性の高い労働者をリクルートするために他の企業と競争状態にある。したがって、完全な平等を目指す企業は、他の企業が資質に従った報酬を提供するなら、質の高い労働者を雇い入れ働かせることが難しくなる。それゆえ、自己管理企業は、競争力を保つために、平等でない所得を支払わなければならないはずである。

そもそも自己管理企業は、生産物市場での競争に参加し、より高い生産性を持つ労働者がより強い交渉力を持つようになるにつれ、現実に従業員の報酬はそれぞれの生産性に基づくことが期待される。より良い資質の労働者は、より高い所得を目指し、所得は不平等に分配されるだろう。しかし資本主義と比較すると、この不平等は想像するより小さいだろう。これは一つには、今日の協同組合の経験により、また共同決定機関または強い企業内組合が賃金決定に影響するような企業の経験によって示唆されている。そのような制度では、明らかに企業内に不平等の圧縮された賃金構造を促進する。それ以上に強い効果は、自己管理の精度が高まることから期待される。もう一つには、自己管理企業の従業員が、その利潤に関与することにある。期待された通りに、この利潤はいくぶん均等に配分される。これは、企業の従業員にとってわずかな所得格差の拡大にしか繋がらない。

このシステムを特徴づける労働の世界の民主化は、資本主義的要請に対する中心的な批判を担っている。生産プロセスに関係する全ての人々による批判は、自己管理に基づいて労働組織、収益の分配、企業の戦略的開発に関する自分の希望と、提案を示すことが可能であり、内部的決定は、平等な基盤のもとで行うことができる。理想的には、この枠組みによって人々は、労働の世界をよりよく理解するようになる。その結果、人々はより自律的に行動し、より自覚的に生きることになる。

それにもかかわらず、企業の民主化は欠点を持っている。一般に意思決定プロセスへの民主的な参加と取締役会の決定を通じて迅速かつ柔軟に対応する企業の能力との間には、トレード・オフの関係が存在する。企業の民主化が完全になればなるほど、意思決定に必要な労力はますます大きくなる。職場における民主主義の過剰は、人々がそれに圧倒され、欲求不満と疲労感を持って反応するなら、いっそうネガティブに働くことになる。

自己管理システムを導入する場合、立法者はどこまで民主主義的決定ルールを企業のなかで認めるか、また民主化すべきかという難しい問題を判断しなければならない。立法者は、詳細な経営のルールを、しばしば企業の大きさに応じて規定すべきなのか、あるいは企業は自主的にルールを定めなければならないのか？　自分自身のルールの自由な選択、それに伴う職場の民主化の範囲に関する自由な選択は、共同決定の様々なルールを実験できるという利点があるかもしれない。さらに、個人は希望に応じて職場を探すことができるかもしれない。確かにこれは、資本主義のなかで社会主義化された人間が、職場の民主主義に比較的わずかな価値しか認めず、したがってそれを拒否するというリスクを秘めている。特に、企業におけるヒエラルキー的な意思決定構造によってより高い所得を獲得できる場合にはそうである。

第一の批判——不公平な所得分配

自己管理システムは、一見すると計画と市場の最良の結合と理解できるように見える。しかしより詳細に見ると、すぐに多くの構造的な欠点が見て取れるので、その判断には異議がある。個々の点はそれ自体で大きな欠陥ではないが、全てが集まると自己管理の魅力は大きく損なわれる。

最初の欠点は、資本主義の批判が懸念するものにまさに該当している。それは分配の正義である。この欠点は、自己管理のシステムにおける資本家——このシステムでは存在しないが——と労働者の間の分配ではなく、様々な企業に所属する労働者の間での分配についてである。

重要な公正の原理は、平等な者の平等な扱いである。それを理解するために、二人の仮説的な双子の兄弟を考えてみよう。彼らはそれまで同じように生活しており、二つの異なる企業において同じ仕事をする。両者が、同じ努力をする場合、彼らが同じ所得を得るのなら公平である。所得が等しくないことは、不公平に見える。自己管理システムの中心的な欠点は、この水平的な公平の棄損が極めて生じやすいことである。

計画経済と市場経済では、この問題にほとんど悩むことがない。そこでは我々の双子の兄弟は、同等に扱われる傾向があるだろう。純粋な計画経済において計画者は、全ての企業における労働者の消費規準を決定する。計画者が十分に情報を与えられていれば、水平的な公平に気を配ることが可能であり、その結果双子には、等しい所得が支給される。これに対して、市場経済において賃金は労働市場で決定される。この場合でも趨勢的には、水平的な公正は達成される。企業において同じ労働の支払いが他よりも低ければ、この企業で働くことを避けようとする。したがって労働市場の力は、趨勢的には双子の賃金を均等化する。これに対して自己管理システムにおいては、異なる企業の同じ労働のもとで我々に不公平な所得分配の発生を懸念させる固有の理由が三つ存在する。

第一の問題は、企業の資本設備にかかわるものである。今日、明日にも全ての資本主義企業において自己管理が整備される状況を考えてみよう。設備、機械、そして管理機構の価値は、その性質に従って多様である。一部の労働者は、高い資本集約度を持つ企業の構成員である。別の労働者はほとんど資本のない企業で働いている。資本集約度の高い企業で働く労働者は偶然に大規模な資本を引き継ぎ、多額の報酬を獲得できる。このような報酬の独占を防止するために国家は、全ての自己管理企業に対し資本財、特許、商標の使用許可の対価を支払うよう要求するはずである。

基本的に各企業は、引き継いだ設備に応じて、国家に支払いを行うが、そこでは一回限りの支払いの代わりに、金利と似たような、等価値の年々の支払いを取り決めることも可能である。問題は、自己管理の導入に際して、引き継がれた設備を具体的に決定することが、一般的に非常に難しいという点である。企業に固有の商品が問題とされるので、しばしば設備には市場価格は存在しない。直接的に過去から市場価格を得ることができる場合、それが資本主義的な条件のもとで生み出されたこと、そして自己管理システムにおいて同じ資源の価値が劇的に高かったり低かったりすることが考慮されなければならない。例えば贅沢品の価値は、大幅に下落するはずである。なぜなら贅沢は新しいシステムにおいてあざけられ、それゆえに贅沢品はより安く売られなければならないからである。

原則として、国家は企業の当初の資本価値を観察することはできない。引き継がれた資本の価格は、政府機関と労働協議会によって共同で決定される。結果は、交渉のスキルと経営協議会の政治的関係に依存して決まる。したがって企業が支払う価格は、多くの場合当初の資本が持つ実際の価値とは相違している。そこからだけでも、後まで残る様々に異なる企業の構成員間で所得の違いが生まれるはずである。

当初の設備が過少に評価された企業の労働者は、当初の設備が過大に評価された企業の労働者より高い所得を同じ仕事から得る。なぜなら、彼らは国家にほんのわずかしか支払わないからである。しかしそれ以降、この不公平な扱いを正すことは難しい。なぜなら国家には、企業の間で所得の違いが生じることが当初の評価の誤りや、当初の資本設備によって生じたのか、もしくは様々に異なる勤勉の度合いと技術のような他の要素によって引き起こされたのかを判断するために必要な情報が欠落しているからである。

同じ仕事に対する不公平な支払いの第二の原因は、上で述べた投資に連動するメカニズムに関係している。金利の違いが地域と経済部門に応じて生まれる。国営銀行により低い金利で借り入れが許された企業の労働者は、計画者の金利政策で不利益を被る企業の労働者以上に高い所得を得る。その理由は、労働者が自分の企業の利潤に参加しており、借り入れ金利が低下すると利潤は上昇するからである。この場合でも水平的な公平の棄損が生じる。

第三に、企業利潤の変動から補償されない所得の格差が結果として生じる。これは、売り上げと費用に関して不確実な条件にさらされることが原因である。資本主義において企業の所有者が変動の大きな部分を吸収する一方で、自己管理システムにおいてそれに応じた所得リスクを担うのは全ての従業員である。これは、資本主義において労働者の報酬の支払いは、通常事前に合意された賃金により決定される一方で、所有者の利潤は不確実なためである。これに対して自己管理システムにおける労働者の所得は、市場現象の浮き沈みに依存する利潤要因を含んでいる。偶然に市場で幸運を得た企業の構成員である労働者は、その場合、単に運の悪かった企業の経営に従事した労働者以上に多くを稼ぐのである。

第二の批判――不確実な所得

個人の所得と働いている企業の利潤との連結は、単に恣意的な不公平を引き起こすだけではない。それは、利用可能な所得が利潤の変動から直接的に影響を受ける労働者にとって、望ましくないリスクの引き受けをも条件づける結果となっている。これはさらなる自己管理システムの欠陥である。

資本主義的な市場経済においては、個人が自律した人として仕事をしたいか、または従属的に仕事をしたいかを自ら選択することができるので、リスク配分はより効率的である。必要とする資本にアクセスすることができるなら、リスクを恐れない個人は企業を設立する。それゆえ、彼らはリスクを嫌悪する人、また確実な収入のために働く人以上に、より多くの所得リスクを抱える。さらに貯蓄した個人は、その財産を各種の分野と世界の諸地域にある企業の株式から成り立つポートフォリオに投資することができる。ポートフォリオの構成をうまく選択すれば、投資リスクは軽減される。これに対して、自己管理型経済における労働者かつ貯蓄家は、全てを暗黙のうちに一つの〝株式〟に頼っている。それは従事している企業の利潤に対する請求権の獲得を意味する。したがって、投資リスクの分散がないだけではなく、それにより恐るべきリスクの塊になる。すなわち、個人は職を失い労働所得を失うと、同時に収益分配の形での財産所得を失う。したがって、自己管理型経済における個人は、最大の所得リスクによる影響を逃れることはできない。

労働者の所得における労働所得と財産所得の依存関係は、それが自分の企業の利潤に従属するという全くの偶然に基づくものだが、負債の発生によって国家の支援を求める声をあげさせることにもなる。おまけに国家は全ての企業の公的な所有者であるから、それも当然であろう。しかし国家が巻き込まれると、経済システム全体が危険な状態に陥る。それは、市場原理の完全な空洞化が差し迫っていることを示すものであり、一九六八年の改革以降ハンガリーの経済システムと関連して生じた事態と似ている。その場合、企業は白紙の補助金と隠れた援助への見込みがあるため、費用の削減や生産性の引き上げを行う代わりに、政治家や役人との特権的な関係の涵養に努力が捧げられるきっかけを与える。

第三の批判――わき道にそれた構造変化

自分の製品の市場価格が上昇すると、資本主義の企業は利潤をさらに増やそうとしてより多く生産するインセンティブを持つ。価格上昇が続くと期待するならば、企業は新しい労働者を雇う。価格が持続的に低下するなら、その反対が生じる。当初の稼働水準を維持することは、企業にとってもはや意味がない。経済における全ての製品価格の変化により生じた労働の再配分は、社会に生じた需要の変化を反映する。ある製品の市場価格が上昇すると、それはこの製品が社会にとってより価値あるものというシグナルである。すなわち、消費者は、より多くのお金をこの製品に払う用意があることを示している。これに対して価格低下は、消費者の需要が縮小したことを明らかにしている。これをまとめると以下のようになる。すなわち、ある価格が低下する製品から価格が上昇する製品への労働力の移動は、消費者の期待の変化に対応している。

これに対して自己管理のもとでは、企業の側で価格の変化に対して誤ったリアクションが生じる可能性がある。つまり価格が上昇すると、自己管理の企業は活動水準を低下させ、価格が下落すると、活動水準を引き上げる！

この逆説的行動モデルは、自己管理企業のみの市場が、社会的な需要の変化に対して、全く反対方向に反応する可能性があることを意味している。米国の経済学者ベン・ウォード(Ben Ward)は、このシステムの数理的な分析のなかでこれを見つけ、一九五八年に自己管理の驚くべき欠陥について最初に指摘をした。自己管理企業がとるこの誤った行動は、本質的に、従業員の合理的なエゴイズムを反映している。ウォードによる分析の結論は、以下のようにまとめられる。

自己管理企業は、観察された時点において同僚である個人の利益のために行動する。したがってその決定は、新しい雇用を含めて、圧倒的に**企業の構成員の一人当たり所得**を指向する。古い構成員がそれにより金銭的に改善されるなら、新しい構成員は、その限りにおいてのみ採用される。

企業が製品をより高い価格で販売できるなら、すでに投入されている企業の構成員が利益を得る。なぜなら同じ労働の投入において一人当たりの所得は上昇するからである。しかしそれだけではない。彼には、企業がもっと少ない人数であることを欲する傾向がある。なぜなら価格の上昇は予期せぬ金銭的収穫であり、各構成員は、構成員の数が減れば、それによりもっと多く受け取れるからである。これは、例えば企業が年齢またはその他の動機から企業を去る労働者が出たとき、その置き替えを止めることで実現される。その場合、企業の稼働水準の**低下**は価格の上昇に繋がる。

これに対して価格が低下する場合、分け前は減少するが、新しい構成員は歓迎される。低い価格では、少ない収益をより多くの仲間と分け合うにもかかわらず、すでに雇用された構成員をそれほど取り除くことはできない。より重要なのは、新しい仲間は企業の費用に関係するという事実である。例えば、対応する借り入れの金利や継承した資本設備に対する国家への支払いのようなものを考えれば明らかなように、各企業は、この経済においても資本財に対する費用を当然に負担する。強調すべきなのは、この費用が企業の構成員の数には関係なく生じることである。企業の構成員の数が増加するならば、この費用はより多くの人数に配分されるので、古い構成員の一人当たり所得は上昇する。それゆえ価格低下の結果として、**追加的な**構成員を採用することができるならば、それは歓迎される。

ウォードの発見は、自己管理システムの驚くべき欠陥を明らかにした。なぜなら、この行動様式は、なるほど個々の従業員にとって合理的であるが、経済全体の視点からは不合理だからである。その商品の価格が固定されているとき、社会的な需要が低下すると自己管理システムでは雇用と投下労働量は上昇する。これとは反対に、社会的な需要が上昇するなら、生産は低下する。それにより経済的資源は非効率に配分されるので、全く逆説的である。

面白いことに、ウォードにより指摘された企業のエゴイズムは、我々の経済システムにおいても、経済的に成功している協同組合のなかにその手掛かりが観察される。組合員の数を引き上げる代わりに、追加的な構成員を**賃金労働者として**雇用する傾向がある。さらなる発展は、しばしば協同形態の放棄と、資本主義的な会社への変容につながる。

協同組合と市場の成功との間にある緊張関係を示す実例としては、部分的にはすでに五〇年代に存在していたバスク地方のモンドラゴン(Mondragón)という組織が挙げられるが、それはたくさんの協同組合から構成されていた。これらの協同組合の市場における成功は、九〇年代の中葉に驚くべき拡大を遂げた。それは主として、資本主義的な企業とほとんど変わらない支店の設立形態に現れた。その結果、モンドラゴンの従業員の半分にも満たない人々だけが、実際の組合員であった。大多数は、いつかは協同組合の組合員になるという特別な機会も持たない、普通の賃金労働者であった。

第四の批判——不安定性と失業

価格変化に対する自己管理企業の独特の反応は、市場の不安定性と高失業率に繫がる可能性がある。実際、それはユーゴスラビアの経済において典型的であった。

この問題を明らかにするために、自己管理企業が二つの経済分野のいずれかで活動していると仮定しよう。一つの経済部門は需要が減少しつつある製品を生産しており、もう一つの分野では製品の需要はつねに拡大している。

製品価格が低下する部門の企業は、固定的な支出の一部を新しい構成員へ押しつけるために、構成員の数を引き上げようと試みる。他の部門の企業よりも少ない所得を提供するにもかかわらず、失業に際して新しい構成員を雇うことができる。なぜなら、人々は失業の継続よりも雇用を優先させるからである。この分野に属する全ての企業において雇用数が増えるので、この部門の生産能力の拡大は進む。しかしこの大きな生産量が販売できるためには、製品価格はさらに低下しなければならない。

そこで価格の累積的な減少と雇用の拡大により最終的にはいくつかの企業が生き延びられないという結果になる。継続的に価格が低下すると、企業構成員の一人当たり所得も低下し続けるので、ある時点からその企業で引き続き働くことの理由がもはやなくなることを意味する。したがって、いくつかの企業は閉鎖され、部門全体は急速に縮小する。この調整プロセスは、大きな変動を伴って進む。まず雇用量は増加し、それからあっという間に減少する。

一方、成長する需要に直面する経済分野においては、調整プロセスも不必要に費用がかかる。この部門に属する企業の構成員には、求職者を受け入れたり、価格上昇によって利益を得ようとするインセンティブはない。それ以上に引退した構成員を、他の労働者と置きかえる可能性はない。この企業は、既存の従業員によって可能な範囲で生産量を上げることに関心を持っている。例えば、従業員の残業や古い機械を新しいものと置きかえることにより、労働生産性は上昇する。しかし企業は、余剰を実現する傾向がある場合でさえ、その余剰は新しい構成員と分け合わなければならないので、新しい工場を建設するインセンティブを持たない。例えば、金融の余剰をうまくやり繰りする一〇〇人の構成員のいる企業が、最適な規模の設備を持っている場合、どこか別の場所に全く同じ設備を造り、それを動かす一〇〇人の新しい構成員を雇うことができるかもしれない。そのとき企業の余剰は、構成員の数とまさに同じく二倍になるだろうが、それでも昔の構成員の一人当たり所得は不変に留まる。したがってそのような投資の努力は、すでに存在している企業の構成員にとって利益にはならない。

個々の企業のこのような行動様式は、どのようにしたら自己管理システムにおける高い失業率を回避することができるのかという問題を提起する。明白な考えは、**労働の権利**を宣言することであり、それは構成員になりたい者全ての採用を企業に強制することであろう。この仮説は、とりわけオイゲン・デューリング(Eugen Dühring)とテオドール・ヘルツカ(Theodor Hertzka)の研究にさかのぼる。彼らは一九世紀に生産手段に対する自由なアクセス権についての普遍法を追求した知識人である。自己管理企業が彼らのもとで構成員になりたい者を誰も締め出してはならないなら、非自発的失業は存在しない。それ以上に、労働者の移動の自由は、企業間の所得の格差を解消する。労働者は、うまくやっている企業に流れ込み、その利潤に参加するため、様々な企業に属する労働者の間で所得の均等化をもたらす。

残念なのは、労働に対するこの法律が生産性に対して破壊的な効果をもたらすことである。つまり所得の改善が新しい構成員の到来により侵食されてしまうので、企業はいっそう収益を改善するというインセンティブを全く持てない。そして従業員の恒常的な入れ替わりは、生産過程における日々の組織化を極端に難しいものにする。それはクロポトキンにおける契約と同様である。

より有望な戦略は、一般の市民、市民社会の組織、とりわけ国家による新しい自己管理企業の、目的に合致した設立であろう。官庁は、どの部門で所得が高くかつ上昇しているのかを統計的に記録し、評価の高いスキルと地域の特性を考慮することで、優先的に新しい企業が生み出される部門を把握することができる。これにより政府は、社会的ニーズの進化に対してよりよく対応する構造的な発展を促すだろう。新しい企業の適切な設立は、失業率を低下させ所得格差を減少させる。政府が、積極的な労働市場政策を実施し、人々の職業間または地域間の流動性を促進するなら、失業の問題はいっそう緩和される。

しかしそれは、机上の空論である。実際には、このような目標を定める企業の設立は、国家とその他の潜在的な関係者に対しては、おそらく過大な要求だろう。新しい企業に何を生産させるべきかを正確に知るために、市場の状況と可能な生産要素の正確な知識が必要である。政府当局と純粋な市民が必要な知識を得ることは、現実的ではない。これは経済活動の中心にあるので、少なくとも当局は、銀行と綿密な連携をしなければならない。そして実際に銀行は、細かく観察してみると、自己管理システムの隠れた立役者として姿を現す。なぜなら、銀行は一見して期待できる以上に、より多くの権限を執行できるからである。次の、もう一つ残っている批判点は、この経済システムにおいて銀行の中心的な役割が際立っていることである。

第五の批判——誤った投資決定

この経済システムにおいて効率的な投資は、投資構造の中央計画と投資プロジェクトの企業による決定との組み合わせによって進められなければならない。しかしより詳細に検討すると、そこには並はずれた規制の努力と国家に忠実な銀行の努力によってのみ対処できる様々な問題が浮上してくる。

中央計画の実現は、部門と地域で様々に異なる差別化された金利の調整によって図られるが、この金利は投資プロジェクトに対する資金を調達するために企業が借り入れをする際に支払うものである。しかし差別化した金利においては、裁定取引の可能性が生まれる。金利の異なる二つの企業は、低い金利の企業が、二つの企業の総資金需要を満たす金額で国営銀行から借り入れを行うことに合意するというインセンティブを持つ。そして、より高い金利の企業に資金を融通することにより、企業は投資に関する中央計画に損害を与える。したがって貸し出しは、企業間で基本的に禁止されるか、あるいは供給者と顧客の間で進行中の取引に必要な範囲でのみ許可される。

これ以上に中央計画を損なう裁定取引の可能性を回避するために、企業と個人との間の貸し付け、特に企業の構成員との間の貸し付けは、禁止すべきである。この禁止措置を貫徹するために、国家による自己管理企業に対する集中的な監督が必要である。この監督は、企業に資金を貸し付ける銀行に移譲できる。これは、銀行がこのような監督を実際に実行するのかどうか、あるいはむしろ自己管理企業と秘密裏に協力するかどうかという問題を起こすだろう。

さらに差別化された金利を通じるメカニズムは、企業グループの中で、すなわち同じ地域の同じ経済分野の企業で、投資プロジェクトのネガティブな選択になりやすい。計画者の視点から見て、過剰に投資する企業グループを考えてみよう。この企業グループに対して、計画者は金利を引き上げる。

これは資金需要を減少させるので、信用供与は計画の目標を達成するより高い金利で行われる。金利の引き上げによって、投資プロジェクトの自己選択が行われたのである。若干のものは、もはや利益を生まないので延期された。しかし残念ながら、残っているプロジェクトは、最も高い収益を持つものではなく、むしろ最も高いリスクを持つものということが起こりうる。高い確率で損失をもたらすもの、わずかな確率で非常に高い収益を引き出す企業のプロジェクトが、高い金利のもとで開始される可能性がある。万が一成功した場合、企業は借り入れを返済し、その構成員は多額の収入を稼ぐことができる。これに対し、そのプロジェクトが失敗すると、企業は国家により救済されるので、個人的な状況は全く変わらないと、企業の構成員は期待することができる。そのため金利のメカニズムによってネガティブな選択が実行される。通常の利益が得られる相対的により確実なプロジェクトは資金調達されない一方、平均的にはわずかな収益しか生み出さないにもかかわらず、リスクの高いプロジェクトに資金が投入される。この誤った選択を防ぐために、再び銀行による投資プロジェクトの厳しい管理が必要となる。

自己管理は、企業の投資行動に関しておそらくもっと大きな危険を抱えている。企業の構成員は、その企業で働いている間だけ、投資の収益から利益を得る。企業の余剰を主に遠い将来において高めようとする投資は、その人がもはやその企業で働いていない場合には、彼らにとって興味の対象ではない。このことから、自己管理の企業は短期的投資を行う傾向があり、この歪みは従業員が年をとればとるほど、それだけ大きくなることがわかる。企業の構成員の多くが年金開始の直前になり、経営協議会を支配するようになると、投資のインセンティブは特に低くなる。経営協議会は、設備や機械の保守に対し資源を使わないことを決議するかもしれない。そのうえ彼らが退職するよりも前に、企業の構成員により高い配当を可能にするように、企業の資本設備の一部を売り払うかもしれない。それにより全く健全な企業が、崩壊に至ることもありうる。

したがって国家は、特別な規則によりこのような失敗を阻止しなければならないだろう。しかしこれは、言うほど簡単なことではない。例えば企業に対し、従業員構成を調和のとれた年齢構成にするように義務づけることができるかもしれない。だが構造的に衰退している企業にとっては、若く新しい構成員の採用を要求することはあまり意味がない。さらに企業の年齢構造は、一般的な人口統計の趨勢に依存している。漸進的な人口の高齢化が進む中で、高年齢の構成員の割合は全ての企業において増加する傾向がある。

国家はまた、企業に対して投資に使うことだけが許される準備金の用意を義務づける可能性がある。準備金の額は、いずれにせよ各企業の財務状況を考慮したものでなければならない。なぜなら損失を出した場合には、準備金を工面することができないからである。翻って、企業の財務状況はこれにより操作可能である。さらに国家は、企業が物的資本の一部を売却する場合は、当局によって認可を受けなければならないと命じるかもしれない。しかしこれは割高であり、また場合によってはあまり効果がない。なぜなら、当局には根拠のある決定を下すのに必要な知識が欠けているからである。

総じて、これらは多くの官僚的な支出と結びついており、企業の自律への重大な侵害となっているので個々のケースごとに公正に扱うことができない。よって、そのような状況において、政府はより安易な道を選択するだろう。監督は、さらに国営銀行へ移譲されるだろう。

したがって、国営銀行はこの代替システムにおいて中心的な役割を演じるに違いない。おそらく、共同体は最終的に自己管理の原則に従ったことで崩壊に直面し、その結果、各経営協議会に銀行の代理人が送り込まれて、公有財産である生産資本を監視するために、彼らに法外な権限が容認されることになる。監督を容易にするために、企業の数を比較的少数に保つかもしれない。しかしこれは、独占の形成へのリスクを高め、失業の問題を先鋭化させる。これにより調整の必要性はさらに高まる。

そこで国営銀行は、生産する企業の戦略的な指導に加わるが、これは自己管理の精神に反するし、民主的な管理からいっそう乖離することになる。しかしそれでも国営銀行は国家の一部であり、そのため国家により銀行の経営経済学的な計算を越えた課題を過剰に負わせられる。責任の範囲に関する不明瞭な定義、取引の悪名高い不透明さ、そしてとりわけ多額の現金を配分する権限は、政治家の欲望を呼び起こす。彼らは国営銀行の頭取を指名するので、おそらく個人的な結びつきを深め少数のエリートの手の中に、権力の集中をもたらすだろう。

今日まで資本主義における公的銀行をめぐって非難を受けた経験は、このような関係が全く楽観的ではないことを示している。

小括

自己管理の経済システムは、生産手段の公的所有、投資の中央計画、商品市場、ならびに企業の自己管理という四つの要素で特徴づけられる。このシステムは、資本の不足とソビエト型の計画経済を避けるために設計されたものである。しかし自己管理は、それ自体いくつかの深刻な重大な欠陥を抱えている。つまり雇用者の所得は不公平に分配され、予測変動にさらされる。非自発的失業は避けられない。生産要素の配分は、社会的なニーズの変化に適応せず、企業は効率的投資を実施しない。したがって、合理的な円滑さのある経済を約束可能なものにするためには、あまりにも多くの赤字が発生する。

そのような約束も、システマティックな誤った方向への展開のせいで長続きせず、この展開方向を修正するために政府は、アドホックな政策により介入することが予想される。したがって、自己管理システムが最終的には縁故主義の経済に退化するリスクは大きく、そこでは企業経営者と政治家や銀行家との個人的な関係が経済活動に対して決定的となる。

しかし我々は、ある種の新しい封建制度になってしまうという理由で社会的市場経済を廃止したいとは思わない。

したがって、代替的な経済システムの探究という理由で、次の章では、投資の中央計画と企業の自己管理という二つの要素を放棄することになる。すなわち諦めることである。最終的には、この制度は特定の目的を達成するための単なる手段である。投資の中央計画は、マクロ経済学的な安定性と構造的な発展の舵とりという目標を追求するためのものである。企業の自己管理によって、労働者はいくつかの活動の組織化が可能になる。この二つの目標は、確かに重要であるが、別の手段によっても達成することができる。第一の目標に対しては、金融－財政政策があり、産業政策と地域政策がある。第二の目標には、共同決定と被雇用者保護の制度が有効である。

これら全ての手段は、市場社会主義の代替的な経済システムに利用可能である。

第八章　市場と社会主義

市場社会主義は、資本家のいない市場経済である。生産手段の所有者は、国家である。企業は、経営者により運営され、市場に自律的に参加する。彼らが達成した利潤は国庫に流れ込み、自由に国家が利用できる。容易に思いつく使い途は、社会的な配当の形で市民に振り分けることである。各市民が銀行口座で定期的に国家から受け取る所得移転の支払いである。

市場社会主義の支持者は、社会主義の目標が中央計画によるよりも市場によってうまく達成されることを確信している自由な人生観を持った社会主義者である。全従業員の社会主義に対応した共同決定権によって、職場の民主主義が強化されることは、自由主義的な社会主義のビジョンに属する。しかし自己管理システムと違っているのは、企業の経営が国家に対して責任を持つことである。

市場社会主義は、社会主義運動の歴史において今日まで幸運に恵まれなかった。とりわけドイツにおいてその考えは、マルクス主義による酷評のもとに置かれた。ドイツにおいて市場社会主義の考えが普及することは全くなかったので、その結果この経済システムは、前の章で言及したオイゲン・デューリングと結びつくこととなった。なぜなら、彼の名前は、フリードリッヒ・エンゲルスの有名な書物である『反デューリング論』の題名それ自体によって知られているからである。それ以降、市場社会主義の考えは、長い間日蔭の存在になっていた。それにもかかわらず、市場において多元主義と個人の自由を高く評価し、機会の不公平さと資本主義の独占的な傾向に憤慨していた、自由主義的な重要な思想家たちに影響を与えた。

東側諸国が八〇年代の終わりに崩壊した時、市場社会主義の考えは一時的に復活した。一体何が計画経済に続くべきなのかという問いが出された時、市場社会主義の支持者は、市場社会主義の性能を確かめる機会を得た。彼らにより好まれた経済システムは、とりわけ企業はすでに共有財産であったので、所有権構造を変える必要からではなかったはずである。経済学においても、新古典派の〝主流〟の著名な経済学者のもとで、市場社会主義への支持は失われてはいなかった。しかし計画経済に直接影響を受けた人たちは、圧倒的多数でそれ以上の実験を望まず、最終的に西側において試されたモデルを希望し、おまけにできるだけ早い実現を期待した。そのため、実験は行われなかった。

計画経済から移行した別のものとして、中華人民共和国がある。そこから現代の新しい巨大な力が生まれた。一九七八年に起こった経済政策の転換は、事前に決められたモデルを目指すのではなく、むしろ現実的な成果を目指していた。中心的な課題は、経済の近代化と人民の貧困の緩和であった。この二つの目標を達成するために、計画経済とは別物であり、国民の需要をよりよく満足させられる方法を探すために、個人と組織に自由を与えた。現実には、急激な経済成長を進めた市場全体を実験することになった。確かに中国が市場社会主義を試みたと主張するのは誤っている。九〇年代の初めに至る最初の改革局面では、中央計画と市場が並行して存在する経済システムは複線的に運営された。その後、計画システムが捨てられ、〝社会主義的市場経済〟が宣言された。しかしこの経済システムは、決して市場社会主義に転換するはずはなかった。むしろ、地方自治体や公的機関の所有であった多くの公的な企業は民営化された。そこから徐々に中国の新しい資本家階級が形成された。マネー・エリートと党の独裁者――党の指導部は一部このマネー・エリートと交差する――は、市場社会主義者が望んでいるものとは全く対照的である。

市場社会主義の根拠

我々にとって関心のある市場社会主義は、民主的な政治のプロセスによって、可能な限り幅広い参加を伴う、資本家のいない市場経済である。そこで第一の問いは、次のようになる。つまり資本家を厄介払いすることにどんな利益があるのだろうか？　利益がなければ、経済システムにおいて根本的な変更を企画する必要はない。市場社会主義の支持者は以下の理由を持ち出す。

一、福祉の均等な分配

企業の利益は、少数の（貧しい？）人々に流れるのではなく国家財政を通じて全ての市民に流入するので、市場社会主義は、比較的均等な所得分配をもたらす。

さらに企業利潤の再配分は労働市場に影響を与え、それによって同時に多くの平等を生み出す。つまり社会的な配当のおかげで、全ての労働者は自分の労働力を売ることに依存しない収入を得ることになる。このことは特に低賃金労働者の状態を改善する。あまり技術のない者にとって、肉体的精神的に絞り尽くされる労働行為を拒否することが簡単にできるようになる。それとともに労働市場における交渉の立場は改善され、賃金格差は今日よりも小さくなる。

所得分配において最上位に来る弁護士、公証人、医者、芸術家、建築家、その他の自由業者では、収入が減少するだろう。今日、これらの職業上のスターたちは、資本家のために働いている。彼らの顧客は非常に裕福であり、その結果夢のような金額を請求することができる。市場社会主義では、自由業の人たちの中のスターたちは、顧客のために引き続き働くことが可能であるが、顧客はそれには今日ほど多くの金を使えない。したがって、彼らは平均的な所得のある顧客に対し働く同僚よりもそれほど多くは稼がないだろう。

二、分配闘争に対する少ない資源の浪費

大きな不公平を取り除くことによって、今日分配をめぐる紛争のなかで浪費されている資源は、別の用途に投入される。実例としては、金持ちと財務局の間の争い、税理士と脱税調査官の教育と彼らの仕事、タックスヘイブンにおける保管金庫、架空会社、そして基金の設定と維持、スキャンダルになった秘密の脱税CD-ROM〔ドイツ史上最大といわれる脱税事件の捜査で海外銀行の顧客リストが入ったCD-ROMをドイツ連邦情報局が入手した結果、タックスヘイブンを通じた脱税の実態が明らかになった〕の作成、会計係、事務所、事務員であり、それらがこの争いのなかに巻き込まれていた。これらに使われる資源の一部は、市場社会主義のもとでは不要となる。なぜなら、国庫からその所得を隠すために非常な努力を払う納税者は、少なくなるからである。同様のことが、離婚を調停するために、また盗難や誘拐犯から身を守るために、今日マネー・エリートによって消費される人的物的資源にも当てはま

る。これらの資源は、分配闘争のなかで使い果たされる代わりに、社会全体に役に立つように利用されるだろう。

三、より良い政治的な決定

市場社会主義において、お金は政治にあまり影響を与えないだろう。資本主義のような財産の集中がなければ、個人がメディアの大部分を支配するといった状況を簡単に回避できる。市場社会主義においては、新植民地主義的な戦争で大もうけをすることができるほどの力を持った階級は存在しない。個人的な〝リアリティ番組〟を演出するために、彼らの財産を使って指導的な政治事務所を買収することができる億万長者は存在しない。彼らは、マネー・エリートの個々の利害によってもはや運営されないから、政治的決定の質は改善される。

四、有意義な（意義ある）労働と消費

市場社会主義において生産現場の民主化は、今日以上に進展する。従業員はより多くの共同決定権を獲得し、被雇用者の権利を棄損したり、従業員の組織を妨害しようと試みる資本家は存在しない。社会的配当のおかげで、個人は職業ならびに職場の選択に際して、所得を目指す必要はあまりないに違いない。他の要素、例えば仕事そのもの、自己決定の程度、職場での民主的な仕組みの存在、そして同僚との関係が、前面に押し出される。

上述のような限度を越える消費の例でなければ、人は自分の消費にそれほど重要性を認めないだろ

う。彼らは体裁をあまり気にせず、消費に対してより賢い態度を受け入れる。彼らの価値観や社会的行動において、(〝どのようにしてか〟に注目することなく)〝お金を持つこと〟〝お金を作ること〟は、今日ほどの役割を果たさない。

市場社会主義企業の目標

しかし、市場社会主義が我々にここで主張されているような長所を手に入れることを可能にするためには、経済システムとして有用であること、すなわち、協働のテストと配分のテストに合格することが必要である。ここではそれらのテストを現実の経済システムを計る物差しとして使う。市場社会主義の場合、他の代替的経済システム以上に、テストの実施は簡単である。なぜなら、現在あるシステムとの本質的な違いは、企業の所有権〝のみに〟あるからである。すなわち、社会的な市場経済における私的所有権(私有権)と、市場社会主義における公的所有権(公有権)である。

したがって、市場社会主義の経済的な有用性にとって決定的なのは、まさに公的である企業の行動である。どのような基準に基づいて彼らは決定するのか、また期待通りに企業は行動するのか? これらの問題に対して、我々は以下かなりの間議論することになる。

前の章で示した自己管理についての重要な調整を思い出してみよう。各企業が自分の同僚の平均的な所得を最大化しようと試みるなら、市場システムは、資源の効率的な配分を実現しない。このような決定基準は、これに関して特別な法的予防措置が存在しない場合、市場社会主義の企業によって受け入れられるだろう。つまり市場社会主義の企業は、経営協議会によらず、公務員としての経営者によって運営される。しかし国家が企業の目標をあらかじめ与えないならば、経営者は全従業員の特別な利益を促進するために、彼らの圧力を受けることになる。したがって、経営者は賃金と給与を非常に高く設定し、その結果国家は投資した資本から投資収益を獲得できないだろう。それは企業の利己主義になるが、すでに自己管理の場合に直面していたものである。それにより広範囲にわたって近視眼的な投資と失業がもたらされるだろう。

それゆえ、国家は市場社会主義企業に明確な目標を提示すべきである。企業が効率的に行動するように、生産された商品の価値と使用された生産要素の価値との間の差、つまり利潤を最大化させるべきである。なぜなら、それにより経済的な余剰は最大化するはずだからである。したがって、**国家は市場社会主義企業に可能な限り高い利潤を目標とする任務を与えるべきである**。

しかし市場社会主義企業の目標は、次の四半期における利潤ではないはずである。なぜなら、この方向づけは、目標を短期的な決定へと誘導するからである。それは、目標の大きさとして利潤の最大化を与える場合、企業の全期間にわたる合計された利潤の現在価値を意味している。この現在価値は、適切な基準であるだけではない。なぜなら、長期的には国家に最大可能な収入を得させるからであり、それは再び市民に分配される。さらに重要なのは、企業の長期的な利益志向は、経済システムの配分の問題を解決するために決定的に役立つことである。

それは逆説的に聞こえるかもしれない。**社会的に**望ましい成果を達成するために、各企業は**自分の**利潤だけを見なければならない！　しかしそれは、経済学の創始者であるアダム・スミスがすでに一八世紀に、どのような理由によって競争的市場において個々の利潤最大化の目的が社会に広く利益をもたらすことができるのかを説明していたものと同じである。彼の有名なメタファーによれば、生産者のこの所有欲が、市場競争の〝見えざる手〟によって制御され、消費者のサービスの中に入り込んでいる。つまり利潤を高めるために、企業は、より節約して生産するか、または製品の質を改善することを試みなければならない。この努力から最終的に消費者は、高い価値の商品をより低い価格で購入するという形で得をする。

利潤は、国家に、そして国家を通じて全ての人に分配されるので、市場社会主義における強欲な生産者について語ることはできない。しかし利潤の最大化の帰結は、実際にアダム・スミスによって書かれたもののはずである。

利潤の追求と効率性

この一五〇年を越えて、経済学者は見えざる手のメタファーを精密に形式化し、非常に細かな部分まで研究した。彼らの研究から、一方において、複雑な経済の調整メカニズムとして市場の有効性に関する基本的な確認が生まれた。他方において、見えざる手の限界は認識され、**市場の失敗の理論**に体系化された。この理論は、共同体が企業の利潤追求に任せることができない状況を明らかにしている。

市場の失敗の理論によれば、以下の三つのうち少なくとも一つの要素が重要である場合、最大利潤の追求は、効率的な市場の結果に全く到達しない。供給者間の競争の欠如、外部効果の存在、そして情報の非対称性である。

最初のケースは、競争の程度に関係する。独占において、また企業間のカルテル協定によって、競争の懲罰的な効果が欠けていると、供給者の利潤最大化は非効率的な結果を引き起こす。適正水準以上に価格を引き上げることで、独占者は製品の人為的な隘路を生み出す。イノベーションに心を煩わせる代わりに、時代遅れの方法で操業し、製品の多様化への変更は遅れる。活発な市場競争を伴わないので、企業の利潤最大化は社会の残りの人たちに負担を強いることになる。

したがって、競争する供給者の共存に費用がかさむか、全く競争が不可能であるような生存に必要なもの（ガス、水道、ごみ処理等々）の分野において、国家は規制によって介入し、供給者による利潤最大化に任せることはない。参入障壁が高く、わずかな企業しか市場に参加しない分野では、国家は価格協定の禁止のような競争政策の道具を使って、競争を促進しなければならない。

利潤を目的とした経済活動が効率的な資源配分をもたらさない第二のケースは、生産や消費におけるいわゆる**外部効果**が関係しているケースである。古典的な事例は、生産過程プロセスにおいて発生する有害物質の排出である。経済的な視点から見た環境財の効率的な使用には、より良い環境の質がもたらす便益と排出削減の費用との間で比較考量を行うことが要求される。利潤を最大化しようとする企業は、自ら有害物質の排出削減を実行するインセンティブを全く持っていないので、市場の結果は非効率となる。

外部効果が存在する場合、国家は企業の利潤最大化行動によって発生する外部効果を内部化し、非効率性を除去するために様々な道具を使用する。例えば環境汚染の場合、排出される有害物質への課税は、企業に対して環境に優しい生産を行う気にさせることができる。

第三の利潤最大化に関する制約は、市場で扱われる全ての商品とサービスの質について十分な透明性がなくてはならないことである。見えざる手のメカニズムは、売り手から実際に受け取るものを買い手が知る場合にのみ機能することができる。そうでなければ、売り手は、買い手の無知を利用して粗悪な製品、または買い手が本来的に必要でないものを売ろうとする。例えば、あまり金融知識がない家計によって購入された私的年金にかかわる透明性を考えると良い。家計は多くの金融商品について十分な知識が欠けている。

買い手と売り手の間に存在するこのような**情報の非対称性**は、信頼を徐々に弱らせ、そして多くの誤った配分を行わせる。この危険は、おそらく医療行為おいて最も大きい。そこでは非対称性は非常に大きく、サービスの提供者（医者）は、需要（患者）を多かれ少なかれ一人で決定する。医療の分野においてレッセ・フェールは希な現象であるというのは、驚くに値しない。

貪欲な供給者が情報の優位性を利用して利益を得ようとする問題は、国家の介入を経済的に正当なものとする。そのため介入は、公衆衛生制度においてのみならず、教育制度、保険制度そして信用制度においても実施される。さらに、被雇用者保護と消費者保護がなぜ必要とされるのかも情報の非対称性によって説明される。

独占、外部効果、情報の非対称性は、市場社会主義においても発生するだろう。これらの現象は、カルテルの禁止、営業税などの形式における国家の規制や介入のみならず、人々が希望する商品とサービスを提供する協会や基金のような私的な、あるいは公的な**非営利団体**の存在を正当化する。例えば非対称情報のもとで利潤追求を放棄することは、顧客に信頼を目覚めさせる。なぜなら、供給者はそれにより人々を騙したり、または無視したりする欲求が弱められるからである。この信用の価値は、病院や保育園のような分野で今日、非営利目的の供給者が拡大している理由となっている。

多様な供給者が存在する構造は、消費者の視点からだけではなく、被雇用者の視点で見ても有益である。利潤を最大化する企業は、自己の内部組織と顧客に対する関係をこの目的に従属させる。多くの人々はそのような企業で働きたいとは思わない。非営利組織は、企業の利潤とは異なる利用者のニーズに焦点をあてた仕事を提供する。

市場社会主義企業vs社会的市場経済

市場社会主義企業が、実際に利潤を最大化すると仮定すれば、資本主義企業と同じくらいの効率性を達成するだろう。したがって、市場社会主義はわずかな人の手に所得が集中することで生じる様々な否定的な結果を除去するという利点を持っているので、社会的市場経済に対する魅力ある代替システムとなっている。

しかしながら、それは、上記の仮定が実際に正しいと自明のように考えることはできない。資本家は、企業利潤を自分のものにし、利潤を最大化したいと思っていることは納得がいく。しかし市場社会主義企業の経営は、国家の指導下にあるので、高い利潤を達成することはない。なるほど国家は、指導によって企業の利潤を最大化すると経営者に宣誓させることはできるだろうが、彼らが本当にそれを守っているかどうかを事後的に確認することは事実上不可能である。基本的に我々は、ここでアローとハーヴィッツの反復計画法のように、企業に関する類似の情報問題に出会うのである。問題の解決は、最終的に市場社会主義が極めて重要な選択肢であるのかどうかにかかっている。

市場社会主義において利潤最大化を実現できるかという基本的な問題は、公務員化した経営者の義務感に訴えることによって解決できると、簡単に答えることはできない。この義務感だけに頼ることは不可能だろう。人間である限り、市場社会主義企業の経営者を利潤最大化に向かわせるよう鼓舞するためには、適切なインセンティブ・メカニズムが必要とされる。

さて社会的市場経済もこれらの困難に直面するとの異議が唱えられるかもしれない。なぜなら非常に多くの私的企業は、その所有者によってではなく、むしろ有給の経営者によって運営されているからである。市場社会主義では、今日、資本家が経営者に企業利潤の最大化を実現するために用いているのと同じインセンティブを単純に使用することはできないだろうか?

資本主義における所有権のコントロール

このインセンティブ方法についてはすぐに詳細に論じよう。しかしまず、今日の資本主義では、多くの企業は、利潤最大化に対して直接的な個人的関心を持つ所有者によって運営されていることを強調しておくのが大切である。したがって、経営者が率いる企業は所有者が率いる企業との競争状態にあり、この競争は企業を規律づける上で効果を発揮する。競争の程度が高い場合、経営者が率いる企業は、所有者が率いる競争相手が提供するより高い価格で、またはより低い質で、供給することはできない。そのような企業は、間もなく買い手から見放され、顧客を失うだろう。したがって、この競争は最終的に、所有者によって率いられていない企業に、破産するか、または他の人と同じように行動して利潤を最大化するよう強いる。

しかしある分野には、他の企業の経営者に圧力をかけるような所有者が率いる企業はないかもしれない。例えば、ある定められた規模の利益を利用できるためには、その企業規模にならなければならない場合がある。加えて、市場参入障壁は、特許の所有に起因する可能性がある。しかし外部からの比較的弱い圧力にもかかわらず、指名された経営者は、一般的に所有者の指図を遂行し、現実にできるだけ高い企業利潤を達成しようとしていると思われる。どうしてなのだろうか？

経営者の訓練方法

企業利潤の最大化に専念させることを経営者に動機づけるために、企業を自ら経営しない資本家は、四つの主要な手段を使う。一番目は、**専門的管理職の労働市場**である。自分の同朋を企業の経費で豊かにしようと意思決定権を濫用する上級管理職には、不正が発見され悪い評判を立てられて解雇されるという危険が伴う。とりわけ若い経営幹部にとって労働市場は、所有者に忠実に振る舞うという重要な動機づけを与える場である。

第二の手段は、経営者を企業価値の最大化へ駆り立てる、**奨励金**の支払いである。経営者は、固定給の代わりに成果に応じて報酬を受け取る。例えば前もって合意した目標を達成した場合、ボーナスを受け取る。綿密に選ばれた成果基準は、ここでは有効なインセンティブ効果を呼び起こすことができる。

第三に、**資金の貸し手による監督**、とりわけメイン・バンクによる監督が、重要な役割を果たす。

銀行が企業に多額の貸し付けを行う場合、この資金が投じられ、その結果融資の返済が危険にさらされるような方法で資金が使われると、時機を失しないで介入できるように経営者をしっかり監督しようとする。目標が、企業所有者のものとは一致しないにもかかわらず、この監督は経営者による資金の悪用を制限することに役に立つ。

第四の、経営者を規律に服させるメカニズムは、**株式市場**である。株価は、それぞれの企業に関して投資家が持つ収益に対する期待をシグナルとして送る傾向がある。理想的な条件のもとで、株価は、企業の持ち分に応じた所有権から発生する将来支払いの現在価値に対して、市場で形成される期待に適合する。企業の期待される収益を高めるように経営者が行動するならば、投資家はより多くの収益を株式から期待することができ、それゆえより強く需要されるので、株価は上昇する。しかし株式市場がうまくいかない場合、経営陣が役に立たない事業モデルを追いかけている可能性があるとのシグナルとなる。その結果、所有者は経営者の責任を問うことができる。

したがって、株式市場は、時宜を得たシグナル効果により経営者の規律づけに役に立つ。株価の情報内容は、経営者の報酬支払いがしばしば企業の株式の成果に結びつけられている理由を説明する。例えば、企業は経営者にストック・オプション・プログラムを提供する。これによって自分の企業の株式が上昇する場合、経営者が多額の報酬を得ることができる。

さらに、経営者の経営能力の低下は、株式市場を通じて企業の敵対的買収に至る可能性がある。これは外部の投資家、ないし〝企業乗っ取り屋〟が、企業の株式を株主総会で過半数に達するまで買い入れることを意味している。それにより管理する所有者として、以前の経営陣を追放し、新しい経営者を選択することによって、企業の収益性を高めることができる。そのような敵対的買収は希ではあるが、その恐れから経営陣は、企業価値の最大化に断固たる意志を持って貢献しようとする。つまり、より高い企業価値はより高い株価に反映され、敵対的買収の遂行を困難にする。

株式市場の重要な役割

この短い概説は、社会的市場経済における資本家のインセンティブが、市場社会主義の国家にも使用可能かどうかという問いに答えるために必要である。雇用者がただ一人であっても、つまり国家であるとしても、熟練労働者の労働市場は、市場社会主義においても存在するだろう。インセンティブ報酬によって、市場社会主義企業の経営者を働かせることができるだろう。同様に信用供与者は、市場社会主義において監督機能を引き受けることができる。四つのインセンティブのなかで市場社会主義に提供されないただ一つのものは、株式市場であると思われる。そうすると市場社会主義の支持者は、四分の三の割合で正しいのだろうか？

残念ながらそれは違う。なぜならそこに欠けている、インセンティブを提供する株式市場は明らかに必要であり、それにより他の三つのインセンティブがうまく機能するからである。これが最近の〝コーポレート・ガバナンス（企業統治）〟の分析における中心的な見方である。

重要な役割が株式市場にあると言えるのかどうかは、明らかではない。特に資本主義の批判者は、多くの場合株式市場に共感を抱いていない。したがって、このテーゼは明らかに重要な理由づけを与える必要がある。そのような理由づけをここで提供したい。

一見すると、経営を監督することは、比較的簡単な事柄と思えるかもしれない。所有者は、経営者がよく働いているかどうかを理解するために、企業利潤がどのくらい高いのかのみを見なければならない。市場社会主義の国家のように、企業の日常業務にかかわっていない所有者は、経営者への報酬を企業の金銭上の成果に対応させることができるかもしれない。しかし、これは問題である。

なぜなのか？

企業の現在の利潤は、経営陣が長年行ってきた投資の決定に本質的に依存している。それゆえ今日の利潤は、過去において経営陣が正しいビジネス・モデルを選択していたかどうか、適切な人材を投入したかどうか、そして例えば研究・開発において、適切な投資を行ったかどうかにかかっている。この経営上の決定は、企業利潤に何年も経って反映される。さらに現在の利潤は、世界経済の景気のような偶然的な要素にも依存している。したがって、年間利益は同年の経営の質に対する指標ではなく、過去の経営の質に対する指標である。

所有者が経営者の質を現在の利益によって評価するなら、経営者は長期的な利潤を犠牲にして、短期的な利潤を高める戦略を操るインセンティブを持つだろう。例えば彼は、もちろん原則的には、利潤が比較的大きな遅れを伴うような有意義な投資を行うことを怠るだろう。経営者が企業を去った後でも、業務執行の長期的な効果を考慮するように、引き続き企業の利益に従って報酬を支払うことは可能である。しかし経営者は、その間に死亡するかもしれず、また高齢になって特定の消費活動の可能性を失うので、たくさんのお金を使うことにあまり関心を持たないかもしれない。さらに企業が倒産するか、前任の経営者が退職した後しばらくの間、意図的に低い利益を開示することにより、彼を冷遇するかもしれない。

同様のインセンティブの不足は、例えば市場占有率や販売額の上昇のような、企業に対するほかの指標の利用を示唆する。それは、同じように実際の経営の質に関する信頼できる指標ではなく、期待するインセンティブを引き起こすための指標とは一致しない。

したがって、うまく機能する株式市場がなければ、外部にいる所有者がその時点で経営の質に関して重要な判断を下すことは、ほとんど不可能である。このことは、まさに株式市場なくして、最適なインセンティブを創出する報酬モデルを開発することはほとんどできないことを意味している。同じことは、評判によるインセンティブ効果にもあてはまる。これは、機能する株式市場によって準備された、むしろあいまいな物差しである。しかし機能する株式市場が存在しなければ、それは単にゆっくりと構築されるだけで、ほとんど影響を受けないだろう。

原則的に信用機関による経営者の監督は、企業の長期的なパフォーマンスを高める手助けとなる。日本やドイツのような国において、メイン・バンクの監査は、おおよそ九〇年代の初めまで〝コーポレート・ガバナンス〟において中心的な役割を果たしていた。メイン・バンクは、企業に必要とされる資金の最大部分を手当てし、企業に長期的に、理想的には全生涯にわたって付き添ってゆく。銀行は、そうした状況のなかで融資が返済されないというリスクを回避するために、経営を監督することに関心を持っている。そうしたリスクの兆候がある場合、銀行は介入する。大きな運営の失敗の際には経営陣を取り換え、企業を再び正常化させることさえ行うことができる。

しかしこの管理メカニズムは、銀行自らが深刻なガバナンスの問題を抱えているので壊れやすい。

いくつかの理由から、銀行の経営陣はこれらのリスクに細心の注意を払わず、企業が希望する借り入れに応じる可能性がある。最良の場合、企業の経営者はこうした融資によって事業の拡大を図り、名声を高めることができるが、企業の収益性に負担をかける結果になる。しかし最悪の場合、企業の投資の失敗は膨大な損失をもたらし、メイン・バンクも同様に巻き添えを食う。

日本は、メイン・バンクによる監督の不十分さに関して警告を発するべき実例である。日本では八〇年代の後半において放漫な企業金融を実施したため、日本経済が今日に至るまで負担を抱え込むことになった九〇年代の激しい金融危機を引き起こした。このような経済危機のなかで日本の失われた二〇年が語られる。

そこで株式市場の重大な役割にたどり着く。株式市場のシグナル効果、そして敵対的買収の脅威のせいだけではなく、他の三つのメカニズムの作用、すなわち、インセンティブ報酬、経営者の労働市場、メイン・バンクの機能が高まるからである。こうして経営者の報酬は、株価に結びつけられ、その動向が市場と与信者に経営の質を伝える。

しかし、株式市場は全く完全な情報源ではない。それは、投機的バブルの嵐に対して抵抗力はなく、インサイダー情報によって操ることができる。インサイダー情報により操作されることは、上場した企業経営者が定期的に巻き込まれるたくさんのスキャンダルに示されている。ここから、株価がいつでもどこでも企業の基本的な価値に合致しているという新自由主義的な主張は信念であって、学問上の結論ではないことがわかる。

株式市場によって伝えられる経営の質に関するシグナルは、不正確であり、また読み取り難い。株価の変動に際して、経営者が引き起こしたものと、業界固有のもの、もしくは株価の要因によって引き起こされたものをふるいにかけなければならない。株価の変動が大きく流動性が高い場合には、株式市場の信頼性は改善される傾向にある。しかしこの場合でも、透明性を高め、悪用が罰せられることを保証する規則に従わなければならない。十分な流動性と効果的な監督によって、株式市場は大企業の経営の規律を高め、富の創出に貢献することができるはずである。

市場社会主義の企業含意

市場社会主義の企業経営者が利潤最大化を誓い、良心に訴える場合でも、確かにそれだけでは十分ではないだろう。適切な物質的インセンティブを付け加えなければならない。しかし経営者が現在の利益に関与することは、むしろ逆効果を生む。それは近視眼的行動を促し、〝粉飾的な会計〟を生み出させるだろう。これらは市場社会主義において他の経営者や、政府の役人によって設定されるので、経営者の労働市場においても役に立つとは期待できない。つまり企業は、利潤最大化に本来備わった関心を持たない個人によって経営されているからである。企業は国営銀行による管理のもとにとどまるが、そこではまた懐疑的なことが起こる。政治家や銀行員は命取りになる悲惨な感覚を身に付けやすいことはすでに前の章で論じた。

こうした理由で、市場社会主義の伝統的なモデルに対する私の結論は悲観的である。このような経済システムには、移行期以前からのハンガリーやユーゴスラビアの混合システムを通じて知られているように、縁故主義と停滞を生むという大きなリスクがあると思われる。

第九章　株式市場社会主義

伝統的な市場社会主義の構想では、役者が不足しているように見える。その役者とは、現在のシステムにおいて資本主義の役割を引き受ける、つまり経営者にやる気を起こさせ効率的に経営させる役者である。役者不足は、市場社会主義の魅力を著しく低下させる大きな欠陥である。しかし伝統的な構想は、市場社会主義の最終形ではない。すなわち、まさにこのインセンティブ問題を解決するために構想された新しい計画が存在する。それらは全て、公有財産の株式市場が形成可能であり、市場社会主義における経営者に、企業利潤を最大化するインセンティブを与えることに大いに貢献できる、という注目に値する考えに基づいて構築されている。

したがって、以下に続く我々の旅では、**株式市場社会主義**の新しいタイプに属する三つの経済システムに出会うことになる。市場社会主義の企業は、それぞれのシステムにおいて、株式会社法の一般的なルールに従う上場された株式会社である。第一の経済システムでは、公有財産は国家が各株式会社の資産の絶対多数、例えば七五％を単純に所有していることに限定される。第二のシステムでは、個人的な株式所有は完全に廃止される。そのために株式資産は、市場で株式を扱う多数の自律した自治体や市町村に委ねられる。第三の経済システムでは、株式は個人の所有ではあるが、資本主義的な王朝をつくることができないように、株式に関する財産権は均等化されている。

〝社会主義化された株式市場〟がうまく機能するなら、国営企業の経営者に対する別の教育手段、すなわち評判、インセンティブ報酬、そして与信者による監査もうまく機能する。なぜなら、これまでの考察から導き出せるように、賢く規制された株式市場は、現在の経営の質について価値あるシグナルを発生させるからである。最終的に企業は〝株主価値〟を志向し、効率的に生産を行う。それゆえ、市場社会主義においては地域社会全体が〝シェアホルダー〟、つまり株主である。

株式市場社会主義は、伝統的な市場社会主義や自己管理システムと比べて、多くの利点を持っていることが明らかになる。それは企業に取引リスクの一部を移転することに役立つ。企業は、株式を発行して資金調達する場合、株主は利潤だけでなく企業の損失にも関与するので、担うリスクはより少なくなる。固定した将来の返済を条件とする借り入れとは異なり、企業は一時的に困難に陥るような場合には、配当金を支払う必要はない。したがって、投資家への返済に対する支払いを実行するために、すぐに賃金をカットし、労働時間を長期化しなければならないといった事態を回避することが可能となる。

この章で示される三つの株式市場社会主義の変種は、小さな私企業でも可能である。これについては、本章の最後で扱う。はじめにこの経済システムにおける市場社会主義の本来的な部門に議論を集中しよう。

第一の変種――X％市場社会主義

株式市場の有用なシグナルを市場社会主義のなかで発生させる最も単純な方法は、国営企業の部分的な民営化である。したがって、株式市場社会主義の変種として、企業の株式資本のX％が直接的に国家に所有されていると考えることができる。これに対応する株式は市場では取引されず、国庫に保蔵される。これに対して（一〇〇－X）％という残りの部分の株式は自由に取引されることになる。国家に所有されている資本の割合を表す数字Xは、百分比で五一から九九の間にあり、国家は各企業の株主総会で過半数以上の議決権を持っているので、支配権を行使し管理することができる。

筆頭株主としての国家の相対的な重要性は、それ以降何年にもわたり、全ての企業において変わらずに維持されなければならない。この数字Xが法的にはっきりと定められていることは意味がある。例えば各上場企業の自己資本が七五％国家所有であると定めることができる。その場合、株式市場の参加者は残りの二五％を所有する。

株式市場で取引する投資家は、個人、企業、銀行、基金、年金ファンドであろう。彼らは、今日と同様にできるだけ高い確実な収入を得るために、株式を売買するだろう。したがって、株価の変動は様々な企業の将来の収益に対する市場の期待を反映する。この情報は国家によって、企業の経営者を規律に服させるために、ストック・オプション・プログラムなどを通じて利用される。

市場社会主義の伝統的な構想とは違い、この変種においては企業利潤の一部を個人投資家が受け取る。それは、生産部門の効率を保証するための価格である。全ての株主総会において国家は議決権の過半数以上を持っているから、確かに企業の管理には私的な投資家を排除したままである。したがって、経済力によって政治的な意思決定を支配する資本家階級を形成することは困難である。

企業が投資資金を調達するために新しい株式を発行する場合、共有財産の比率を不変に保つように、X%ルールを守らなければならない。したがって増資のために一〇〇の新しい株式を発行する場合、ここでも例えば二五が市場を通じて発行され、七五は国家によって市場価格で購入される。このような方法は公的な財政負担を伴うので、大きな株式発行は前もって国家の主務官庁から許可を得なければならない。X%ルールは、株式の買い戻しによる減資の場合にも、同様に適用されなければならない。

新しい企業は、この経済システムにおいて国家や既存の市場社会主義企業により設立することが可能である。国家によって設立された企業は、一定の期間内に上場されなければならない。その場合、国家は合意された憲法上のルールを守るために、(一〇〇－X)%の株式を売却しなければならない。市場社会主義企業による設立の場合、親会社はX%まで共有財産であるという意味で、X%の要求はすでに満たされている。もちろん、新しい企業は必ずしも上場される必要はない。

国家の参加と政治的介入

企業の株式資本に対する国家の参加は、もとより新しいものではない。ドイツでは、フォルクスワーゲンやドイツ・テレコムのような企業を考えればよい。実際には、少なからぬケースでこの参加は機能したが、機能しなかったケースもある。後者の場合、典型的には政府が企業の運営に介入し、支配下の企業は党の政治的目標を達成するために悪用された。

国家の参加によってもたらされた著しく危険性の高い例は、当時、産業持ち株会社であったイタリアのＩＲＩ（産業復興公社、一九三三年設立）のケースである。まず初めにこの巨大な国営企業は、国営重工業の設立や戦後のイタリアの再建を支援した。しかしその結果、ＩＲＩは政権与党によってイタリア南部地方メッツォジョルノの開発政策を口実として、有権者にサービスを提供するために悪用された。無駄な投資は積み上がり、財政赤字、そして国家の補助金は尽きることなく増加した。ＩＲＩに対してイタリアの納税者は長期にわたり大散財しなければならず、欧州委員会の高まる圧力によって、ＩＲＩは次第に表舞台から姿を消した。

これに対して、興味深い逆の例がフィンランドにある。ＩＲＩが終焉を迎えたのと同じ時期に、フィンランド政府は成功裏に国内の産業のほぼ五分の一を支配下に収めた。国営企業は利潤を追求し、国の技術革新に寄与した。今日でもフィンランドの産業は、イノベーションの実行と生産性において世界の頂点にある。フィンランドにおいても、多数の国営企業がこの二〇年間に私有化されたことは、経済的な理由よりもむしろ政治的な理由によって説明される。

ＩＲＩのような実例は、株式市場社会主義におけるＸ％方式の中に政治的な介入の驚くべきリスクが隠れていることを示唆している。というのも、政府はこの経済システムにおいて全ての企業の筆頭株主であるからである。企業のささやかな歓心を買うために、政府が導入できる非常に多くの響きのいい理由が存在する。それは、政府が〝例外的に〟経営経済学的な計算から離れることを要求する。つまり〝失業、環境、平等な権利、技術開発などのために、何かを行え〟というのである。

企業取引への政治的介入の問題は、表向きの崇高な目標の裏にしばしば政治家の利己的な動機が潜んでいることだけにあるのではない。介入が基本的に善意であっても、地域社会がそこから何のメリットも生み出さないかもしれないことは予想できる。なぜなら、政治家はどのようにして社会の個別企業が最もよく活動できるかを、一般には知らないからである。

政治的な介入が差し止められない場合、この経済システムは最終的に個々の政治家と経営者との間に相反するもつれた義務の連鎖を作り出すだろうし、市場のダイナミズムを窒息させるような経営者は、もはや経済的な収支計算の実行や企業の意思決定に責任を負わず、彼らにとって重要である政治家との良好な関係を維持するように努めることになる。

集団的な株主としての独立した制度

それゆえ、株式市場社会主義のX％変種では、集団的な機関投資家としての地域社会の利益を代表し、企業を政府の干渉欲求から守る公的機関が存在しなければならない。それは**連邦株主**と呼べるだろう。連邦株主は、上場企業に投資された資本を信託財産として管理することができる。この機関の中心的な任務は、従業員を通じて、株主権に基づき国家の投資した資本が長期的に可能な限り高い利回りを生み出すよう監督することである。全ての企業に対し筆頭株主の力を備えている公的機関の目的は、様々な利益を分かち合うのではなく、むしろ最終的に集団的〝株主価値〟を最大化することにある。このような明白に定式化された目標こそ、彼らのミッションである。

連邦株主は、監査役会における代表者によって企業のトップ・マネジメントの選任と解任を行い、労働契約の立案に参加し、経営者に企業の戦略的な方針について助言を与え、企業ができるだけ利潤を上げるために運営されるように監視する。

企業がより大きな利益が上がるように運営されればされるほど、それだけ公的な財政への資金流入が増えるので、この機関の成果は市場社会主義企業の国家予算への貢献によって測定される。そこから国全体は利益を得る。すなわち、租税の引き下げ、交通機関とインフラの質的水準の向上、教育や医療制度の改善を実現することができる。

連邦株主は、投資した資本の長期的な収益を志向しなければならない。したがって、この機関は近視眼的な政治的動機から守られる必要がある。その独立性は、憲法上の保護によって強化されるべきである。この機関のリーダーは、政党政治を担う人物ではなく、公共の福祉に義務感を感じる独立した専門家から採用されなければならない。この機関は、ドイツの連邦銀行もしくは連邦会計監査院のように、政府に対して実質的に独立した扱いを受けなければならない。連邦銀行の場合と同様に、連邦株主機構には明確に定められた責務がある。連邦銀行のミッションは、当時は物価安定の維持であった(今日、欧州中央銀行がその責任を負っている)。連邦株主機構にとっては、集団的〝株主価値〟の最大化〔がミッション〕であろう。この責務は利回り目標として表現され、二年ごとに新たに議会または住民投票によって決定される。

この機関は、幅広い集団的な利益を追求すべきもので、第三者に対して透明性を持っていなければならない。利害のあるそれぞれの市民は、成果を理解するために必要な情報へアクセスできなければならない。カルテル庁、消費者機関、労働組合は、利潤の最大化が消費者と被雇用者の負担になることを避けるために、まさに連邦株主機構の代表者を監督すべきである。

そこで連邦株主機構の規模はどのくらいにすべきであろうか？　例えばドイツにおいては、現在おおよそ七五〇の上場企業が存在している。ドイツの大企業は株式会社化されていないので、もし市場社会主義においてこの数字が二倍になれば、この制度では、一五〇〇の監査役会において代表となるために、十分な人員を持たなければならない。連邦株主機構が各監査役会において三人の構成員によって代表されるとし、この機関の各構成員が三つの監査役会に参加するとするなら、上場企業の監査役会に出席する一五〇〇人の構成員が連邦株主機構には必要となる。

さらにこのような機関は、彼らの課題を遂行する過程で直面する問題の自主的な解決を図るために、十分な数の専門家を必要とする。それらの専門家はコーポレート・ガバナンス、投資計算、資金調達、リスク分析の全ての重要な問題に対して十分な権限を持っていなければならない。それは同僚に対して有望なキャリアであるとの見方を提供し、この機関に属する意義と共通の利益を創造するはずである。人材の採用は、透明性があり、明確かつ可能な限り客観的な基準に従って行われなければならない。

さらなる問題は、この機関における執行役員の構成である。執行役員は政府だけでなく、企業からも独立していなければならない。一つの可能性は、連邦銀行の場合に適用されるのと同様のルールを利用することである。しかし最近の経験が示しているように、あまりにキャリア期間が長いと、当局と経済界との間の交代が難しくなるので、もう少し厳しくする必要がある。政府は、なるほど機関の理事長を決定するが、彼らは比較的長期にわたって公職に留まるだろう。政府による職務の罷免は、極端な場合にのみ可能であり、議会によって承認されなければならない。例えば、議会は機関の理事の半分を指名すると規定することができる。

批判的な評価

個人の株式所有は、限られた範囲で認められるので、X％市場社会主義には、株式市場が存在する。これは経営者の訓練に利用できる。それにもかかわらず株式所有の過半数は、ただ一つの国家機関の手元にある。そのため、二つの深刻な結果をもたらす。

第一は、国家はいつも過半数を持つ株主なので、経営のまずい企業に対する敵対的買収は存在しえないということである。先の章で見てきたように、トップ・マネジメントの交代に繋がる敵対的買収の脅威は、経営者の訓練に対する極めて有効な手段である。劣悪な経営者の入れ替えは、国家機関によってのみ遂行することができるので、この手段は存在しない。

第二の深刻な結果は、国家の株式所有を管理する機関を監督する場合、政府が獲得することのできる権限である。それはこのシステムのアキレス腱でもある。この権限は大きいので、政治的な影響力を持つ人々にとって誘惑でもある。したがって、政府は連邦株主機構の独立性を保証する法律を廃止しようとするかもしれないし、事実上空洞化しようとするかもしれない。

このリスクは、個人投資家の地位を強化する必要性を強調することにつながる。個人投資家は、なるほど株式を所有する企業の経済的運営に直接的な利害を持つが、所有者が拡散しているので、必要な監督を実行しようとする誘因は弱い。したがって、国家が個人の株式所有者にその利害を明確に説明し、場合によっては実行を補助する組織を支援することが極めて重要である。

株式市場社会主義の変種の有用性は、政治的な悪用の可能性を決定する地域固有の要因にかかっている。強力な市民社会、自由で独立したメディア、政党間の自由な競争は、この可能性を低く抑えるのに役立つ。有益なのは、ここでも法の支配の伝統である。国家機関の頂点にある、有能で道徳的に清廉潔白な人物は、国家機関を自分に従わせるために支配者が利用できる知的流行とマントラ(呪文)に対して、国家機関の抵抗力を高めることができる。

これらの要因は、石に刻まれたものほど強固ではないが、比較的ゆっくりとしか変更できない。いくつかの国では、これらの要因は非常に弱いので、その結果、株式社会主義の最初の変種は、あまりに高い政治的なリスクを持っている。そのような国家には、生産手段の国有から生まれる権力の集中をなくして、権力の分散に導く制度的なルールが構築されてなければならない。一つの可能性は、地域に土着的な自己管理の尊い伝統と結びつけることである。そこで、この可能性を考えてみよう。

第二の変種——自治体株式市場社会主義

自治体株式市場社会主義の構想は、米国の政治学者であり経済学者でもあるリーラント・シュタウバー(Leland Stauber)の研究に遡る。彼が考えた経済システムにおいて中心を占めるのは、上場された公企業の株式が取引される株式市場である。しかし株式市場社会主義の最初の変種とは違って、株式は市町村によって保有される。株式の個人所有は禁止される。貯蓄者は、預金口座、国債、その他類似のもので満足しなければならない。

自治体株式市場社会主義において、それぞれの地域を統括する地方自治体は、市町村の株式資産を管理する投資会社のただ一つの所有者である。その際、多数の小さな市町村は、一緒に投資会社を運営することができる。自治体投資会社は、株式を売買し、そして目標とされた収益を市町村に分配する。投資される企業は株式会社であり、その株式は自治体投資会社によって主として自己のファンドを通じて保有される。さらに同様に株式会社である企業と銀行は、今日でもそうだが、他の企業と銀行の株式を所有することができる。しかし究極的には、全ての企業はその地域に存在する地方自治体のものである。

注意してほしいが、自治体投資会社は、この経済システムにおいて決して地域計画の手段ではない。そうではなく、彼らのただ一つの仕事は、株式市場において収入を得ることである。これは、株式市場社会主義の最初の変種における連邦株主機構に生じた任務に対応している。

利潤を最大化しようとする多数の投資会社によって、個々の株価が対象となる企業の効率化を示す競争的な株式市場が生み出される。自治体投資会社は、株式所有に伴って生じる支配権を行使し、株式所有と結びついた配当を受け取る。投資会社は、企業の経営者に利潤最大化を促すために、特定のインセンティブと道具を持たなければならない。

自治体投資会社のファンドマネージャーは、労働市場でリクルートされ、ファンドのパフォーマンスと連動したインセンティブ報酬を受け取る。彼らが守らなければならない基本ルールは、法律によって定められている。この法律は、投資会社に必要とされる地方政府からの独立性を認めている。全ての投資会社は、国家の監督局が任命する外部の監査人によって監査される。彼らは、自治体投資会社が受け持つ業務の形式的な正当性と収益性を監査する。

開示義務は、自治体投資会社に透明性を強制し、その結果、各市町村の住民は、どのように投資会社がうまく機能したかについて可能な限り正確な見通しを立てる。国家の独立した監督局は、全ての地域における投資ファンドのパフォーマンスを把握し、その分析結果を公開する。これにより各市町村の住民は、自分のまちにいるファンドマネージャーの質をよりよく判断することができる。市町村は、自分の投資会社のファンドマネージャーに、例えばヤードスティック方式（基準比較方式）によって報酬を払うことができる。その際ファンドのパフォーマンスが平均以上であればボーナスを受け取り、平均以下のパフォーマンスの場合には報酬の切り下げになる。監督局は、自治体投資会社の規制に関するガイドラインを作成し、市町村に助言する。

自治体投資会社により目標とされる全ての配当と金利収入は、それぞれの市町村に引き渡される。特に、企業により発行された社債に応募することが認められている場合、投資会社は金利収入を獲得する。これに対して地方債の取得は、予算の濫用を回避するために禁止されなければならない。

利子と配当から得られる収入の使用は、基本的には民主的に決められるが、その意思決定はそれぞれの市町村の決定権限内にある。例えば、資本市場からの収入は、市町村民税の引き下げ、地域のインフラ整備、住民への市民資金の移転、市町村の金融資産増加などのために利用される。この経済システムを導入することは、株式を購入するために全ての市町村が中央政府から住民一人当たり同額を受け取ることと考えられる。中央政府は定期的に、リスク資本に対する企業部門の需要の高まりに応じるために、市町村の投資ファンドを増額すると決定するかもしれない。この増加分は、連邦税によって資金調達されるが、市町村への国家の資本移転は、市町村の住民人口に比例する。さらに個々の市町村は、自分の資金調達力を用いて投資会社の能力を高めるように意思決定することができる。株式が特別に儲かる投資形態として現れるなら、それは望ましいことである。リスク資本に対する企業部門の高まる需要にそれ以上対応できるかどうかは、投資会社が商業銀行や他の投資家から株式を購入するために資金を借り入れることが許されるかどうかによる。

この変種は、共有財産の分散化によって前者よりもヨーロッパのレベルまたは世界のレベルで利用することに適している。特に中央官庁による設定に際して国家的な敵対心を緩和させる。

自治体投資会社の規制

この経済システムにおいて、地方自治体は資源配分に大きな責任を負っている。そこでこうした問いが生まれる。すなわち、この市町村の価値を高めることによって何が維持されるのか? また、彼らは本当にこの課題を達成できるのか?

一方では、市町村の価値を高めることで、いくつかの国において今日まで続く地方自治体の自己管理の伝統と地域レベルでの民主的な参加とを結びつけることが可能であった。この伝統が強いヨーロッパでは、自治体市場社会主義は、市民主導のルネサンスと草の根民主主義の導入という段階に到達することができるかもしれない。

他方で、市町村の意思形成は、企業の意思決定に対する政治による影響というリスクを秘めている。例えば、地方政府は、投資会社を通じて管理されている企業にその土地で職場を失う人々を救うために、それが質的に劣るとか高すぎるとしても、機械をその地域の生産者から購入するよう指示することができるだろう。さらに地方政府は、市町村の外側で投資がより高い収益を約束しているにもかかわらず、彼らの市町村の中で投資を行うよう強制することができるだろう。自治体投資会社は、資本家階級の機能を引き継ぐかもしれないと安易に主張することはできない。つまり、企業にその価値を最大化させようと鼓舞するとはいえない。政治的な影響を受けるリスクは、地方政治のもとにおいて、しばしば市町村の意思決定に際して私的な経済的利害関係を持っている人間がいることを考えるといっそう大きくなる。例えば、不動産業に関係していることがその理由である。大規模な資産を管理する可能性に関連して、こうした関わりは最終的に縁故主義を引き出す欲望を喚起するかもしれない。

したがって、自治体市場社会主義が機能するためには、政治的な影響力を排除し、自治体投資会社を長期的な財務実績の最適化に誘導するルールが必要とされる。

意味のある規則に対する手掛かりは、いわゆる政府系ファンド(sovereign wealth fund＝ＳＷＦ)である。今日世界の多くの国には、巨額の金融資産を長期的に管理・運営しているＳＷＦがある。これらのファンドの一部は、過去数年間に驚くべき利回りを達成した。例えば、シンガポールがそのケースである。いくつかの国家ファンドは、金融的に成功したのみならず、透明性があり、その結果民主的に監視しやすいものであった。これは、とりわけノルウェーの二つの国家ファンドに当てはまる。今日の国家にとってそのようなＳＷＦは、将来の市場社会主義において市町村にとっての地域的投資ファンドとなるものである。それゆえ、自治体市場社会主義において、地域的投資ファンドの権利と義務を具体化することは、資本主義においてＳＷＦの設置方法を見出すことかもしれない。

その結果、特別なルールが自治体市場社会主義には必要である。その土地に定住し、非効率に運営された企業は、例えば自治体投資会社が基金的に助けられるように地方政府に圧力をかけることができるかもしれない。地方議会は、直接の補助金を禁止するだけでは十分ではない。なぜならこの支援は隠蔽することができるからだ。その結果、不採算企業は、その投資会社を通じて何度も新しい自己株式を市町村に買わせることができるだろう。そのような企業は、いずれの公的補助金を受け取ることなく、持続的に損失を抱えたまま操業を続けることができる。

地元の政治家による制度悪用のリスクは、一般的に拘束力のある様々なルールにより阻止することができる。この経済システムの発明者、シュタウバーは、三つのルールを掲げている。第一は、各自治体投資会社が、地元企業の株式を所有することを禁止することである。つまり投資会社がある市町村に活動の重点を置いている場合は禁止する。このルールは一般的な自治体の行政サービスには適用されない点を強調しておきたい。なぜなら、前の章で述べたように一般の人々が関心を持つ行政サービスには十分な競争はないので、他の手段によって規制されなければならないからである。

この企業が、市町村の住民の定められた最低割合以上に雇用している場合、または市町村における付加価値総額の特定割合以上に寄与している場合、ルールによってこの企業は地域的であるとみなすことができるだろう。地元企業に関して、所有の禁止は、この企業が発行した社債にも適用されなければならないはずである。

ただしこのルールは、より詳細に規定される必要がある。株式市場社会主義の他の変種と同様に、企業はこの変種のなかで株式市場の参加が許される。それにより自治体投資会社と企業の間に創り出される間接的な所有権の連鎖が生まれる。地元企業の間接的な所有についてここで述べたルールを回避する行動を防止するためには、企業の株式所有を考慮しなければならないはずである。さもないとある自治体は、他の自治体に属する企業の株式を大部分入手し、その企業は、再び当該自治体に属する企業の株式を購入することができるだろう。この密接な関連を考慮することは、今日の情報技術の手助けがあれば可能である。確かに株式取引は、もはや無記名で行うことは許されない。それゆえ、各市場参加者の株式所有がいつでも目に見える集中化された株式市場が必要である。企業の社債についても、投資会社がポートフォリオのなかに企業の社債を持つことが許される場合、同じような安全装置が作動しなければならない。特に、株式と債券の所有を組み合わせた場合の効果を考えなければならない。それは例えば、市町村Aが市町村Bに立地する企業を所有し、その企業が、再びAに立地する企業の社債を買うといったケースである。その社債を発行するAの企業は、もしBの企業が購入しなければ資本市場で資金を調達することができないような企業ならば、資本市場で資金調達できない事態を避けようとするだろう。

監督局が、市町村の間接的な株式所有を考えるなら、地元企業の株式所有を絶対禁止することは、株式市場にはかえって逆効果になる可能性がある。非常に多様化した株式所有者との持ち合いによって、地元企業は、市町村との錯綜した所有権の連鎖を介して地元自治体を所有することなしに、株式を買うことはできない。したがって完全に禁止することなく、地元企業の所有を制限することは、意味のあることだろう。

しかし、非地場企業の所有にも限界がある。なぜなら、地元企業に有利な投資会社の政治的濫用は、自己資本の準備なしに実行することができるからである。市町村Aの投資会社は、市町村Bにおける企業を管理するよう要求することができるが、それは最終的に市町村Aにおいて企業と取引関係を持つことである。その場合、Aにおける投資会社は、その地域での利益をAに獲得させるために管理権を利用する。例えば、Bにおける管理会社の経営者にAの製品を高く買わせるか、Bの製品を安く供給させることである。

したがって、市町村が市場社会主義企業に独占権を行使するなら、経済的にはむしろ危険であると思われる。これを排除するために、企業の資本に占める市町村の最大シェアを法律的に制限しなければならない。シュタウバーによって提案された二つのルールは、以下の通りである。市町村は、直接的・間接的に企業の株式の六ないし七％以上を所有してはならない。それにより各企業は、少なくとも一五人の株主を持ち、その中の誰もが資本の絶対多数を所有することはない。他の株主は、個々の市町村の利益となる悪用に対して反対するだろう。

この禁止もまた、地元企業の隠れた他の形態の補助金を予防する助けになるので、十分に意味がある。すなわち最初のルールに従えば、投資会社は、地元企業の株式に応募することは許されない。もっともこのルールは、自分の地域に不採算企業が存在している二つの市町村が、他方の市町村に立地する地元企業の株式をお互いに買い入れるという談合を行うことによって、迂回される。それにより彼らは、地元企業に対して隠れた支援を実現できるだろう。そのような談合が法律的に禁止されていても、このルールを破ったことを法律的に確実に証明することは、非常に難しい。企業の資本の六ないし七％とする市町村の株式所有の制限があれば、こうした談合にはあまり旨みはない。なぜなら、隠れた支援の大きさは、それにより制限されているからである。なるほど三ないしそれ以上の市町村の間の談合は、企業にとってより大きな資金注入になるかもしれないが、そのような談合は組織化するのが難しく、秘密の保持はさらに難しい。もっとも、自治体投資会社が社債に投資することが許される場合には、市町村は社債の相互取得により企業に補助金を与えると約束できるかもしれない。したがって、所有の制限は企業の社債保有にまでに拡張されるべきである。

市町村が株式資産を次世代の住民を考慮しないで使い果たそうとするとき、別の問題が生じる。地方政府が市町村の資産を現金化することを認めるなら、有り余る資金が直ちに流入する。地元政治家にとってこれは、どのようにしてこの資金を自分と支援者に利用できるようにするかという戦略を展開する魅力的な誘惑であるかもしれない。さらに、比較的住民の少ない市町村は、売却益を住民の間で分配するかもしれないが、お金の恵みを受け取ったあと、住民は貧乏になった市町村を引き払って、続いて資金的にしっかりした市町村に移住するだろう。

この日和見主義的な行動を防ぐために、各投資会社は基本的に、株式の売却代金を市町村に新たに引き渡すことが禁止されなければならない。それがシュタウバーの提案する第三の規則である。株式の売却代金は、投資会社によって再び資本市場に投資されなければならない。債券やそのほかの金融資産の売却から得られる収入も、直ちに再投資されなければならない。

もっともこの第三の禁止事項は、市町村が自分の資産を短期間に全て現金化して、人為的に高い配当を行う企業の株式に投資することによって、回避できるかもしれない。そのような企業は、〝目先の利益に走る守銭奴〟と言われるだろう。その市場価値はわずかに減少する一方で、株主は有利な配当を獲得する。そこで、目先の利益に走る強い金銭追求欲を持つ市町村は、短期間のうちに全ての株式資産をゼロにするだろうが、それまでは多額の現金を手元に残している。この戦略がうまく隠されていれば、市町村はそのうえ次のように主張することができる。すなわち、株式市場の気まぐれな乱高下のせいで、誤って資本の損失が生じたためであり、地方政府の意図ではないなら、中央政府により財政的に救済されなければならない。

金銭欲の強い企業の問題点は、株式市場社会主義の第三の変種との関連で、詳しく扱われなければならない。なぜならそれは、自治体市場社会主義における以上に、そこで先鋭化して現れるからである。ここでは、問題を自治体市場社会主義のもとで緩和させることに役立つ、あまり複雑でない三つの方策に言及すれば十分であろう。

第一に、法律は、強い金銭欲に基づく資金調達の戦略を禁止し、抑止的な懲罰を講じなければならない。第二に、中央政府は、不注意にも彼らの資産によって経済をやり繰りするようになった市町村を決して助けないと宣誓することができる。第三に、中央政府は、市町村の一人当たり配当に対し累進的な課税を導入することが必要である。それを実行するためには地方自治体に破産法を適用することができるし、市町村は非常に高い配当に対してより大きな税負担を課すことができる。これは強い金銭欲に基づく戦略の魅力を著しく低減させるだろう。

目先の利益を求める守銭奴の問題は、各投資会社が様々に利害の異なる個人のグループを代表することによって直接緩和される。通常、市町村の財産が保存され、長期的に利益のある投資がなされることにはっきりと賛成を示す人々が一般的には存在する。家族が長期的にその市町村に住むことを期待し、長期的に市町村の福祉に関心を持っている人々である。これらの人々は、しばしば市町村レベルで政治に積極的に参加している。したがって彼らは、投資会社の投資戦略について十分な情報を入手しているだろう。強い金銭欲を満たそうとする試みに対して、これらの人々は、国家の監督局に彼らの投資会社を検査するように要求するだろう。

さらに、どのような市町村にも企業の単独所有を認めないというルールが役に立つ。強い金銭欲に基づいて行動する企業に変貌させるためには、自治体投資会社は他の株主と合意しなければならない。六%の最大比率では、少なくとも一七人の株主が存在する。しかしその状態では合意は隠蔽されにくい。

社会的配当の不平等性

自治体市場社会主義において様々に異なる市町村の住民が得る配当からの所得は、しばしばお互いに大きく異なっている。つまりいくつかの投資会社は、株式市場において他よりも成功を収め、そして彼らの地方自治体は、例えばより高い配当を市民に支払うことができる。この違いは、株式資産をできるだけ高収益で投資しようとする市町村にとって、一貫して意図された動機に対応している。しかし市場社会主義の伝統的なモデルと比べて所得分配は、あまり平等ではない。これはなるほど欠点ではあるが、しかしおそらくそれほど重要ではない。この推察に対しては少なくとも三つの理由がある。

第一は、市場社会主義の伝統的なモデルは、重大な理由のため魅力的なシステムでない。自治体市場社会主義は、むしろX%市場社会主義と比較することができる。そこでは個人所有における株式資産は(一〇〇－X)%であり、その結果、配当の分配も不平等である。市場社会主義のどの変種において配当が均等に分配されるのかを、前もって答えるのは不可能である。

第二に、配当所得は、資本所得の一部にすぎず、資本所得は国民所得のおおよそ三分の一を占めることに注意しなければならない。社会的な配当と並んで、個人は労働所得と利子収入を受け取る。利子収入は市場取引から生まれるものであり、また一般に不均等に分配される。個人間で異なる可能性がある老齢年金と失業手当のような公的移転がこれに加わる。したがって配当金の分配に際してわずかな不均等は、全体の所得分配の不均等に対するわずかな影響しか呼び起こさない。

第三に、個人間の不平等に対する地域間の不平等の影響は、人々が居住地を自由に選択できることにより弱められる。二つの市町村で一人当たりの利潤所得が極端に異なるような場合、生活水準を引き上げるために、貧乏な市町村から豊かな市町村に移住する人もいるだろう。これにより豊かな市町村の一人当たり所得は減少し、貧乏な市町村のそれは増加する。したがって、移住の自由は、地域間の所得格差の拡大を防止するよう作用するだろう。

第三の変種——個人的株式市場社会主義

エール大学の経済学者ジョン・ローマー(John Roemer)は、個人の株式所有による市場社会主義的な構想を提案した。個人所有の場合、企業の意思決定に対して国家が政治的影響力を行使するリスクは、株式市場社会主義の最初の二つの変種と比べて、驚くほど低減される。さらに市民は、個別のニーズに合致した株式ポートフォリオを選択することもできる。この巧妙なシステムがうまく機能するための前提条件は、ローマーがクーポンと呼んだ株式市場に対する平行通貨の導入である。

この経済システムの核心部分は、株式会社として新たに合法的に組織化された上場企業から構成されている。これに国家によって設立され、監督される多数のファンド会社が加わる。その会社は、これらの企業の株式を所有し、投資ファンドの形で資金を提供する。投資ファンドの持ち分は個人に属し、公的な証券市場においてクーポンの形で取引される。それに応じた個々の所有権は厳しく制限され、結果として資本主義の王朝の形成は阻まれることになる。

資本市場に対する通貨としてのクーポン

株式市場社会主義のこの変種においては、法律で定められた年齢、例えば一八歳になったとき、各個人に単一の金額が国家から振り込まれる。この金額は、全ての一般的な市場取引に使われる通貨であるユーロでは表示されておらず、クーポンに記載されている。クーポンは、個人では交換できない。クーポンは、投資ファンドの一部を手に入れる初期資産を表している。クーポンは、多数の投資ファンドを管理する何百ものファンド会社が存在するので、人々は投資ファンドの中から選択することができる。さて、ある投資ファンドの株式を購入すれば、投資ファンドにより配当される金額に対し比例する請求権を得る。クーポンにおける持ち分が価格づけされている一方で、株式の所有者は彼らがいつでも使うことができるユーロで収益を受け取る。

投資ファンドの株式は、個人がクーポンによって購入することが認められる唯一のものである。他方、この株式はクーポンでのみ売却することが認められている。各種のファンド株式は、国家によって監督された金融市場において市場価格で取引される。個人と並んで、企業、銀行、基金と年金ファンドが投資家である。なるほど個人はクーポンを保有するが、ユーロに交換することは許されず、また他の個人や組織に贈与してはならない。個人にとってこのクーポン投資の意味は、一生にわたって資産所得を追求するためのもので、その額は応募した持ち分のパフォーマンスに依存するということである。それゆえ個人は、利回りとリスクの最良の組み合わせを提示する投資ファンドを見つけるという動機を持っている。その際、一方において市場で成功を収めるために情報を集め、価値を評価する勇敢な投資家が存在し、他方においては市場全体の平均的なパフォーマンスを示す投資ファンドに受け身的に自分の資産を投資する、リスクに慎重な投資家が存在する。

投資ファンドを管理するファンド会社は、企業の株式を購入するために、投資ファンドの持ち分に対して個人によって保有されているクーポンを利用する。この株式は、再び所有者につまりファンドに、企業により支払われる（ユーロでの）配当を与える。さらに株式所有に応じてファンドに、株式会社法により準備された管理法が適用される。

企業にとってクーポンで示される株式市場は資金調達手段であり、それはまさに今日の株式市場と同じである。企業は株式市場をあてにし、事業計画によって投資家を説得しようと試みることができる。企業は株式を投資計画のために市場システムのなかで発行するが、彼らの株式の売却によって得られたクーポンを中央銀行において公式レートでユーロに交換する。企業はまた、中央銀行でユーロをクーポンと交換することが認められる。例えば、株式の買い戻しを計画したい場合などである。

したがって、クーポンの二重通貨は、二つの有価証券市場で取引される。一つには、それは投資ファンドの株式を売買する市場で利用される。この市場では国家の投資会社が最初は売り手として、そして個人は最初は買い手として、取引を行う。もう一つは、株式市場での売買取引は、クーポンで行うように規制されていることである。この市場では企業、ファンド会社、銀行が取引を行う。

初期の平等なクーポンの提供があるおかげで、全ての個人は最初に市場社会主義企業の利潤に同等の請求権を持つ。しかし一生の間に彼らは、この利潤に対し不均等な株式を受け取る。すなわち各個人は、好みに応じて初期資産を投資する。最終的な効果において、より多くの成果を得る者もいれば、より少ない成果を得る者もいる。しかし全ては同じ水準から出発するのである。

このような機会均等を実現するために、クーポンと株式は、相続することも贈与することも許されない。個人が死んだ後、全ての株式と投資されなかったクーポンは、国家の所有財産となる。国家はその場合、このファンド株式を売却し、それに対応するクーポンの収入を、その年に一八歳になる個人の初期資産に対して資金手当てするために使用する。

したがって、この経済システムの基本的な考え方は、以下のようになる。すなわち地域社会は、最終的に市民全体に資本ストックの管理を任せる。これらの個人は、委ねられた資本をできるだけ高利回りになるように管理することに個人的な関心を持っている。なぜなら、彼らは投資の運用益を稼ぐからである。人生の最後に、個人はできるだけ増やした資本を地域社会に返還し、その管理を新しい世代に委嘱する。

ファンド会社の規制

ファンド会社は、このシステムの中心的な構成要素を形成する。国家により設立されるが、しかし法律上は独立しており、個人のクーポン資産の管理をめぐってお互いに競争する。大株主として彼らの代理人は、市場社会主義企業の監査役会に出席する。株式市場社会主義の二つの変種の適合した制度と同様に、ファンド会社も意味のあるインセンティブ構造を創り出す制度的な枠組みのなかに埋め込まれなければならない。

広く尊敬を集め、政府から独立した監督局が、ファンド会社の活動を監視しなければならない。彼らは、効率的な資産管理を引き出すために、市場において必要な透明性を保証する。ファンドのパフォーマンスは、投資家が全体を見渡せるように公表されなくてはならず、その結果、様々なファンドのなかで十分な知識を持って選択することができる。見劣りするファンドは、解約され消滅する。優良なファンドは、成長する。監督局は、とりわけファンドマネージャーの選任と報酬の支払いを監視し、彼らが適正なインセンティブを得ているのかに配慮する。ファンドマネージャーは、自分のファンドの成果に責任を持たなければならない。これにより彼らは、株主としての支配権を行使するインセンティブを獲得する。つまり、彼らが株式を所有している企業ができるだけ利益を上げるように、行動を監視する。監督局は、それぞれの投資ファンドの市場価値全体を最大化するように報酬の支払い方法をファンドマネージャーに対して定めなければならない。

強い金銭追求欲との付き合い

年配の個人をとり上げ、子供を持ち、うまくいった投資によりかなりのクーポン資産を積み上げたと仮定してみよう。クーポンを子供に贈ることが許されるならば、この個人は、喜んでそうするだろう。さらに好まれるのは、ユーロと交換してこれを子供に遺産として残すことだろう。これをしかるべき理由から、地域社会は認めない。つまり個人自身は国家からクーポンを贈られ、これにより暗黙裡に世代間契約に入る。この契約は、人生の終わりに国家に対して彼が贈与することを予定するものである。または、大きな買い物をしたい人、例えば新しい家を買おうとする個人を考えてみよう。そのような個人も当然クーポン資産をユーロに転換することに強い関心を持つだろう。つまり、例えば美しい家を購入するために、より多くの費用を賄う必要がある。このような類似の状況で、法律に触れることなく、クーポン資産をユーロに変えることを可能にさせる戦略をとろうと試みる人がいると予想される。そのような戦略の一つは、〝目先の利益に走る守銭奴〟として企業から搾り取ることである。

こうした戦略において個人は、短期間に不釣り合いなほど高い配当金を支払う企業の株式から成り立っている投資ファンドにクーポン資産を投資する。この企業は、例えば増資により、または資産の売却により多くの資金を囲い込む。それから見せかけの帳簿上の高い利益を計上する。その利益は、株主に配当の形でさらに渡される。極端な場合、市場価値がゼロまたはマイナスになるまでそうされる。そこで個人は、そうした強い金銭追求欲のファンドに投資するなら、その投資によって、実際上クーポンをユーロに交換することができる。そして個人は、人生の最後に共同体に価値のないファンドの株式を残すのである。この個人は、事実上地域社会を犠牲にして自分の消費や彼の相続人の消費を増加させる。

この可能な戦略に対して、予防的な措置を取ることができる。法律は、企業が目先の利益に走る守銭奴に変貌することは犯罪であると規定できるし、責任のあるマネージャーにとっては個人的な責任が考えられる。株式法と会計規則は、強い金銭追求欲の戦略は隠蔽するのが難しいという条件に合致していなければならない。例として挙げれば、資本引当金からの配当は、厳しく制限されなければならない。

それ以上に、ファンド会社に対して、意図的に投資ファンドを強い金銭追求欲で誘導することを禁止するべきである。さらに監視は、ファンド会社に対する国家監督局の義務となる。支払われた配当金の増加と株価を手掛かりに、早い時期からファンドが強い金銭追求欲に特化していたかどうかを当局は知ることができる。少ない資本組み入れによる高い配当は、整理解散の試みが企画された証拠である。さらに強い金銭追求欲を提供しようとするファンド会社は、潜在的顧客に特定の投資ファンドが強い金銭追求欲を満たすことを知らせるはずである。資金を稼ぐファンドの情報は、同様に監督局に届くはずである。秘密に進める整理解散の試みの疑いが裏づけられた場合、監督局は直ちに検査を開始するだろう。強い金銭追求欲ファンドを提供するファンド会社はその行為によりライセンスを剝奪され、ファンド会社の経営者と強い金銭追求欲の企業の経営者が刑法上の罪に問われる。それは、脱税と同様である。

これが十分でない場合、自治体市場社会主義の場合と同様に、企業に対する独占的支配が禁止される可能性がある。例えば、地方議会は個々のファンド会社が単独で、また所有権の連鎖を通じて、企業資本の二〇％以上を所有することを禁止することができるだろう。ファンド会社が唯一の株主である場合、例えば非常に高い給与への引き上げにより比較的簡単にマネジメントに対しその企業を強い金銭追求欲に基づくものに変更するよう説得できるだろう。五人以上の所有者の場合、そのような戦略は基本的にいっそう困難になる。なぜなら関係者が増えると、誰かが実際に同意しない、または同意した誰かがその発覚に繋がるような失敗をするという可能性が高くなるからである。

最終的には、課税政策によって強い金銭追求欲への需要は減少するだろう。株式の市場価値に関係して非常に高く支払われる配当は、実際上禁止となるような高い課税が付加される。その際非課税利回りの限度範囲は、投資家が引き続き利益の高い投資ファンドを探し回るインセンティブを維持させるように、十分に高く設定されなければならない。

株式市場社会主義と世界資本市場

株式市場社会主義のこれら三つのタイプが示す経済的有用性は、単に経営者の規律に依存するだけではない。それが世界中に導入されていない限り、資本主義的な外部の世界と折り合えるのかという問いが生まれる。つまりこれまでの国際分業は、株式市場社会主義のシステムのもとで持続的に発展することができるのであろうか？

例えばＥＵが市場社会主義を導入し、その他の国が引き続き資本主義に留まるとしたら、ＥＵと域外国との経済関係は、移行期後もあまり変わらないままに留まる可能性が高い。それは特に国際貿易に当てはまる。人口移動の結果は、少しばかり複雑になる。流出する、または流入する人の社会的配当への請求は、再定義されなければならないが、基本的には重大な困難には結びつかない。異なるシステムの共存が困難な問題を呼び起こすただ一つの分野は、国境を越える資本移動であろう。

今日、国際資本移動はほとんど自由である。ただしこの自由は、市場社会主義のもとで資本家が国家的大企業の管理を再び獲得するというリスクを秘めている。そこで豊かな居住者、例えば市場社会主義企業の取締役は彼の金融資産を海外に移し、そこから国際資本市場を通じて国内で実施する企業の管理、例えば彼の支配下にある企業の管理を手にするかもしれない。または、海外の投資家が支配する可能性もある。このようにして、次第に昔の資本主義的な秩序が再び構築されるかもしれない。

これを防ぐために自国の政府は、国境を越える資本移動を完全に遮断するだろう。しかしその効果はむしろ問題となる。第一に、個人と企業は、最適なポートフォリオを、それが海外の金融物件から構成されている場合、もはや購入することはできない。第二に、海外からのポートフォリオ投資は、国内の株式市場での競争を激化させ、それによりガバナンスを改善させるだろう。第三に、直接投資は、しばしば国境を越えた新しい技術を伴って現れ、そこから国内において生産性の向上が促進される。

市場閉鎖よりも優れている選択肢は、国境を越えた資本移動は引き続き両方向に自由であるが、国内企業による海外資本の所有には上限を定めるというものである。比較的低い限度によって、例えば間接的な出資を考慮して一〇％などの限度によって、個々の大企業が資本家によって支配されることを防げる。これは、株式市場社会主義の三つの変種のどれでも比較的容易に実施できるだろう。

X％市場社会主義という変種においては、海外の投資家の参入を国内の株式市場に対して特別な制限なしで認めるにちがいない。彼らが応募する株式は、市場において売買される株式の（一〇〇－X）％まで算入される。それにより海外から管理された企業の資本の持ち分は、決して（一〇〇－

X)%を超えることはない。

自治体市場社会主義という変種では、このルールは、自治体投資会社のポートフォリオに関する情報を用いることで実現される。この変種において市町村による直接・間接の所有は、すでに他の理由で監視されている。この監視から、特定の企業について全ての市町村の全所有量を測定するために必要な情報が提供される。海外投資家の国内株式市場への自由な参入を認めなければならない場合、海外における所有は全市町村の所有ではない株式の比率に対応しているはずである。したがって、この情報システムに基づいて、各企業の海外での所有がどのくらいであるかを知ることができる。さらに国家の監督局は、小企業による海外の所有が地方議会によって定められた制限を超えていないかどうかを確認することできる。より高い海外比率の場合、海外からの最後の買い手は、国内と海外の所有比率が法的な制限を遵守する範囲に収まるように、ある期間内にその株式を国内の共同体に売却することが義務づけられる。

どの株式市場社会主義の変種においても、おそらくより強力な資本規制が必要である。当局は、監査された海外の投資家に次のような権利付きのライセンスを与える。それは、国内の株式市場に参加できるように、国内の中央銀行において事前に決められた量までクーポンを取得し、そして再び交換することができる権利である。この投資家には、国内の人に依頼して注文しないことが義務づけられる。国内企業がない場合、外国株式の所有は一定の割合を上回る可能性が高い。これを確認するために、監督局は直接・間接の国内の株式所有について情報システムを活用することができる。

海外所有の制限は、三つの変種全てにおいて明らかに五〇%未満である。この制限は、海外の直接投資を減じるだろう。つまりそれは、海外の多国籍企業が国内における生産拠点の設立に影響を与える。これは、二つの理由がある。第一に、少数株主とは海外の投資家が独占的に支配できないことを意味する。それにより彼は、その企業が自分の利益に反するというリスクにさらされる。例えば、他の海外の市場において企業と競争することになる。第二に、外国企業は再三にわたり投資プロジェクトの収益の半分を自分のものにする。市場社会主義国が資本主義国と競争状態にある場合、投資家は収益性の理由から別の場所に立地するかどうかを検討する。さらに、海外の資本主義国は対称的なルールを導入し、市場社会主義国の企業は、同じようにその国で過半数のパッケージを所有することを禁止することができる。

イノベーションの持続性と市場社会主義

さて、この章の最後のテーマに取り掛かろう。それは株式市場社会主義のイノベーションを引き起こす能力である。この能力は経済発展に関して中心となる重要性を持っている。なぜなら、これは製品の質と生産方法の持続的な改良、ならびに新しい商品とサービスの導入に基づいているからである。発展は数えきれない大成功のイノベーションの累積的な過程により実現される。経済成長は時を超えて人間の生存条件に確実に革命をもたらすことができる。例えば、ドイツ連邦共和国において、この六〇年間に実質一人当たり所得は五倍に増加した。ここで我々に提示される問題は、市場社会主義が資本主義におけるイノベーションのダイナミズムを維持し、同時により高い発展の質を達成することができるかというものである。

株式市場社会主義は、公的企業の経営者が利潤を最大化する気にさせるインセンティブ構造を創り出す。したがって、株式市場社会主義において、大企業のイノベーション傾向が、資本主義の大企業のそれに劣っていないと期待することができる。研究センターと大学も、特に基礎研究の分野では、今日と同様に全体システムのイノベーションへの誘導に貢献する。

それにもかかわらず、市場社会主義の構想においては、今日われわれが知っているような、イノベーションの過程の中心的役割を果たす起業家が欠落している。

資本主義の歴史におけるイノベーション活動の分野で、小企業と大企業の間の大雑把な分業について語ることができる。傾向として、個々の起業家は革新的なイノベーションを導入する先頭に立って戦う人間であり、大企業はそのようなイノベーションを拡大し、そして小さな追加的なイノベーションによって改良することに特化する。

この分業は容易に理解できる。私的であろうが公的であろうが、大企業は官僚的なルールが適用されるヒエラルキー的な組織である。これは研究開発の大規模な部門にも該当する。創造性、構想力と勇気、そしてリスクを引き受ける意欲は、必ずしもその強さの中にあるわけではない。しかしまさにこの性質が、全く新しい製品と生産方法を構想し導入するために不可欠である。ここにはある種の狂気と、リスク愛好性が含まれる。通常は、個人または同じ考えを持つ小さなグループのみが生み出すことができる。つまり大企業の経営者は、他人のお金を管理する。したがって、経営者にとってこの資金を全くナンセンスなイノベーションに投資することは問題である。なぜならそのイノベーションが成功する機会はおぼつかないし、資金提供者と意志疎通を図ることはさらに難しいものであるからだ。これに対して個々の起業家は、自分の資金を非常にリスクの高い賭けに投じる自由を持っている。彼ら自身の熱意と、富や名声への願望が個々人に、成功の機会が最小であっても、自分のプロジェクトを最大の忍耐力をもって追求するよう導くことがある。産業化と新しい情報技術の歴史は、このような強迫観念と頑固さが、今日でも色あせない数多くの新機軸やイノベーションへ導いたことを示している。

中小企業が大きなイノベーションに際して相対的な優位性を持っている一方で、大企業は小さなイノベーションに相対的な優位性を持っている。後者は十分に装備された研究開発部門と、グローバルな市場状況と展望への深い洞察力によって繁栄している。これには広範囲に及ぶ投資と複雑な組織が必要である。

そこで市場社会主義へ向かう際の中心的な根拠は、社会が資本主義的な金融エリートによる事実上の支配に陥ってはならないということである。しかしこのシステムは、個人起業家に対して活動の余地を残しているのか。市場経済において起業家は、なるほど金持ちにはなることができるが、事業が小規模である限り、起業家の資産には限界がある。中小企業グループの影響によって地域社会が金権政治へ退廃する危険はない。中小企業は国民経済全体の柔軟性と更新性に貢献するので、そのような企業もまた市場社会主義において極めて貴重なものとなる。

したがって、明白なアプローチはどのような条件のもとで私的企業が認可されるかを部門ごとに定める法律を成立させることである。例えば、従業員数、もしくは関連情報の大きさとして売上高を取り上げ、その部門固有の限度を定めることができる。しかしこのアプローチは、不十分である。その限度の避けられない恣意性は別にしても、例えば、血縁者か友人の名前を使って表向き独立していると見せる企業のように、費用のかかる迂回の試みを生み出すだろう。さらに難しいのは、誤ったインセンティブ効果である。起業家がある定められた制限を超えてはならないことを知るなら、企業をさらに発展させようというインセンティブを誰も持たないだろう。しかし制限のない成功の展望なしに、本当の大きなイノベーションの取り組みは起こらないだろう。

民間企業の合併のメカニズム

したがって、市場社会主義は、民間の起業家活動を促進すると同時に、大きな民間企業の形成を妨げる制度的な枠組みを必要とする。今日の資本主義においてさえ、若い成功した企業はしばしばその考えを時間とともに継続的に発展させ、より大きなスケールで実行できる既存の大企業に売却する。市場社会主義においても完全にこの経験と結びつけることができる。もっとも、個人の所有者は企業の売却に同意することを理屈抜きで拒むので、企業売却の自発的志願は問題を表出させるにちがいない。所有者は、その後に後顧の憂いなく経済帝国を築き、資本主義的な王朝を打ち立てようと試みることが可能である。徐々に新しい金融貴族階級が生まれてくる。

そういうわけで、民間企業の投資インセンティブを維持しながら、資本主義的な王朝の発生を阻止するメカニズムを提示したい。この背景にあるのは、企業は自由に設立され、民間企業は市場競争に自由に参加すべきであるという考えである。いずれにせよ起業家は、定期的に売却する企業を提供するよう義務づけられている。起業家は、彼らの企業を売却する際に少なくとも企業価値を受け取るように保証する最低価格を決めることができる。もう少し詳しく言うと、このメカニズムは以下のように機能する。

年に一度全ての私的企業は、国家に支払う用意のある自発的な金額を提示することが求められる。自発的な支払い額を、ここでは〝企業貢献〟と呼ぶ。それは、全体として現存する法人税に置き換えることができる。

民間企業の名前と彼らによって作成された企業貢献のリストは、直ちに公表される。その支払いは、一定期間の後、例えば一カ月後に生じる。この何カ月かの間に、全ての市場社会主義企業は、民間企業を競売の枠組みのなかで買収しようと試みることができる。そのためには、彼らは目的とする企業の入札額を当局に秘密裏に通知しなければならない。

各々の競売には最低競売価格があり、各企業に対する最低競売価格は所有者から通知された企業貢献に基づく。説明のために、Bの支払い金額が通知された民間企業を見てみよう。例えば企業貢献を一〇〇万ユーロとして通知する。民間企業の競売に有効なものは、通知された企業貢献Bの数倍を超える入札額のみである。この倍数は前もって法律で確定されており、全ての企業に適用される。それを文字mで記そう。例えば、法律によれば、mの乗数因子は一〇〇に等しいと規定されているとする。そこで支払い額Bを通知した私的企業の場合は、m×Bを超える入札のみが入札資格を与えられる。貢献一〇〇万ユーロを支払う準備のある企業の例では、法律でm＝一〇〇が要求される場合、一億ユーロ以上の入札のみが考慮される。

何カ月かの期限が過ぎた場合、入札は当局によってチェックされる。m×Bを超える入札がない場合、その民間企業は、彼により選択された金額Bを国庫に支払い、企業はその所有者の元に戻る。これに対してより高い入札がある場合、最も高いものが落札する（入札方式）。この入札を行った入札者は、その民間企業を二番目に高い入札者の価格で（または有効な入札を行うそれ以上の入札者がいない場合、m×Bの価格で）獲得し、そしてBを国庫に個人の立場で支払う。

そこで市場社会主義企業による買い取りへの補償金として、少なくともm×Bとなる金額を私的所有者は受け取る。したがって所有者は、買い取られる場合、少なくとも彼の企業価値である金額を受け取るという買い取り出資金Bを選択する可能性をわずかに持っている。例えば、m＝一〇〇の場合には、所有者は、企業貢献をその企業が真に価値のある金額の一％の額とするならば、十分である。その場合、所有者は、事業の成功期待だけでなく、彼が失うことの感情的な要素も考慮して、彼の企業は実際に売却されなければならないはずである。全ての関連する要因がその価値の評価に入り込み、その企業が市場社会主義企業により買い取られる場合、所有者はその補償で満足するであろう。

最高入札者が最終的に二番目に高い入札者の価格を支払わなければならないというルールは、各入札者がその企業に対する最高の支払い準備を入札額で書くこと以上にうまく行動することはできないということが結果として生じる。したがってその企業は、最大限に活用できる者の所有に移行する。最高の支払い準備は、入札者が企業を使ってやり繰りする将来利潤の現在価値から生じる。

このメカニズムによって、民間企業の投資インセンティブが維持され、買い取りが本当に適切なら、市場社会主義的なセクターによって実現されることになる。売却が強いられる場合、果実は投資家に受け取られるので、私的な投資インセンティブは残ったままである。所有者はうまく投資を行うなら、彼の利潤期待は明るい。その場合、彼は高い企業貢献を支払う用意がある。それにもかかわらず入札者に彼が敗れるなら、なるほど彼はその企業を売却しなければならないが、彼は少なくともその企業の価値である価格を受け取るだろう。

このメカニズムによって、市場社会主義企業は、ダイナミックな民間企業の所有に対するインセンティブを持って競売に臨むことができる。企業貢献以上に支払うことができる者は、最高額の入札を行い、その企業は買い取られる。必要な価格を支払う用意のある公的な企業がなく、それでもなお集団的な視点から国有化に意味がある場合、国家、例えば財務省は、それに応じた入札を行うことができる。

乗数mを決定することによって、市場社会主義は民間部門の規模を制御することができる。民間企業がより大きな役割を果たしてはならないというのが地域社会の意見であるならば、議会はmを引き下げる。これは必要な最低入札の引き下げに繋がり、これにより私的企業の買収は容易になる。これに対して、民間部門を活気づけたいのならmを引き上げることによって達成することができる。

過小評価されてはならないこのメカニズムの利点は、それが民間企業にとって今日の法人課税を不必要にしてしまうことである。

第一〇章　ベーシック・インカムと社会的遺産

資本主義の代わりとなる経済システムへ向けたこれまでの旅は全て、ある共通の目的を持っていた。すなわち、生産手段の公有である。しかし一貫して確認したように、生産手段の共同使用は非常な困難をもたらした。株式市場社会主義という最良のケースでも、この複雑な広がりを持つ代替的なシステムは新しい種類の制度を必要とし、目下のところその制度が、協働の問題と配分の問題を本当に克服するかどうかは、明確には主張できない。

さて、この旅で残された最後の二つの目的地に向かおう。これまで扱ってきた経済システムとは反対に、これは生産手段に対する私有財産権に言及するものではない。それにもかかわらず、大きな期待を抱かせる。一つは、**無条件のベーシック・インカム**の一般的な供与に基づく経済システムであり、もう一つは、**社会的遺産**の一般的な贈与に基づく経済システムである。

この二つの経済システムは、相互に関係しており、両者は簡単に描くことができる。前者において、国家は各個人に毎月快適な生活水準を保証する一律の支払いを行う。各個人は、それにより自由に使える所得を得る。後者においては、成年に達した各個人は国家から自由に使うことができる初期資本を受け取る。

どちらの場合も市場システムと私有財産は問題にされない。したがって、経済システムは、定義に従えば資本主義のままである。しかしベーシック・インカムと社会的遺産の熱烈な支持者は、真に自由で平等な社会の創設と、それによるある種のシステム転換を期待している。

生産手段の社会化によって、例えば市場社会主義において、企業利潤は社会化され、それにより所得の集中は制限され、民主主義の金権政治的な退廃は回避されるはずである。目標は、所得のピラミッドの頂点にいる人々の権力を削減することである。これに対しベーシック・インカムと社会的遺産は、それらの基盤となっている人々の力の拡大を目指している。各個人に十分な所得への絶対的権利が保障されることにより、誰もが給与のために自分の労働を売る必要から解放される。したがって、誰も雇用者または市場から脅迫されることはない。同様に、社会的遺産には解放効果があるといわれている。

共通の哲学

ベーシック・インカムと社会的遺産は、公共部門から市民への移転支払いである。今日の資本主義において公的移転は、失業者の支援や老齢年金のように、典型的に福祉国家の要請によって正当化される。このような移転に対しては、困窮状態に陥っているか、または事前に対応する社会貢献をした人のみが、請求権を持っている。ベーシック・インカムと社会的遺産においては、請求権の種類は別物である。その倫理的な理由づけは、トマス・ペイン、ならびにアメリカとフランスの革命時代の知的環境に遡る。これによれば、全ての人間は地球の子であり、地球の直接的な果実に対する自然権を持つ。なぜなら、土地がその本源的な状況において生み出すものは、特定の個人の作業によるものではなく、全ての人に帰属すべきものだからである。しかし地球資源の利用は、今日では、それぞれの私有財産法のもとにあり、非所有者をその利用から排除している。それゆえに人間は、自然権を使うことができない。地球の直接的な果実へのアクセスを拒まれる埋め合わせとして、国家は各人に平等な金銭の支払いを実行しなければならない。

それゆえ、ベーシック・インカムと社会的遺産は、これらのシステムの特別な条件とは結びついてはいない。それは、特に受領者がどれくらい必要とするかとは関係がない。つまり個人が所得または財産をどのくらい自由に処理できるかとは関係がない。すなわち、億万長者と浮浪者は、全く同じ請求権を持っている。また家族の状況も関係ない。とりわけ、その個人に子供がいるのかどうか、いるならその子供は何歳かといったことは全く関係ない。ベーシック・インカムと社会的遺産は、あらかじめ支払われた社会保険料とは無関係である。それゆえ、苦労して獲得される請求権は存在しない。それ以上に、働く用意があるかどうかも、教育方針を守る用意があるかどうかも関係がない。ベーシック・インカムと社会的遺産は、全く理屈抜きに基本的に誰も侵害できない普遍的な所得移転である。

ベーシック・インカムと社会的遺産は、最終的に相互に排除しあうものではないが、一般的に一括りにされるものではなく、異なる支持者によって別々に提案されている。この理由から本章では順番に二つの異なる選択肢として提示しよう。そして、実際にはこの二つのアプローチに対する支持者は、異なる目的を追求していることがわかるだろう。

無条件のベーシック・インカム

無条件のベーシック・インカムの同義語として、結果的にはしばしば**市民資金**という短い表現を使うことにする。支持者の頭に浮かぶ経済システムでは、市民資金は、主たる居住地がその国である全ての人に対して、国家が保障するものである。例えば、市民資金は毎月振り込まれ、そして少なくとも社会文化的な最低生活費をカバーするものでなければならない。それによりベーシック・インカムは、個人にその社会における社会的生活への参加を可能にする。つまり平均的な市民の所得に対して低すぎることのない所得である。資本主義の不足を最終的に克服しようとするなら、市民資金は十分に大規模なものになるはずである。

無条件のベーシック・インカムに対する支持者の多くは、その導入により今日のシステムに対して三つの主要なメリットの実現を期待している。すなわち、個人の自律の強化、所有欲の減少、そして貧困の完全な除去である。これらのメリットを詳しく見てみよう。

より多くの自律

所得の権利は、とりわけ労働市場において、人間を市場の強制から大部分解放する。労働は、もはや自分のケアや家族の扶養ための手段ではなくなる。個人の生活において労働は、本来的な次元でより顕著になるだろう。大きな財産を持たない人は、職場を与えるという雇用者の好意を当てにしないだろう。それ以上に雇用者は、従業員を維持し、または新しく募集するために、より良い職場を創出するよう強いられるだろう。

ベーシック・インカムは、単に雇用者に対して被雇用者の力を強めるだけではない。それはまた官僚、債権者、配偶者、両親等々に対する自律を人々に与えるだろう。このような力関係の転換はいくつかの理由で歓迎されるかもしれない。

第一に、これまで手にしてきた自律は、新しい考えに基づいて、大きな多様性を獲得することができる。芸術家、著述家、科学者、そして発明家は、買い手、機関、または後援者に気に入られるかどうかとは関係なく、自分の考えを育てることにベーシック・インカムによる自律を使うことができるだろう。歴史は、市場や国家、教会のおかげではなく、市場と国家や教会の介入にもかかわらず、可能になった人間の知性が生み出した天才的な創造物について、多くの事例を提供している。例えば、ソクラテス、ガリレオ・ガリレイ、またはファン・ゴッホを、そしてその道を進むために日がな一日無為に過ごさなければならなかった異常ともいえる彼らの執拗さを考えるとよい。

市民資金により、芸術家や科学者などの現代の闘争者は、もはや生活維持に必要な資金調達を考える必要はなくなる。資金提供者、または鑑定人の願望に合わせる必要はない。資金調達のための〝ネットワーキング・ローン〟と借金の申込書作成の代わりに、彼らは独自の創作に身を捧げることができる。個々の創造性は自由に任され、そこから得られた思想の多様性は、最終的に社会全体に利益をもたらすだろう。

第二に、市民資金のおかげで、個人、特に若い人たちに、比較的長い試行期間の取得を許容することができる。彼らが始めたことに満足しない場合、第二の研究や第二の教育を実施することができる。

人間は、次々とたくさんの仕事のなかで給与がわずかな見習い期間を過ごしながら適切な職を見つける可能性を持っているかもしれない。大人であれば、新しい職に取り組む準備をするために、時間を取ることができるかもしれない。人々は、どのような職業が本当に天職であるかを見つける大きなチャンスを持つだろう。

今日、ほんのわずかな個人が、長時間生活を維持できる蓄えを持っているだけなので、そのような個人的な試行は、極めて限定的である。これは特に若い人に当てはまる。銀行から借り入れをしたいなら、金利と担保に関して厳しい条件が課される。そのような融資は非常に大きな貸し倒れリスクを伴うからである。結論として、ごく少数の者しか仕事を辞めて新しい道に挑戦することはしない。

しかし多くの試行を通じて、より改善された自己認識を獲得し、自分の才能と自分の特別な選好を厳密に把握することになるので、試行の取得には意味がある。このことは誤った決定の可能性と範囲を減少させる。また他の経験によっても学習する。自分の経験は、その本人によって担われるので、獲得された洞察の一部は他の人のためになるにもかかわらず、一般的に見て実際に最適である量の試行と比べて、個人はあまりにもわずかしか実施しない傾向がある。市民資金は、このような傾向を克服することができる。

第三点として、より多くの自律は、人間の関係を改善するということである。現在、脅迫される可能性のある人々を強化することは、もはやいじめができない状況に導くだろう。日常生活において上司と従業員は、平等な立場で出会うことになる。これにより協力が促進され、権威は自らその正当性を示さなければならないという見方が促進される。再び権威を願う者は、派閥の助けを借りて懸命に出世コースを上ることとの代わりに、〝技能〟を習得するインセンティブを強めることになるだろう。

少ない所有欲

資本主義に批判的な市民資金の支持者は、個人の人生目標の大きな方向転換を期待する。いまや各人が所得を獲得する権利を持っているので、今日ほどには、人はお金を稼ぐことに集中することはないだろう。したがって、人生を生きるに値させるような物事に注意を向けるだろう。家族や友人との集い、他人への愛、大きな困難に悩んでいる人の援助、あらゆる創造的な仕事に目を向けるだろう。報酬が支払われる仕事を追いかける必要はもはやないので、より多くの人が名誉を求めて無給で物事に打ち込むだろう。

この優先順位の変更は、おそらくあまり地位に関係しない消費とより多くの連帯意識に導くだろう。失業者と低所得者という烙印を押されることはなくなる。結局、彼らは汚らしいお金を稼ぐ代わりに、何らかの大きなプロジェクトにエネルギーを投入する、才能のある人なのかもしれない。その結果、人間の社会的地位は、お金の力では計られなくなる。これ見よがしの消費による富の顕示に、資源を無駄に使うことはなくなるだろう。高収入の地位に対するねたみは、それほど顕著ではないだろう。

より望ましい貧困との闘い

ベーシック・インカムの第三のメリットは、貧困との闘いである。社会的な最低生活費が保障されているので、地域社会は今日の幅広い国民階層を貧困のリスクから保護している社会福祉を廃止できるかもしれない。伝統的な社会福祉の仕事と比べて、市民資金の五つの長所が支持者によって挙げられている。

市民資金のおかげで、苦痛を伴う官僚的な手続きと自尊心を傷つけるような必要性の審査をしなくても、貧困のリスクは取り除かれる。

貧困の問題は、完全に解決される。本来的に国家の支援を必要とする個人の多くには、恥の意識や複雑な社会法制の無知から、この要求を有効に行うことができないため、隠れた貧困が存在する。両方のケースとも、市民資金によって除去される。

貧困との闘いに必要な管理支出は、減少する。なぜなら市民資金は、国家が管理しなければならない数多くの条件とは関係しないからである。現在過度の負担がかけられている社会福祉事務所と社会裁判所〔社会福祉関連の訴訟を専門に扱う行政裁判所〕は解散できる。

今日の失業手当の受領者が持つ労働に対するインセンティブは、改善する。従来の失業給付の場合、収入を得ると、ほとんど同額の失業支援に対する請求権を縮小させるので、失業者は追加的な所得を貰えない。これに対して市民資金に対する請求権は、受領者がそれに加えて稼ぐ場合でさえ、変わることはない。

今日の社会福祉とは反対に、市民資金は支給受領者の家族生活に望ましくない作用を全く与えない。社会福祉では、目下のところ家族の構成に関係して、その必要性が審査される。それゆえ、今日子供のいる女性は、子供の父親と別れて暮らすのが有益である。なぜならこの場合、一人で子育てをする母親に対する公的な支援を利用することができるからである。この種のインセンティブは、市民資金のような普遍的な給付の支払いに際しては存在しない。共同住居は、同伴者が受け取る資金の水準を減少させることなく、住居費用を節約する可能性を利用できるので、それ以上に魅力を持っている。

そうかもしれないが……一体どのくらいかかるのか?

無条件のベーシック・インカムの考えは、一部の資本主義批判者に働きかける結果を見れば明らかなように、有名なコロンブスの卵と同じで、単純だが革新的である。そこでその含意について、より詳しい考察に耐えられるのかどうかを検討してみよう。

〝市民資金〟という名前は、このサービスの受領者を強調する。市民はお金を受け取る。このお金が市民に提供されるかどうかは、国家次第である。したがって、市民資金の供与は最終的に追加的な税収、または公的な支出の削減によって資金手当てされなくてはならず、それに対応する国家の出費が並行して出現する。

このように、市民資金の裏には、市民資金の財政支出をカバーするために提供されなければならない〝市民の犠牲〟が隠されている。市民資金の上に構築された経済の魅力は、税の支払い者としての市民と、国家給付金の受領者としての市民に支払うために要求される犠牲とに、決定的に依存しているのである。

市民資金の直接的な財政支出は、期待される額に依存して比較的容易に算出することができる。最も単純なケースは、全ての自国民が年齢に関係なく受け取る一律の市民資金の場合である。それにより並行して出現する国家の支出を確定するためには、市民資金の金額と国民の数を掛け合わせれば十分である。我々はこの支出を国内総生産（GDP）の部分としても表すことができる。一人当たりの国内総生産のX％に対応する市民資金を得たいなら、全ての自国民が市民資金を貰う場合、支出には国内総生産のX％が必要である。数値例は、ここでは考察の助けになる。ドイツよりもほんの少し貧乏なだけで、一人当たりの国内総生産年額が三万ユーロであるような仮説的な国家を考えてみよう。もし（非課税の）市民資金を月額一〇〇〇ユーロ、すなわち年額一二〇〇〇ユーロを貰いたいのなら、市民資金は一人当たりの国内総生産の四〇％に該当し、そしてこれに応じる全体の支出は国内総生産の四〇％になる。しかし市民資金を月額七五〇ユーロで満足するなら、国内総生産の三〇％になる。

市民資金の額の比較対象として、ドイツにおいて長期的な失業に際して補償される支払い給付を取り上げてみよう。市民資金の月額七五〇ユーロは失業手当Ⅱ（ALGⅡ）に相当する。これは、より高い失業手当Ⅰ（ALGⅠ）を要求することができず、十分な他の所得を上回って提供されることはない失業手当である。身寄りのない場合には、失業手当Ⅱは月額最低生活費七〇〇ユーロを基準額とする。それは、住居費の高い多くの自治体において、そして低い住居費の若干の自治体においてである。したがって、市民資金が社会的市場経済への魅力ある選択肢を追求するなら、どんな場合でも失業手当Ⅱよりも低くしてはならない。

市民資金に対する公的な支出超過の規模を正確に捉えるために、ドイツにおける公的な財政の実際の数字と比べてみよう。失業手当Ⅱに対する年間の公的総支出は、国内総生産の一・五％にも満たない。教育に対する年間の総支出は、おおよそ国内総生産の五％になる。収入の側から見ると、年間の総税収は国内総生産の二〇％強になる。

したがって、魅力ある市民資金に対する直接的な支出超過(これまで見てきたように、国内総生産の三〇から四〇%であるが)は、異常に高いものである。市民資金の全額を成人した国民のみにとどめるとしても、それはあまり変わらない。ドイツのような国において、国民の一六%だけが未成年者である。一八歳にまだならない個人に、市民資金の半額のみを支払うなら、国家の市民資金への支出は、八%だけ減少する。市民資金の上述の実例において、月額七五〇ユーロの場合、もし国家が、未成年者に月額で七五〇の代わりに、三七五ユーロを支払うならば、それと関連する支出は、依然として国内総生産の二七%強になるだろう。それはいまだに公的な財政に対して大きな課題である。

福祉国家における可能な節約

明らかにベーシック・インカムの導入は、ドイツのような国において租税負担を二倍以上にするので、追加的な税金で賄うというわけにはいかない。国家は、それにより他のところにおいて支出を削減することを強いられるだろう。市民資金は市民に購買力を与えるので、国家全体の現金給付を削減の対象にすることが自然と思いつく。

ドイツにおける市民資金の導入に際しては、**子供手当**または**児童扶養控除**を廃止することが考えられる。子供は市民資金の権利を持っており、このサービスは、すでに存在しているもの以上に大規模であるはずなので、この削除は問題ない。

これに対して他の社会福祉事業におけるカットは、市民資金の導入にもかかわらず、ある人たちを悪化させる可能性があることに注意しなければならない。とりわけ、連邦教育促進法(BaföG)の枠内にある生徒・学生の育成に要請される**扶養手当**、**失業手当Ⅱ**、**住宅補助金**、**老齢基礎保障**そして**社会的扶助**の一部が問題になる。

問題と思われるのが、**失業手当Ⅰ**のカットである。その金額は、失業する前に受給者が得ていた給与に依存する。失業手当Ⅱとは違って、これは貧困対策のためのものではない。失業手当Ⅰは、一時的な失業に際して、生活水準の維持という保険機能を満たす。市民資金は、一律に同額であるので、この保険機能を引き継ぐことはできない。

したがって、失業手当Ⅰのカットは、社会的貧困に対処する保険としては不十分である。しかし市場は、失業のリスクに対して保険による保護を提供する状況にはない。著しい情報の遮断のせいで、多数の就業者は保険の提供を全く受けられず、また失業保険に対する個人的な準備は一般的であるとしても、非常に高い保険料に結びついているので、とても不利な条件となっている。

特に、失業手当Ⅰのカットは、当該事業が廃止されれば、もはや拠出への理由づけができないので、失業保険の保険料がなくなることで、最終的に比較的わずかな金額を国庫に流入させるだろう。最終的に失業保険の支出と収入の差額をカバーする税金で調達される補助金のみが保存される。しかし、この補助金はわりと少ない。

節約の効果を大きくするために、失業手当Ⅰのカットに関連して、雇用者と被雇用者に課される失業保険の保険料は廃止されると同時に、給与の所得税は引き上げられて、国庫の収入はあまり変わらない水準に留まる。しかしこの選択肢には、二つの欠点がある。一つには、所得税における賃金労働者と他の所得の受給者を区別する。なぜなら、前者は同じ所得で、（保険料の削減分に代わって）より高い税金を支払わなければならないからである。もう一つには、税金は保険料よりも少ない支払い金額であり、労働のインセンティブに関してよりいっそう有害である。これは、被雇用者が保険料の支払いによって給付に対する請求権を持ち、この給付の額は彼によって支払われた保険料の分だけ増加するのに対し、被雇用者が失業しないで税金を支払っている場合、反対給付を請求できないからである。

そこでヨーロッパ諸国の社会予算の最大の費目を見てみよう。すなわち、**老齢年金**である。ドイツにおいて年金保険の費目は、国内総生産のだいたい九％になる。市民資金に対する支給手段の一部を必ずしも厳密にそこから取って来る必要はないのではないか？

法定年金保険の廃止は、高齢者の貧困との闘いに役立つだけならば、比較的問題はないだろう。これはアングロサクソン系の一部の国のケースに近い。しかしドイツのような国々では状況が全く違っている。そこでは法律上の年金保険の収入は、一般的に明らかに最低生活水準を超えるものであり、その額は被保険者によって支払われた保険料に依存している。

そのような国において累積した年金請求権は、私有財産と同じような保護を受けており、市民資金の導入によって老齢年金の廃止は、多くの老人に大きな資金的な損害をもたらすだろう。それはまた、私的保険に対して深刻な差別を生み出すだろう。したがって、これらの国においては、国家の老齢年金の廃止は、現実的な選択肢ではない。

それにもかかわらず、これらの国において、老齢年金への国家支出の漸減的な削減が追求されており、その結果長期的には国の年金保険は廃止される可能性がある。この選択肢は、すでに生じている年金請求権は保障されるが、それ以上積み立てることが許可されないものになると予想される。それゆえ、新しく労働市場に参加する世代では、彼らが労働市場を去るときには、国家の老齢年金を受け取ることはない。したがって、長期的には国は老齢年金への支出を節約するだろう。

いずれにせよ、この選択肢においては移行過程も最終状態も問題含みである。移行に関しての難点は、被雇用者と雇用者の保険料が、一年の間にその年の老齢年金を資金手当てする際に、国家の老齢年金を分担する仕方で処理されるという点にある。その方法では、被雇用者と雇用者の保険料は、同じ一年間の間に同じ年の老齢年金を資金負担する。要するに、年金請求の裏に、収益をもたらす積み立てられた基金はなく、各世代は、次の世代によって支えられるという世代間契約に依拠しているという事実が隠されている。つまり、すでに年金のために払い込みをした現在の被雇用者世代は、老齢年金へのそれに応じた請求権を保有しており、彼らの年金は、次の世代が支払う税金から給付されなければならないのである。他の全ての世代と異なって、そのような改革に直面した被雇用者の次世代の大部分は、二重の負担を負わなければならない。年齢相応の生活水準を維持するために、彼らは自分の財布から、追加的な私的老齢年金の費用を負担しなければならない。なぜなら、納税者としての役割において、各世代は先行する世代の年金を支払わなければならないからである。明らかにそれにより次の被雇用者世代は、今日のシステムよりもいっそうひどい状態に陥るだろう。

市民資金と追加的な私的年金に基づいた老齢年金という最終状態は、経済的な観点からも、資本主義批判的な観点からも、必ずしも望ましいものではないだろう。

経済学者は、保険市場を苦しめている各種の情報問題を指摘するが、老齢保険の分野で市場競争のメリットが、経済的な負担よりも大きいのかどうかについて意見を異にしている。ドイツでは、国庫補助による老齢年金（リースター年金）を考えることができる。

資本主義批判者の視点からは、少なくとも二つの理由が老齢保険の民営化に対して語られる。第一に、民営化によって人々はお金にもっと注意を払わなければならなくなる。彼らは、どのくらいその年齢では貯蓄しなければならないのか、貯蓄をどのように投資すべきなのかに、頭を悩まさなければならない。つねに彼らは、投資に応じた資本収益の動向に気を配り、保険会社の費用を他社の費用と比べなければならない。

第二に、民営化された老齢保険では、世代間の連帯は少ない。公的年金は、一般的な給与水準によって上昇するので、今日の分担方法のもとでは、給与の増加は、年金受給者にとって有益である。最終的に老齢者がキャピタルゲインによって生計を立てるシステムでは、給与の削減の方が企業利潤とそれに伴う資本収益を増加させるので、支持されるだろう。

それにもかかわらず、公的年金が廃止される場合、それにより実際に達成された節約分は、基本的に支払われなかった老齢年金の額よりも少ないだろう。その理由は、失業手当Ⅰの削減の場合と同様である。年金保険給付の停止は、それに対応する年金保険料の廃止を条件とする。したがって、最終的に年金保険への国庫補助のみが節約される。

ドイツについての概算

数年前、著名な福祉の専門家リヒャルト・ハウザー（Richard Hauser）は、二〇〇五年のドイツについて、福祉国家でどれだけ支出節約が可能かを考えて、無条件のベーシック・インカムに必要な財政支出を推計するという興味ある研究を発表した。彼により示された節約分には、特に対応する社会保険料の削減なしに、失業手当Iを完全に廃止することが含まれている。それは、上で示された理由から議論の余地が残るものであろう。これに対して公的老齢年金は、彼の計算のなかでは廃止されてはいない。

全体的にハウザーにより見積もられた節約分は、各種の福祉サービスの削減により、年二三三〇億ユーロになった。その際、失業者数に関して、二〇〇五年がドイツにとって記録的であったし、また、失業に対する給付がとりわけ高かったことを考え合わせる必要がある。

ハウザーが指摘したように、廃止される給付を管理する官僚機構を解体することで、追加的な節約が達成されるかもしれない。この節約は、確かに見積ることが難しい。二〇〇五年にはドイツにおける社会保険の事務処理に対する支出は、総計で年に二二〇億ユーロであった。とはいえ、この誇るべき金額は、勝手に処理されるものではない年金保険の事務処理に起因するので、可能な節約の上限を示しているにすぎない。それ以上に市民資金の支出に関する事務の多さのため、今日その額を評価することが難しくなっている。所得税の分野では、追加的な費用が発生する可能性があることを覚えておく必要がある。市民資金の導入に際して、政府は基礎的な手当を引き下げるか、全てを廃止する。なぜなら、市民資金による最低生活費を保障するために、国家は追加的な収入を緊急に必要としているからである。しかし所得税は、非常にわずかな収入のためにも計算する必要があるので、それにより課税対象となる人数は増加するだろう。

それでは、市民資金の供与によって生じる直接的な財政支出を見てみよう。それは、金額と年齢層の間で差別化がどの程度可能かに依っている。以下の二つの変種が、この財政コストの大きさに対する感触を与える。第一の変種では、市民資金は、成人には月額一〇〇〇ユーロ、そして未成年者には五〇〇ユーロになる。この最初の変種では、ドイツにおいて国家の支出額は一年におおよそ九〇〇〇億ユーロになる。第二の変種では、成人に月額七五〇ユーロ、そして一八歳以下の人間には月額三七五ユーロになる。この場合、市民資金は六七〇〇億ユーロに減少する。

この節約分が、社会政策分野において市民資金の直接的なコストから差し引かれている場合は、市民資金の導入によりネットで生じる余分の支出のような印象を受ける。ハウザーの見積もりに基づいて考えると、給付と事務管理費のカットによる節約分は、年額二四〇〇億ユーロと想定することができる。その際、考慮すべきは二〇〇五年時点の数値だということである。この金額を二〇一三年の額で計算してみると、おおよそ二六〇〇億ユーロという金額で置き換えることが許されよう。第一の市民資金の変種(一〇〇〇ユーロを月額で、そして未成年者には五〇〇ユーロを)において、差し引き六四〇〇億ユーロのコストが生じる。第二の変種(月額七五〇ユーロ、または未成年者に三七五ユーロ)に対しては、四一〇〇億ユーロである。

ドイツにおいて魅力的な市民資金に対する資金手当ての必要は、この規模である。残りの公的支出は、大部分が意味のあるものであり、数千億ユーロの削減は市民の生活保障水準に対して破壊的な効果を与えるだろうから、資金需要は専ら追加的な税収によってカバーされなければならない。現状が変わらないのであれば、ドイツにおいて二〇一三年には約六〇〇〇億ユーロの税収が予想されている。ざっと計算しても、魅力的な市民資金の資金調達は、二倍の税収が必要とされる。これには、固定税ベースで、約二倍の税率を必要とするだろう。

市民資金と人口移動

上で述べた概算は、市民資金の導入、社会的給付の廃止、そして税率の引き上げに対する個人の家計と企業の反応を想定していない。しかし当然ながら、そのような改革は経済主体の行動を変化させるので、この変化がまた市民資金改革の支出面でも徴収面でも重要である。

続いて我々は、市民資金の二つの中心的な効果に議論を集中しよう。つまり労働市場と人口移動の流れである。その際ドイツは、市民資金を単独で導入するとし、それは主として所得税と売上税の引き上げによって、したがって二つの最も豊富な税金によって、資金手当するという仮定から出発しよう。同じような認識は、若干の欧州の諸国が協調して共通の市民資金を導入する場合にも適用される。

魅力的な市民資金は、仕事はできるが働くことは望まない人々のドイツへの移住を促すだろう。例えば、その時点に外国で生活していて、いつも二、三年ごとに働くのをやめたいと思っている一部のドイツ人が、ドイツへと戻って来るだろう。例えば絵描きや園芸家のように、同じような趣味を持った人々は、それほど高くなく、市民資金によって見苦しくなく生活できるような美しい土地で、小ぎれいな家を共同で借りることが可能である。

この種の移民による効果は、市民資金に対する財政的な必要性を高めるだろう。この問題を緩和するために、市民資金の額をドイツにおいて過ごした割合に従って、重みづけすることができるかもしれない。これは、確かに書類化する義務が前提とされるので、管理の簡素化が市民資金の魅力の一部であった事実に対して阻害要因となるだろう。

短期的または長期的に〝ドロップアウトしたい〟人々を引きつける効果は、その他のEU諸国に対しても、とりわけドイツ語を自由に操る場合に、またはドイツとすでに何らかの関係がある場合に、特に発生しやすい。インターネットを介した遠隔地労働のおかげで、その住居地をドイツに移そうとする場合は、おそらくしばしば労働活動を諦める必要がある。

このような移民の流入を阻止するために、市民資金はドイツの国籍を有しているか、またはそれを受け取るために有効な前提条件を満たしている人物にのみ認められる。この規則はいずれにせよ国籍による差別が全くEUの合意ではないので、EU法との適合性を調べる必要がある。さらに、そのような規則の社会的合意は、慎重に検討されるべきである。ドイツには、ドイツ国籍を持っておらず、またそれを要求することを主張することができない多くの人々が生活し働いている。ドイツ国籍のあるものに対して市民資金を導入し、その時点での福祉給付を廃止すれば、これらの人々は失業したとき国家の支援を受けられず、非常に高い貧困のリスクにさらされる。これに対応してドイツは、請求権がない人たちを対象として貧困に対する基本的保障システムを構築しなければならない。再び実務における節約の可能性を縮小させることになる。

一面において、自国を抜け出してドイツにやってくる人、また増額を求めてドイツにやってくる人がいる一方で、非常に高い税負担のせいで、仕事を担う人の中には他国に移住する者がいるだろうが、他の国からドイツに移住して来る者はほとんどいない。小さな税率の変更は一般的に納税者の居住地の決定にほんのわずかな効果しかない。しかし税率を二倍に引き上げると、稼ぎの多い人にとって国内における最終的な手取り額と海外における最終的な手取り額は、大きく変わる。特に若く生産性の高い労働者にとって、ドイツに背を向ける金銭的インセンティブは非常に強い。比較すると、高い税の支払い者は、決定的に国庫の資金調達に寄与するので、所得が高く税の支払いが多い者が外国へ移住すれば、市民資金に対して国庫への超過需要を高める結果となる。

したがって、一般的に市民資金の導入は国境を越えた流動性を活発化させ、市民資金の資金調達の可能性をいっそう難しくさせるだろう。

市民資金と労働意欲

では、労働市場に目を移そう。ドイツの国内における住民の労働意欲は、市民資金の導入によりどのように変わるだろうか？　これは、国庫の観点から重大な問題である。なぜなら、労働所得は最終的に国家収入の最大の基盤であり、その大きさは国民の労働意欲に依存するからである。

市民資金の導入に対して労働意欲がどう変化するかは世帯のタイプによって異なるはずなので、この問題に対する包括的な回答は不可能である。生計能力のある人々を少なくとも三つのカテゴリーに区別しなければならない。つまり失業者、平均的な収入の人、そして高給取りである。

今日の**失業者**については、さらに四つの分類を示すことができる。第一に、比較的すぐに労働市場への入口を見出す一時的な支給受領者が存在する。この人々を平均的な収入者に組み入れて、あとで扱う。第二に、自発的に失業し、福祉国家を利用する個人が存在する。彼らは、合理的な労働機会を利用せず、労働局の制裁を何とか回避している。この集団に対して、市民資金の導入は労働意欲を高めるだろう。つまり現在の潜在的な定期の労働所得は、非常に高い暗黙の限界的負担の対象となっている。これは、彼らが追加的なユーロを稼ぐ場合、所得は限界的負担に伴って減少するので、可処分所得は、数セント増加するだけだということを意味する。これに対して、市民資金のシステムにおいては、追加的なユーロは所得税率で課税されるが、今日の払戻率よりも低い。それゆえ、この人の労働意欲は、今日より高くなる。

第三の失業者は、労働局から低賃金の仕事が与えられ、処罰されないためにだけ仕事をする支給受領者である。市民資金の導入により、税金が増える人の中には、仕事を諦める人がいる。なぜなら、この仕事は賃金が低く、市民資金は労働意欲とは関係なく承認されるからである。この集団の労働量は、それゆえむしろ減少する。

第四に労働意欲とは関係なく、単純に仕事を見つけられない失業者がいる。全く賃金の支払われない非自発的失業である。したがって、まず市民資金の導入は、労働量を増やすことも減らすこともないだろう。

さて労働意欲について調査されなければならない家計の第二のカテゴリーに移ろう。すなわち**平均的な所得**という大きなグループである。

市民資金改革は、労働効率の低下を呼び起こす。さしあたり市民資金の導入と租税の引き上げを同時に実施することにより、今日の制度と同じようにおそらくうまく受け入れられるだろう。確かに、限界税率は今日より高くなる傾向にある。労働供給量の若干の減少は、今日の状況と比べて少しばかり購買力を失うことになる。したがって、この家計は労働時間を短縮するインセンティブを持つ。自営業者個人の場合、租税の引き上げは闇の労働に逃げ込むかもしれず、脱税が厳しく処罰される限り、正反対の効果が存在することもある。

労働市場調査に基づくと、平均的な所得の家計における労働供給減少は、主として子供がいるか、介護が必要な年とった家族がいる既婚の女性の場合に生じる。この女性たちは、家族の面倒を見るために、フルタイム労働からパートタイムの職場へ移動するか、労働市場から完全に撤退する。

予測するのがいっそう難しいのは、平均的な収入者がどのように労働市場から完全に手を引くのか、つまり撤退するという選択肢を取るのかということである。人々にそのような選択肢を提供する市民資金は、これまでどこにも導入されておらず、それゆえ実証的な調査を参考にすることはできない。例えば、家族の面倒を見る必要のない単身者、または夫婦は、長い期間にわたり世界中を旅行することができる。自然と親しむ素朴な生活を田舎で手に入れる人もいるだろう。賃金を支払われる仕事に興味のない同じ考えの人々は、お金がなくとも、自分たちの考えに従って、うまく生活する町の特別な居住地に引っ越すことができるかもしれない。決定的な問題は、どのような規模で、労働の世界からの退出が行われるかである。仕事に就いているほんのわずかな人たちが、この選択をするならば、国家の税収にとって重要ではないだろう。しかし背を向ける人々のグループが大きくなればなるほど、それだけ市民資金に対する資金調達の可能性は揺らいでしまう。

我々が考察しなければならない第三の職業に従事する人々のカテゴリーは、**稼ぎの良い人たち**である。前に見たように、彼らの一部は、高い税金のせいで国外へ移住をしてしまうことが予想される。ここでは、国家に忠実なままでいる人たちのみを考察する。平均的な稼ぎの人たちと同じように、稼ぎの良い人たちにとっても限界税率が上昇することにより彼らの労働意欲は低下する傾向がある。確かにこの家計にとって市民資金の導入は、使用可能な所得の明らかな減少を伴って生じる。つまり、彼らが市民資金を賄うために支払わなければならない追加の税金は、彼らが受け取る市民資金よりも高額である。稼ぎの良い人たちは、前の生活水準を維持したいならば、以前よりも長く働かなければならない。したがって、このグループには二つの相反する効果があり、そのせいで労働効率に対する全体的な効果は、さしあたり不明確である。

しかしながら、稼ぎの良い人たちの労働意欲に対するプラスの効果は、税金の引き上げにより引き起こされる所得の減少に基づくものである点を強調すべきである。つまり所得の減少が大きくなればなるほど、それだけ多くの仕事により埋め合わせる意欲が大きくなるということである。しかし次の点は明らかである。つまり、より大きな所得の減少に悩まされる家計は、ほぼ確実に最も早く他国への移住を決定する人たちである。したがって、国内では最終的な結果として、むしろ稼ぎの良い人たちの労働量に対するマイナスの効果が予想される。

さてこれで、各種の家計グループの労働意欲に対する市民資金の予想される効果をまとめることができる。その結果、全体の労働量が市民資金の導入の場合において確実に高められるとは期待できない。失業者の下位グループに対しては、一般的に積極的なインセンティブ効果が期待できる。その場合これらの人々は、生産性が低く、最も少ない税金を払うだけである。平均的に稼ぐ大きなグループにとっては労働供給の減少が予想されるが、労働市場からの撤退にまで行き着く社会的行動となるなら、大規模な供給減少があるかもしれない。所得の高い人々は、海外と比べて税率が非常に高く、その結果、彼らの多くが国外に移住するとしても、それは全く考えられないわけではないが、大きな変化ではない。

これは魅力的な市民資金のための資金調達可能性に対し何を意味するのか？　適応行動を考えずに行った、ドイツでの最初の概算が示唆するところでは、財政上の追加必要額が、平均的な税率を二倍にして何とかカバーされるはずである。予測は、いまやあまりにも楽観的であることが示されている。なぜなら、税率を二倍にしても、税収は、二倍にはならないからである。というのも、上で示されたように、全体の労働収入は減少するからである。労働は逼迫し、論理的には賃金は高価になるだろうから、その結果、資本からの所得は同時に減少するだろう。それにより全体の課税ベースは低下するだろう。したがって税率を二倍にすることは、財政上の追加必要額をカバーするのに、十分ではない。そこで問題は、市民資金のための資金調達を、より高い税率の引き上げによって達成できるかである。この問題には、残念ながら今日十分な正確さをもって答えることができない。税率が非常に高く留まるなら、課税後所得がこの税金の引き上げのせいで実質的に減少するので、さらなる引き上げは、当然の帰結として、必ずしも税収の増加には繋がらない。したがって、政治的な実効性とは無関係に、

魅力ある市民資金は不可能である。なぜなら、少なくとも地域社会が労働義務と海外移住禁止を決めない限り、資金調達を可能にする租税システムは存在しえないからである。

市民資金の導入によって労働の生産性と時間あたり賃金、そこから帰結する租税収入が変化する可能性があることを考慮すれば、このような悲観的な評価はほとんど変わることはない。一面において、人間は独自の考えを持っており、うまく自分の才能にあった職業を自ら選び出すので、自律性の保障が生産性に積極的な効果を持つと期待することができるかもしれない。しかし別の面で、人間はキャリアと仕事の選択に際して給与にはあまり関心を示さず、教育や活動による喜びへの期待を重視するので、市民資金は労働生産性を減少させることが懸念される。この理由から、彼らはしばしばあまり生産性を高めない仕事を行うといえる。したがって、最終的に市民資金が労働生産性を著しく上昇させることは、起こり得ない。

危ない、崩れる危険が！

現在のシステムの魅力ある選択肢として、無条件のベーシック・インカムは、その支持者が望んでいるような自由を可能にさせる。しかし市民資金がそれに対応する額で決定されるなら、異常なほど高額の国家支出を生じさせる。ドイツのような国家において、財政上の追加必要額は、その時点での税収全体と同じ規模になるだろう。すなわち、国内総生産の約二〇％である。現時点で、追加的な税収が一体このような大規模な額を達成できるのかどうかは全く不明である。市民資金とより高い税率の組み合わせによって経済効率が明らかに制約を受けることを考えに入れなければならない。国民経済は、より低い消費とより多くの自由な時間との間で落ち着き均衡するか、あるいは崩壊するかのどちらかだろう。

この推計は、社会福祉事業の慎重な削減によってもたらされる魅力ある市民資金の支払いに関連している。市民資金が現在の社会福祉事業のもとで困窮者に給付され、一方でその導入に対する反対行動が生じ、社会的に大騒ぎが起こるならば、全く別の評価になる。そうした評価は、国民経済における国家の保険機能を最小限にまで引き下げ、資本主義を最も純粋な形となるように、福祉国家の発明以前の形態を復活させるために使うことができる道具として、市民資金を理解する支持者たちによって宣伝されている。

とりわけ米国から、チャールズ・マーレイ(Charles Murray)のような保守的知識人により最近財政危機について提言がなされ、一部の欧州の専門家により熱心に手本とされた。このような市民資金の新自由主義的な見解では、低い水準で市民資金が固定されているので、しばしば資金調達について比例的な所得税を予定し、国家による年金保険と医療保険を含めた福祉国家の廃止を要求している。

この市民資金に対する新自由主義的な見方は、急激な税率の引き上げではなく、多くの社会福祉的な仕事を削減することにより、資金調達を可能にさせる。したがって、資本主義に批判的な見地に立つ市民資金の計画では、解放を目指したもくろみでその実現が努力されるが、財政的また経済的な問題のせいで最終的には縮小し、新自由主義の変種として実行されるというリスクを隠し持っている。

ベーシック・インカムに対する最終的な考え方

ベーシック・インカムの考えの基本問題は、課題となっている資金調達の可能性を越えたところで生じており、それには今まで言及しなかった。つまり〔フランスのコミックシリーズの〕アステリックスとオベリックス(Asterix und Oberix)の魔法の媚薬を使えば、今日明日中にも二倍も生産的になり、そして二倍も所得を得るので、大規模なベーシック・インカムは、二倍の税収によって容易に資金調達できる。しかしおそらく多くの人たちは、全くベーシック・インカムを得たいと思わないだろう。なぜなら、それは**不公平**であり、相互主義的な社会的繋がりを破壊すると考えるからである。

この推測の裏には、以下の考察が隠されている。

市民資金は、税金で資金調達される。労働収入が国民所得の最大部分を構成し、資本への課税が資本の国際移動を理由に比較的厳しく制限されるならば、市民資金は専ら労働所得への課税と、労働者家族への社会福祉の廃止によって賄われる。したがって、ここで費用を負担するのは労働者である。市民資金の支持者が持つ自由の概念を否定するなら、労働義務を導入しない場合、人々は仕事に行くのか市民資金で生活するのかを、好みによって自由に決定することになる。全ての人が同じような選好を持っているのなら、この自由により全員が人生のなかで同じような時間を楽しむことが認められるだろう。これは、意図された公正の問題が生じないことを意味する。しかし、人々が様々に異なる選好を示すなら、この問題は存在する。その場合、一度も働かずいつも市民資金によって生活する人たちや、引き続き働く人たち、そしてさらに両方の間で交互に生活を変える人たちが存在する。多様性により、一方の側にのらりくらりと日々を送る者がおり、別の側に、仕事を担う者がいる。社会がこの二つの層に分かれるなら、市民資金は公正ではあり得ない。というのも、怠け者によって仕事を担う者が搾取されるという結果になるからである。魅力のある社会モデルの重要な特徴である兄弟愛については、全く論じることができなかった。

したがって、市民資金によって完全に健康な怠け者が発生し、彼らは自分のためだけに生活し、社会の残りの人たちによって養われることになる。他人のために何か貢献しなければならないという考えもなく、他の人の労働によって見苦しくなく生活するという働く能力のある者の権利は、この経済システムを本書のなかで紹介した他の選択肢から区別させる。

経済的な観点からこの事実を眺めて見ると、我々が全ての代替的な経済システムを考える際に用いた協働のテストに合格しない危険があるので、確かに問題である。しかしここでとりわけ致命的なのは、深く根差した公正の概念を棄損することである。中世における貴族と聖職者に対抗した農民と市民の蜂起、そしてのちに産業資本家に対する労働者の蜂起は、せっせと働く者の労働の果実によって別の生活をする人たちへの蜂起であった。

今日例えば、イスラエルの社会のなかで同じような理由で、緊張を確認することができる。イスラエルでは、超正統派ユダヤ教徒に対し、国家によって労働をしないで生活する機会が擁護されている。それは、国民に次第に割合が増えていくと認識されている選択肢である。労働の世界で統一されたイスラエルと、国家により養われている超正統派の人たちのなかでは、現代人の間の分裂は、あまり深いものではないのかもしれない。多民族のヨーロッパでは、市民資金は努力する者とそれによって得する者との間で、社会の分裂を生み出す可能性があり、我々に考えるべき課題を与える。

市民資金の財政的また経済的な問題と、新自由主義の逸脱による政治的なリスクとが同時に生じるコンフリクトの可能性が疑われるなら、市民資金の魅力を示すものはほとんど残っていない。

社会的遺産

無条件のベーシック・インカムの姉妹計画は、社会的遺産の供与である。これは以下のような仕組みを意味している。成年になると各市民は、国家から自由に使える一律のスタート資本を受け取る。市民資金と同じように、社会的遺産の場合には、必要性の審査を条件としない一般的な資金移転が問題になる。しかし市民資金とは異なって、振り込みは一度だけである。つまり成人になった最初の日に振り込まれる。

今日世界で広まっている社会的遺産についての提案は、ベーシック・インカムほどには急進的ではない。提案された振込金額は、人生のサイクル全体にわたってベーシック・インカムにより受け取られる合計額よりはるかに少ない。したがって、社会的遺産は公的な財政に対して明らかにより少ない負担を意味している。

これは約二〇〇年前に誕生した古い考えであり、一九九九年にアメリカにおいて、二人の教授ブルース・アッカーマン(Bruce Ackerman)とアン・アルストット(Anne Alstott)は、社会的遺産として総額八万ドルを要求した。少し後になってドイツでは六万ユーロの社会的遺産が議論された。現時点でこの額を換算すると、六万五〇〇〇から七万ユーロになるだろう。この額の社会的遺産は、ドイツにおいて財政の支出超過が年約五五〇〇億ユーロに、それは国内総生産の二％強になるだろう。その際、子供の多い家族の流入を大して呼び起こさないと仮定しておく。

社会的遺産は、多数の国で実行可能であるにもかかわらず、これまでどこにも導入されていない。大量の石油とガスの埋蔵のおかげで、国家の非常に大きな収入を獲得できる資源の豊かな国は、社会的遺産を通じて国民にこの収入に直接参与させることができる。社会的遺産の考えがまだ移植されない一方で、この考えに従った非常に小さなプログラムがすでに進められている。英国の子供信託基金には、新生児全てに国家が少額を払い込む預金の形式で投資口座を提供するプログラムが存在する。子供は、一八歳を過ぎると初めてこの資金を使うことができる。それまでの間、両親が預金に追加的に投資する。彼らにインセンティブを与えるために、この貯金の収益は非課税である。

七万ユーロの金額の社会的遺産では、市民資金とは反対に、大抵の人はゆとりを持って人生を過ごすために、依然として労働を売ることを志向するだろう。社会的遺産を支持する人たちは、むしろ彼らに影響をもたらす**機会の公平性**を引き上げることになる点を強調する。資金のない両親の子供は、このシステムにおいて遺産を受け取るが、それは彼らにとってまだ多くの可能性が開かれている人生のある時点でのことである。社会的遺産のおかげで、これらの人々は、例えばそれにより高等教育を受ける、または小さな会社を立ち上げるといった投資を行うことができる。つまり今日自分の資金では賄うことができず、しばしば借り入れを受けられない計画に対して彼らは投資できるのである。

社会的遺産は、若い人が両親に依存しない、場合によっては福祉事務所と与信者に依存しないといった傾向を強めるだろう。これは対象となる若い人に心地よく響く一方で、社会がそれにより何がしかの利益を得るのかどうかは明らかではない。一面において、獲得された自律は基本的にしかるべく前向きである。というのも、それは追加的な選択肢を創り出すので、社会的遺産を持たない若者の選択肢が少なくなればなるほど、それだけ自律することが価値のあるものになるからである。別の面で、この自律の時点があまりに早過ぎ、若者が社会的遺産による自律をうまく使えないだろうという見方が示されるかもしれない。彼らは、自分の両親に彼らの計画、例えば学業をすること、自律した活動を始めること、または会社を設立すること、高価なスポーツカーを購入することなどの行動を起こすにあたって、同意を求めるよう強制されることはもはやない。彼らには、銀行やソーシャル・ワーカーの助言を聞く必要はないかもしれない。したがって、しばしば誤った決定を行い、貴重な資源を台無しにしてしまうかもしれない。社会的遺産の支持者は、この意見に反対して、社会的遺産の展望が若者に自己責任に対する重大な意味を伝えるだろうし、その結果、彼らは全人生を通じてより注意深く将来を見通して進むだろうと主張する。

資金調達

社会的遺産に対する全体的な需要は、先に述べた金額で国内総生産の二％強になる。市民資金と異なって、社会的遺産の導入に際しては、彼らが社会的遺産をカジノで遊んで使い果たしてしまった場合、困窮した人間はそれ自体で助けられるべきであるので、貧困の危険のある人に対する福祉事業は、廃止しないでおくことが望まれる。ただし、想像するに困窮している人は少ないだろう。しかし、〔福祉事業の〕貯蓄によって社会的遺産に対する支出の一部が賄われるだけである。わかりやすい例は、学業の助成（ドイツにおける連邦奨学資金法）の廃止、大学の授業料の値上げ、そして企業設立に対する振興プログラムの廃止であろう。しかし資金需要のより大きな部分は、おそらく税金によって工面されなければならない。

税負担は、ドイツのような国においてちょうど一〇％であり、国内総生産の約二％であるが、社会的遺産を賄うために引き上げられねばならないだろう。相当な税の引き上げではあるが、経済の働きに破壊的な作用を及ぼすほどのものではない。

社会的遺産の支持者は、一般的に相続財産に課税することにより資金調達することを要求している。しかしながらそれでは十分でなく、特にドイツのような国において、相続税の発生は国家が社会的遺産の資金調達に必要とされる額のちょうど一〇分の一に相当する。

別の問題は、社会的遺産が導入される段階の設計だろう。唐突な導入が、例えば、二〇一五年一月一日以降の者に対し実施されたとする。つまり一九九六年の一二月三一日に生まれた者は、国家から一セントも受け取れず、その一方で、その日以降生まれた者は、七万ユーロを受け取ることを意味している。ここで機会の公平性の問題が姿を現す。この問題を緩和するためには、移行段階を作るべきで、そこでは社会的遺産の金額は徐々に上昇し、世代間の公平な調整のために補償措置が導入される。

批判

社会的遺産の提案は、自己責任の優先と機会均等の要求により基礎づけられる。**自己責任**に関しては、社会的遺産の支持者は、これを導入することにより、自分で決めることがどのくらい重要であるかを、若者に明確に示すことができると強調する。それによって彼らは、無頓着や無精とは反対の行動を取るからである。

社会的遺産がこのような効果を与えることができるという主張は、納得のいくものである。しかしその効果が非常に望ましいものなのかどうかは、別の議論に譲ろう。なぜならどんな実証的な調査も、ドイツのような国の若者の多くが日がな一日ぶらぶらと過ごすか、もしくは全く無気力に暮らすようになることを示していないからである。社会慣習によれば、むしろ若い人たちが比較的早い時期に自分の将来に気を配って、その結果、正しい時期に将来の準備をすることが示されている。したがって、自己責任の意味を強調するのに高い優先権が与えられるべきかどうかは、全くはっきりしていない。

それ以上に、一方的に自己責任を強調することには、裏の面があるのを黙認するわけにはいかないだろう。社会的遺産を与えるに際して、〝当然の損害〟を受け入れることが広がる可能性を注視しなければならない。この社会的遺産にもかかわらず、誰かが貧困であるならば、それは自分の罪である。評決は明らかである。機会があるにもかかわらず、それを逃している。このことは社会の連帯と利他主義を弱くするだろう。

機会均等に関しては、社会的遺産により達成できる進歩には限界があり、過大に評価されているのかもしれない。その危険は、機会均等に対する他の多くの有意な施策が行われなくなることだろう。

資本主義における遺産と贈与は、極端に不公平に分配されているということは正しい。注目すべき遺産を全く持たない大多数の人々は、巨大な遺産を引き継ぐ非常にわずかな少数者と対峙する。しかし社会的遺産により、〔遺産と贈与による極端な富の〕集中化はわずかしか減少しないだろう。より有効なのは相続税の改革であろうし、相続税は確かに多くの国で引き上げられている。しかし多くの抜け穴と免除規定が存在するので、この機能をほとんど活用することができない。

貧困家庭の子供は多くの場合、社会的遺産により直接的な利益を受ける。しかしこの子供たちは、家庭環境のよい同年代の子供たちより劣悪なスタート条件になる。多くの実証的な研究が示しているように、遺贈された資産は生活条件の一つの決定要因に過ぎないし、大半の個人にとって最も重要なものではない。

社会的遺産は一八歳になると受け取られる。しかしこの時点までに、人生においてすでに非常に多くのことが起こっており、その結果、生活の見通しはそれほど大きく変わることはないだろう。つまり個人的な成長にとって中心となるのは、どのように個人が子供として、若者として、成長するのかである。子供時代に生じた大きな不足は、後になって社会的遺産によってもほとんど償われることはないだろう。

この分野の研究の成果から、機会均等は目的に合った他の手段によって促進されうることが示唆される。これに加えて、質の高い早期児童教育、相互学習期間の長い学校制度、ソーシャル・ワーカーによる児童教育プログラムによる行き届いたケアがある。

社会的遺産の恩恵を受ける財源が、その代わりにこれらの分野に投資されるなら、機会均等のためにはるかに多くのことが達成できる。例えば、ドイツでは社会的遺産に対して年額五五〇億ユーロが必要と見積もられているが、そこから児童保育の改善にわずかに一五〇億ユーロを使うなら、早期児童教育は大きな進歩を実現することができるだろう。なぜならそれによりこの分野の公的な助成は、ほぼ二倍になるからである！

第一一章　福祉国家を備えた市場経済

前の章で、〔資本主義とは〕別の代替的経済システムを求める旅は終了した。これ以上のものは、今のところ提供されていない。良心に従って挙げることのできるものは、すでに見てきたシステムと密接に関係する変種であるか、またはその効果が部分的にとどまり、そのシステムを超えてはいない比較的小さな構想である。

我々の周遊旅行では、資本主義が非効率で不公平であり、疎外的であると信念を持って主張するだけでは十分ではないことを確認した。本当の挑戦は、今日のシステムに対して信用できそうな卓越した代替システムを提供することである。そしてこの点では、かなりの慎重さが必要とされる。なぜなら、代替的な構想はけっして不足してはいないからである。しかし、疑いもなく機能し、今日の資本主義を明らかに凌駕する卓越した代替案を最後まで示すことはできなかった。

そうであってもなお、あきらめる理由はない。世界をより良くするために、我々は現実的には今手にしているものから始めなければならないはずである。今日の経済システム、すなわちドイツにおける社会的市場経済は、もはや搾取的な資本主義ではない。そこからできるだけ効率的で、公正で、そして人間的なシステムになるように、我々はどのようにしてその経済システムの強い推進力を最適に制御することができるだろうか？　この章でその点を扱おう。

人間の顔をした資本主義

今日の経済システムの根幹と性格を手短かに具体的に思い浮かべることは、あとでその潜在力をよりよく把握するために意味のある作業である。

マルクスの時代の資本主義である、いわゆるマンチェスター資本主義を克服する試みは、実際は、ベルリンにおいて始まった。激しい社会的な暴動は、当時ヨーロッパの心臓部において勃興してきた産業の中心地を震撼させた。社会主義者鎮圧法の鞭に対する飴として、帝国宰相ビスマルクは、疾病者と老人に対して生活保障を提供するために、社会保険を導入した。これは、極めて重要な政治的決定であることが判明した。あとで振り返ると、おそらく**その**決定は、労使間の自主的な団体交渉の法的制度化と一緒になって、最終的に労働者が資本主義と和解し、それによりプロレタリア革命を根絶させるものであった。

ドイツの社会保険制度は、世界中に次第に模倣者を見出し、広く行きわたった。米国においては、第一次世界大戦が改革への強い衝動を引き起こした。しかし社会改革の黄金時代は、第二次世界大戦後に始まり、七〇年代まで続いた。この数十年は、前例のない規模で、西欧人に実質的な自由を提供し、強烈な生産性の向上、所得格差の大幅な縮小、そして長く待ち焦がれた慣習の近代化をもたらした。

このような社会改革の世紀が志した理想の成果は、**福祉国家を備えた市場経済**のモデルとして提示される。このモデルの論理は、二つの基本的な要因の間の分業に基づいている。

第一に、**市場の競争と個人の自発的イニシアティブ**によって、経済的資源は効率的に使用される。効率性は生産品と生産方法が絶えず更新され、そして改良されることにより達成される。その際、独占とカルテルが生産市場を支配したり、各種の情報の非対称性が取引を抑制することを防ぐために、国家によって市場は規制される。資本主義的な企業と並んで、自治体の企業、協同組合や協会が各種の商品とサービスの供給者として出現する。

第二に、**福祉国家**は、分配の公正に十分配慮し、市場現象から帰結する経済的な不確実性に対して柔軟に対応する。中心的な道具は、累進課税所得移転システム、老後と失業のリスクに備える社会保険、医療保障、教育、子供や老人の保育・介護の無償提供である。この福祉国家的な社会福祉は、ゆりかごから墓場まで、人間を恐怖と不安から解放し、自己実現とお互いの共存のために利用できるエネルギーを開放する。

市場経済と福祉国家は相互に支え合い、繁栄する市民社会の基盤の上で栄える。この基盤は、二つの空間を社会的信頼というリンパ液で十分に満たしている。その結果、このモデルは我々が強調した全ての評価基準において優れている。すなわち、効率、公正、そして人間性である。

福祉国家を備えた市場経済のモデルの潜在能力が利用し尽くされていないにもかかわらず、それはすでに何百万人もの生活を実体的に変化させた。例えば、福祉国家的な所得移転と税金は、所得の不公平さの縮小に大きく貢献した。それがなければ、ドイツのような国家において所得の不平等は、約七〇％高くなっていただろう。

市場経済と福祉国家の組み合わせのおかげで、資本主義における人間的な性質の改善のなかでいまだに汲みつくされていない潜在的な可能性は、希にしか気づくことはない。長期的には、このモデルを備えた共同体は、個々人の経済的な努力の中心的な推進力である金銭的な自己利益を放棄した社会という目標に近づくだろう。その代わりに、財産共同制のなかで相互に贈与する場合に論じたのと同じような動機が出現する。

つまり、福祉国家の寛容さは互恵主義の人間的な素質を強化する。自己の欲望が自己の能力をはるかに超えて、彼が支えられる立場になった場合、人は国家によって、また他の同胞によって支えられる。反対の場合には、国家を通じて他の人を支える。この実践に基づいて、個人の経済的な努力の動機を育てることができるだろう。それは、他の人が同じことを行うと期待するなかで、共同体に対して努力する義務感のように、本当に提供することが可能な効率的な労働をもたらすのである。国家の助けを借りて才能を発見し育成するという才能の開花は義務づけられ、その利用は同時に公共の福祉に役立たねばならないという考え方を広めることができる。

また、内面から生まれてくる自分の労働に対する動機は、長期的には非常に大きな意味を獲得するだろう。福祉国家は、それぞれのグループが社会的に排除されることを防ぐ。ますます多くの被雇用者が、厳しい仕事を実行できるようになり、そのような仕事を実行すると主張する。市場メカニズムは労働の質を徐々に高めることによって、これらの資源と欲求を結びつける傾向がある。したがって、仕事に対する純粋な関心は、将来において大部分の労働者にとっておそらく最も重要な動機づけの要因になるだろう。

他方、共同体に対する強められた義務感覚と、自発的に強化される労働への動機は、所得のさらなる均等化を可能にするだろう。しかも経済的なダイナミズムを傷つけることなくである。なぜなら、個人は内面を照らす価値観に、そして労働に対する真の関心に基づいてその成果を生み出すので、課税と公的な支出を通じて再分配される市場の収益の割合がどのくらい大きいかについてはあまり注目しない。さらに、二世代にわたって我々の経済システムでは、市場における平均以上の所得が非常に高い所得税に服するにもかかわらず、個人は道徳的な義務を守りできるだけ高い所得税を払うこと、そして労働に対して追加的な喜びを持つことから、個人は自発的に働くと考えられる。

福祉国家の現下の後退

第二次世界大戦が終わって以降の、ヨーロッパにおける福祉国家の変遷は、大まかに言って三つの局面に分けることができる。七〇年代の中葉までは、相当な拡張がなされた。そのあと九〇年代のはじめまで、多くの国にとって安定化の局面が続き、本質的な変化はなかった。九〇年代からその動きは反転し、後退した。

ドイツの場合、今日の状況と二〇年前とを比べると、以下の変化があった。高額所得と企業利潤に対する税率の引き下げ、老齢年金と失業手当の制限、低賃金部門への国家の新しい助成、私的老齢年金への新たな補助、私立学校への補助金の拡大、そして公共財供給に関する数多くの公私のパートナーシップ、例えば、アウトバーンなどがあった。さらに、過去二〇年間にわたって、公共サービスを提供する職場の大量削減、民営化、伝統的な労働組合の後退、団体交渉の目立った空洞化、金融派生商品市場の規制緩和、株式市場の成長と株主価値に対する大企業の強い志向が全面に押し出されてきた。

過去二〇年間の反動は、そのうえスウェーデンに打撃を与えた。スウェーデンは包括的な福祉国家体制を備え、世界に広く効率性の高い市場経済の手本を提供してきた。それゆえ、多くのネオリベラリズムの主導者にとって癪(しゃく)の種であった。九〇年代はじめの厳しい景気後退のあと、スウェーデン政府は福祉国家から後退し始めた。失業、医療そして老齢のための社会福祉事業は、規模を縮小した。租税制度における累進課税は後退した。資本所得は累進所得税の対象からはずれ、低い定率課税になった。相続税と個人財産税は廃止された。学校分野では、私立学校における生徒の割合が急激に増加した。

最近の二〇年間で、スウェーデンにおける所得不平等は、八〇年代に比べて著しく上昇した。一つには、最高所得、特に資産所得が、平均的な所得に比べてより早く上昇したことがある。もう一つには、貧困のリスクが目立って増加したためである。最近の実証研究によれば、機会均等の国として認知されてきたスウェーデンのイメージを傷つけるような結果が示されている。つまり、その研究では、貧困状態にある両親の子供たちは相対的にたびたび増加し、その結果スウェーデンの世代間の所得移動度は米国や他の多くの国々以上に顕著であるが、スウェーデンの経済的エリートはほとんど変わらなかったことが示されている。福祉国家であるにもかかわらず、スウェーデンは資本主義の王国であり、その代表者は世代から世代への所得分布の最上位にいる。強調しておきたいのは、スウェーデンは、他のスカンジナビア諸国とともに、国際的な比較において包括的な福祉国家を備えた市場経済の最も成功した実例として留まっていることである。

発展途上国に目を向けると、その傾向が全く異なって見える。ヨーロッパとは反対に、最近、特に東アジア諸国で福祉国家の構築が急速に進んでいる。確かにそれらの国は低い水準から始まり、福祉国家的な能力は今日でも多くのヨーロッパ諸国ほど大きくはない。

問題の根幹

なぜ福祉国家の後退が、この二〇年間に起きたのだろうか？　公式的には、これについて有力な意見がある。後退は、前提条件が変化したために、目的に合わせた適応行動として起こった。改革は、ヨーロッパ諸国において人々がその生活環境を生き延びるためには、福祉国家の給付を切り詰める以外に選択の余地がなかったことから明らかであった。こうした痛みを伴う学習プロセスから改革は生まれたという。この有力な意見によれば、ヨーロッパの福祉国家は、その頂点を越えただけでなく、さらなる没落に今なお直面している。なぜなら、公的な財政を金融危機ならびに経済危機の流れのなかで再建するために、さらなる圧縮が不可避だったからである。ドイツの福祉国家を念頭に置いてみれば、その姿は一〇年後には今日のスウェーデンのようにではなく、むしろ今日のカナダに似ているであろう。

とはいえ、この有力な意見は一方的である。やむを得ない事情だけで、福祉国家の後退を明らかにすることはできない。それ以外にも、政治はまずこの崩壊が始まる前に、福祉国家の維持のために使用に供される非常に大きな蓄えを現金化するべきである。この蓄えは、周知である。誤った政策で浪費されてしまった多くの公的資金を、また潜在的には実りは多いが未開拓の収入源、さらに課税ベースが損なわれるにもかかわらず国家が法の力によって保護している、多くの非生産的な規則と特権を考えてみよう。合理的な慈悲深い政策は、厳しくなってゆく制約条件から福祉国家の社会的な成果を守ることを最優先の課題とするなら、決然とこの蓄えに手をつけるであろう。

私はここで福祉国家の後退について別の解釈を提言したい。その解釈は、資本主義(市場システムと生産手段の私有)は、福祉国家を異物のように破損する**傾向がある**という仮説に基づいている。福祉国家の発端は、産業労働者の蜂起によるような一度限りの歴史的な出来事であった。産業労働者の蜂起は、福祉国家の成立の原因となったが、その崩壊を促進したのは、二つの世界大戦、大恐慌、そして冷戦のような一度限りの出来事であった。福祉国家の成立を容易ならしめている要因は、ここ数十年の間に機能しなくなった。それにより、この時期に福祉国家を徐々に排除するような構造的なメカニズムができあがった。

この解釈は、共同体がこのメカニズムに何も対抗しないならば、福祉国家の摩耗が進行することを暗示している。資本主義は最終的には友好的な仮面を取り去り、本当の顔を表すだろう。資本主義は通常のモードに戻る。つまり、大抵の人間は運命の襲撃と市場の変転に無防備にさらされており、経済的にも社会的にも、不平等は限界を知らずに拡大する、というシステムに戻るのである。

この立場に立つと、福祉国家は、資本主義における安定した成果ではなく、むしろ政治的な協議の舞台で繰り返し勝ち取られなければならないような、構造的なメカニズムである点に注意を向けることができる。そのメカニズムを発見するためには、福祉国家が、政治的意思決定の結果であることを具体的に認識しなければならない。他の全ての意思決定と同じように、それらの結果は意思決定者の選好に依存しているし、利用可能な選択肢にも依存している。資本主義の構造上の理由により、大規模な福祉国家が政治的意思決定プロセスの安定した成果であるという可能性が低下するなら、これらの理由は、**政府の人たちの政治的選好と国家活動の経済的制約条件**に関係しているに違いない。

ここでは、この二つの視点に注目しよう。そこから続けて、福祉国家を備えた市場経済モデルのさらなる展開に対して戦略的な方向を導き出そう。

不安定な政治的な支え

福祉国家の制度を統合する政策は、民主的なプロセスを経て実施されなければならない。この制度は、労働者階級の物質的利益に直接対応しているので、歴史的には特に社会民主主義的、または社会主義的な政党、そして被雇用者の側に立つキリスト教的な民主主義政党によって勝ち取られてきた。今日でも福祉国家の強化に対する政治的な責任は、主として社会民主主義的な政党にある。その用語によって私は、〝社会民主主義〟という言葉を名前に持っている政党ではなく、社会改良主義の伝統のなかにある政党を考えている。ヨーロッパの大半の国で、これらの社会民主主義的な政党は、働く国民の大部分を代表して、最も強い政治力を示しており、再びうまく機能する寛大な福祉国家によって最高の利益を実現せよという要求を掲げている。

したがって、福祉国家の政治的な安定性は、基本的に働く国民の利害が社会民主主義的な政党によって代表される実効性にかかっている。この条件は、再び二つの要求を含んでいる。一つには、社会民主主義的な政党が立法に対して十分な影響力を展開することが必要であり、もう一つには、彼らが実際に働く国民の多数の利害を代弁することが必要である。すでにプラトンにおける国家の機能不全の議論から見てきたように、これら二つの要件の達成は、確かに自明ではない。

完全には忠実ではない指導者

まず初めに社会民主主義的な政党と働く国民との繋がりを見てみよう。ここで働く国民とは、ゲームのルールを守って、我々全てが乗っている大きな船を毎日漕ぐことによって、前に進める圧倒的多数の人々を指すと理解する。この中には、貢献することを好む人々もいれば、病気で仕事ができない、または家族の一員を補助しなければならない、といった状況にある人々もいる。社会に何も貢献しようと考えない人、もしくは非常に強い立場にあるために貢献しない人は、例えばアメリカのエリート大学に入学するとか、両親から繁盛している会社を相続するといった幸運に恵まれているので、社会民主主義的な政党に対してあえて反対することは考えなかったはずである。

強調しておきたいのだが、これら〝働く国民〟は、けっして古典的な労働者家庭の人々だけではない。古典的な家族は次第に少なくなり、労働の世界における変化は、伝統的な社会学的な範疇における手作業と頭脳労働、従属的な仕事と自律した仕事、労働者階級と中産階級のように、相対的に見て恣意的であり、次第に［古典的な家族が］有用ではなくなっている。所得の経済的な源泉と相対的な高さで、目的のグループを確定することが理にかなっている。したがって、ここで考えているのは働くことができないか、もしくは生涯の所得が遺産相続した資産ではなく、専ら自分の労働に起因し、その世代の典型的な生涯所得、いわゆる平均的所得からあまり際立って離れていない人である。

この働く国民が、社会民主主義的な政党に対する自然な推薦グループである。そこで政治家と社会民主主義的な政党の推薦グループとの間の関係は、本質的に自由主義政党や保守主義政党の場合よりも難しいことがわかる。この難しさは、政治的な指導者の新規採用と動機づけを損なうことになる。

キャリアにおいて成功している政治家は、国会議員、党首、大臣または監督官庁の長官のような高官の代表者になる。それによって、彼らは平均的所得の何倍かを稼ぐ新しい職業グループに属する。社会生活においても、また私的な領域においても、これらの人々は主として上流層の人々と一緒に過ごす。それゆえ、指導的立場にある社会民主主義的な政治家は、職業的、社会的な環境からすれば、明らかに経済的、社会的に乖離している支援者グループの利害を代表することになる。しかし場合によっては、彼らは支援者グループの必要性について直接的な認識は持っていない。しばしば支援者グループの利害は、自分の物質的な利害と反している。例えば社会民主主義の指導者は、累進課税によって最も重く課税される人々に自分や友人たちが属しているにもかかわらず、非常に高い所得に重い課税を導入することに全力を尽くさなければならないのである。

この利益相反は、いわゆる回転ドア効果によって先鋭化する。つまり私経済において利益の多い立場に、目の前に置かれている職務とそれに関係する政治的役職を入れ替えてしまうのである。例えば、ドイツにおいて左翼と緑の党の連立政権が終わったあと、多くの党員は立場を変え、金融、医薬品産業、そしてエネルギー産業において十分に資金を稼げるポストに就いた。

この利害関係が相反する対立を起こすことは、初めから労働運動に付きまとっていたし、今日でも反政府勢力の有力者によって生み出される、旧知の忠誠心の問題を映し出している。頻繁に繰り返されるパターンによると、数において劣勢に立たされたエリートの権力要求が個々の指導者を引きつけることで危険にさらされると、自らが得をするように主張を行う。それはしばしば単純に、この個人がエリート層に加わるということである。社会民主主義の指導者は、そうした状態にあるはずであり、政党員が長い間同じ地位に留まる場合、忠誠心の問題は時間とともに悪化していく可能性がある。本書の第四章における進化的なプロセスと同様に、社会規範としての忠誠心は、立場の変更が許された後で、党幹部の下でだんだんと病み衰えると考えられる。その場合、お互いに対する一連の好意によって、金融のエリートと共同して、個々の党指導者とその派閥は利益を手に入れ、働く国民の利害を代弁することを停止しようとする欲求が生まれる。

忠誠心の問題は起こりうるが、しかしつねに起こると考える必要はない。なぜなら、忠誠心の問題は、政治的指導者の義務感覚と支持基盤を通じた管理によって、解決可能だからである。しかし、二つのメカニズムには落とし穴がある。原則の遵守と個人的な献身が、指導者の選任に際して決定的であるなら、専門的な権限と現実感覚が損なわれる可能性がある。綿密な基本チェックは、意思決定を麻痺させるし、必要な柔軟性は党の指導部から取り除かれている。ゆえにそれは、社会民主主義の政党が動乱の歴史の中でいつも失敗してきた難しい綱渡りの問題である。

忠誠心の問題は、低く評価されることは許されないほど、世代間の広がりを持っている。他の職業でもそうだが、政治家は職業固有の知識を子供たちにさらに引き継ぐことができる。そのため、しばしば家族の伝統は職業選択に際して見られる。つまり世代間をまたぐ家系に沿って、同じ職業を繰り返す傾向がある。この観点でも、社会民主主義者は上流クラスの利害を代弁する政党に比べて、むしろ欠点を持っている。成功した政治家の子供たちは、上流クラスのなかで成長するので、社会民主主義政党のなかで働くことをほとんど思いつかない。彼らは労働者国民の子供たちとは別の雰囲気のなかで社会主義化されるだろうから、彼らがそれでも〔親の職業の引き継ぎを〕実行するなら、上述した緊張関係はとりわけ強く受け止められると予想される。

必ずしも十分に注意深くない有権者

福祉国家の政治的支援に関する第二の構造的問題は、働く国民の利害を代弁する党のための幅広い有権者を維持することである。〃幅広い〃という言葉で、社会民主主義の指導のもとで政府をつくるために、議会において必要な過半数を獲得するのに役に立つ有権者の支持層と理解しなければならない。

十分に機能する寛大な福祉国家から利益を得る国民は、社会民主主義政党の推薦団体を取り込んで、一般的には明らかに有権者の過半数を占める。しかし、政治的な判断には、人々が誤解する事態が必ず生じる。これに対しては多くの理由がある。

第一に、政治的意思決定の分野は、多くの場合、例えば職業によって決められた個々の選挙人による個人的な権限の範囲を超えたところに存在している。このことから、すでに選挙人が手にしている権限は、政治的意思決定の形成にあたってあまり助けにならない。第二に、世界は急激に変化するし、ある国において成功した政策が他の場合には通用しないので、有権者は実施された政策での経験から学ぶことがほとんどできない。第三に、個々の有権者は彼の投票権がほとんどの場合、集団的意思決定に関して何の違いも生じさせない可能性が高いので、どのような政策が自分の利益に最もよく合っているのかを理解するために自らの能力を強化するというインセンティブがほとんどない。政治学者はこの文脈で、合理的な無知を語っている。

これらの欠陥は、職業政治家、とりわけ党の専門家に対して存在根拠を提供する。市民がいつも自律しており、直ちにどの政策が彼らにとって最適であるかを見極めることができるのなら、純粋な直接民主主義をとる方がはるかに望ましい。直接民主主義にすれば、政党と議会の費用を節約でき、各々の集団的な関心事について、市民はマウスのクリックで決定するだろう。しかし知識と時間は限られているので、ある種の分業が役に立つ。つまり、原理的に政治家は、彼らの利害に最もよく対応している政治上の選択と一致している推薦団体の役に立たなければならないはずである。

有権者の限定された判断は、福祉国家の政治的支援にとって重要な意味を持つ。その結果、有権者の一部は、政治的な事柄を主に共感的に情緒的に考える。かくして彼らは、消費用の製品の宣伝と同じようなやり方によって影響を受けやすい。米国の大統領選挙は、民主主義における政治的な宣伝の役割を示す代表例である。この事実は、どうして福祉国家の政治的支援が、資本主義において危険にさらされる傾向にあるのかに関する、もう一つの構造的原因を形成している。

大衆紙とテレビによって、広範な階層に基本的に福祉国家の維持とさらなる発展で利益を得ることが伝えられる。しかし彼らの政治行動はそれらの宣伝によって影響を受け、その結果、彼らは全く投票に行かないか、または福祉国家のプログラムに反対投票を行う可能性もある。その間に、特定ケースの選挙結果について、メディアによる政治的な影響の有効性を検証に耐える数字で確認する学術研究も現れてきた。イタリアのベルルスコーニの選挙結果に関する最近の実証研究は、テレビに映し出されるショーと映像の種類が、人々の投票行動に大きな影響を及ぼす可能性さえ示している。

国家の政策とグローバル経済

国家活動の経済的枠組みは、資本主義における福祉国家の不安定性について別の解釈を提供する。福祉国家の枠組みが徐々に悪化しているのは、主に経済のグローバル化と、それぞれの国家における政治能力の継続の間に生じる矛盾に起因している。一面において市場経済は、利潤を最大化する企業によって分業のメリットを最大限に利用することを可能にするために、国境を越えて発展していく傾向がある。この傾向は、すでに地中海における古代の商業資本主義から明らかに存在していた。今日のグローバル化は、国際貿易の稠密化、国際的な技術移転、海外投資、そして人口移動に現れている。別の面で、立法権の大部分は個別国家に残されており、国家間協定は、多くの場合商品と資本に対する統一的な世界市場を設立するという目的に役立つ合意に限定されている。

グローバル化は、そのもとで権限が再分配されることを嫌うので、福祉国家を徐々に弱体化させる。なぜなら、資本所得のかなりの部分を占める高所得者層に対して平均を超えた課税を行うことは、福祉国家の再分配の基本的な手段だからである。しかし高額所得、企業投資、そして金融資産が次第に国境を越えてゆく流動性の高まりは、国家独自の限度引き上げに対して、国外への移住によって対抗可能であることを意味する。低い税金しか課されない数多くの地域に囲まれているどのような国家も、高い税金により野心的な所得再分配プログラムを賄うことはできない。

とりわけ、国内の課税ベースが比較的小さい国家は、税収総額を積極的な課税ダンピングによって大きく増やすことができる。なぜなら、それにより投資を、そして金持ちの納税者を他の多くの国から引き寄せられるからである。この財政上のインセンティブは、世界中の国家が課税競争において引き下げを打ち出すことを意味し、その際各国は他国の課税ベースを脅かそうとするのである。国家にとってこれはゼロサム・ゲームであり、最終的に資産を持つ納税者が、非常に高い所得を手に入れることになる。過去三〇年間の税制の変化では、労働所得と消費支出に対する税負担が増加する一方で、資本所得に対する税負担は軽減された。政府は、同時に非常な高所得者に対する税率を劇的に低下させた。金融危機を理由に、大規模な財政的需要過剰が発生したにもかかわらず、ここ数年は高所得と資本収益の税負担は、ほんのわずか上昇しただけである。

このような引き下げへの課税競争と並んで、経済エリートのグローバル化は、合法または半合法的なやり方で、税金を削減する新しい可能性を開いた。この目的のために、いわゆるタックスヘイブン、つまり喜んで彼らを受け入れる国家は、多国籍企業と裕福な個人に多くのサービスを提供しているが、それはしばしば国際業務を行う銀行によってもたらされている。銀行は本拠地を置いている国において直接、間接に国家から税金の支払い者の金によって救済され、同時に国際的な租税回避の幇助によって、国家財政を徐々に弱体化させるという事態が生じている。

世界中でタックスヘイブンに隠された私有財産は、現在二〇—三〇兆USドルと推定されている。最近の研究が示すように、一時的にタックスヘイブンとの間で行われた多数の二国間の情報交換に関する合意が促進された二〇〇九年の著名なG20のイニシアティブは、そうした合意にもかかわらず、タックスヘイブンに保管された資産を取り戻すには至らなかった。年々回避される課税収入は、世界中で数千億ドルになると見られる。それとの比較で、国連の世界食糧プログラムの予算は、たった四〇億USドル程度である！

さらにこの回避された課税収入は、タックスヘイブンによる財政損失のほんの一部である。なぜなら多国籍企業の租税回避も、これに加えて考慮しなければならないからである。租税回避は、タックスヘイブンにおける架空会社の操作によって引き起こされている。繰り返しになるが、ここにも巨大な金額が含まれている。

課税競争が阻止されない場合、福祉国家が実現できる政策は、左の財布と右の財布の間の、せいぜいのところ平均的な所得者と国民の貧困者の部分との間で実施される再分配である。その結果、多くの福祉国家において、しばらく前からすでに明らかになっていたが、富貧の格差は拡大する。

メタ改革

福祉国家を備えた市場経済がなぜ不安定となる可能性があるかといえば、それには確固たる政治的そして経済的な理由が存在する。その構造的問題は、主に政治家の忠誠心、有権者の動員、そして経済のグローバル化によって影響される国家の再分配の有効性にかかわる。したがって、ヨーロッパ型モデルの継続とさらなる発展を追求する戦略は、この問題を引き受けなければならない。過去二〇年間の福祉国家に忍び寄る危機は、そのような戦略がいかに緊急の課題であるかを示している。

したがって、我々は福祉国家が**持続的に**繁栄することができる制度的な枠組みを創出する〝メタ改革〟について考えなければならない。その後で、メタ改革の具体的な活動分野を指摘しよう。政治家の忠誠心、有権者の動員、そして再分配政策の国際的な基盤という、上で述べた三つの問題の各々に、活動分野が割り当てられる。その際に、地域固有の細かい点が問題になるのではなく、政治的な建設現場における中核的な要因が問題となる。

透明性と直接民主主義

働く国民に対する政治的意思決定を担う者の忠誠心は、三つの要因によって徐々に弱められる。ロビイストの影響力の行使、代表者に関する市民の情報不足、そして移譲された決定権の範囲の広さである。これに応じて三つの種類の改善方法が提言される。これにより政治家とロビイストとの間の取引は、困難になるはずである。政治家の行動は、市民に対して透明でなければならない。つまり市民は、政治的意思決定を直接的に捉える機会が増えるはずである。

副収入、猶予期間

政治家とロビイストとの間の取引を困難にさせるために、公職にある人の場合、副業や急な立場の変更は規制されなければならない。同様の規則は、政党の中心的な幹部にも適用されなければならない。賢明な規制とはどのようなものかについての良い提案、例えば〝国際間の透明性〟が提示される。顧問や講演のような報酬を伴う副業は、公開されるべきである。利害が相反する場合、政治的な仕事から離れたあと何年かの猶予期間が必要である。議員退職直後や在任中に別の仕事に従事することは、基本的に許可を必要とすべきことであるし、その活動は公表されなければならない。

政治的意思決定の透明性

政治的意思決定の透明性は、有権者に対する責任を政治家に負わせるために役に立つ。誰が特定の政治的意思決定に責任を持つのか？　どのような証拠に基づいて判断したのか？　どのような影響を引き起こしたのか？　新しい情報技術によってはじめて、これらの透明性をほとんど無償で手に入れることが可能になる。どのくらいよく政治の代表者が働いているのかを把握するための情報を市民に提供するのに、インターネットを利用することができる。これもすでに行われているが、さらに大幅に拡張することが可能である。

しかしより多くの透明性は、全てがネットに提示されることを意味しているわけではない。プライバシーの保護を理由とするだけでなく、あまりにも多すぎる情報によって混乱することがありうるからである。何らかの評価に使われる前に情報は分類され、理解されなければならない。市民にとって必要なのは、意味のある利用可能な情報である。

政治的意思決定の質を理解するために、情報は政治的施策の決定に先立って必要であるし、その実施後も必要である。前者に属するのが、例えば、政治的な決定者に対し前もって示される鑑定書である。したがって大半の国において、主要なインフラ・プロジェクトは、様々な変種とともに、とりわけ費用対効果分析を受けなければならない。分析は、その国に対してプロジェクトが意味あるものかどうか、どのタイプが経済学的に見て最適なのかについて情報を与える。公的な資金を使う分析は、原則として各人にインターネットにおいて遅滞なく利用されるべきである。さらに、決定された政策が実際の目標を達成したかどうかに関する透明性は、不可欠である。政策の構想段階において、すでに政策と並行してその有効性を評価するための重要な情報収集の方法が決定されていることに配慮するべきである。この情報は、政策の質と、その背後にある政治的意思決定を理解するために、原則として誰もが自由に利用できるように共有されなければならない。

直接的な市民参加

より多くの市民に直接的な政治参加の機会を与えるために、国民投票は円滑に行われなければならない。国民投票は、悪い法は後から国民によって廃止されうるという強迫観念を植えつけることによって、国会の決議を間接的に改善するだろう。国民投票を容易にするために、必要な数の署名、必要な定足数、国民投票の立法範囲について方向転換することが不可欠である。

国民投票は、市民がより多く情報を得るよう奨励する。この場合でも、新しい情報技術の潜在的可能性を活用することは、これまで以上に価値がある。それぞれ国民投票の前に、意思決定に関連する資料は、党派を離れて監督官庁によりインターネット上に公開されなければならない。

トマス・モアが提案したように、国民投票によって政府首班または市長を解職することも可能でなければならない。政党の運営に関して、同様のことを政党は構成員に対して可能にしなければならない。

直接、間接の民主主義は、議会の立法過程への市民の参加を促進することによってうまく調和させるべきである。法案は、市民社会が評価できるように遅滞なくオンラインで公開されるべきであり、その提案は議会において考慮できるようにするべきである。

インフラと公共サービス

福祉国家の政治的基盤を安定化させるためには、中間層を持続的に幅広く味方にすることが必要である。この目的のための中心的な方法は、国家が質の高いサービスを、とりわけ教育と健康の分野において準備すること、そして税金の無駄遣いを最小限にすることである。質の高さによって支出が特徴づけられる場合、党が票集めのために税金の引き下げでごまかすなら、中間層の有権者は懐疑的な反応を示す。なぜなら、有権者はその結果である公的支出の削減によって生活の質が損なわれることを恐れなければならないからである。さらに、支出の質的改善は市民の側で互恵的な行動を起こさせるので、彼らはむしろ国家との協働を受け入れることができる。例えば、それは正直な納税者としての協働である。

助言、査定、評価

それぞれの地方自治体は、公共プロジェクトにおいて、緊密に協働しなくてはならず、必要に応じて中央の主務官庁に権限を委譲すべきである。ドイツにおける一例は、連邦によって州の税務を引き受けることであろう。それは調整を促進し、税務調査と脱税の捜査に対するインセンティブを創り出すためである。効率性の調査、透明性、政策評価を改善すべきである。さらに、監査院は地方自治体において良い決定がなされるように、また後になって、その決定が予算を節約しながら実施されたかどうか、それが最良の成果を達成したかどうかを評価するために支援しなければならない。しかし一人の監査官が、同時にプロジェクトの顧問でかつ検査官であってはならない。つまり、まじめに検査するためのインセンティブが持続するよう、検査する側とされる側は明確に区別されるべきである。今日とは反対に、効率性に関する重大な過ちを確定する責任がある立場の人々に対して、明らかにそれとわかる結果が生じるはずである。

公立学校、公立病院、その他の公共施設において、効率性を高めるために、これらの全ての組織に市民の立場に立つ管理委員会を送り込むことができるだろう。これは、市民社会の出身者で、公的機関による資金の利用を監督し、適切な助言を与えるという課題を無給で引き受ける専門家から構成される。

透明性のある業績の比較とベンチマークは、公共部門において弱点を確認し、最良のものから学ぶための良いインセンティブを与える上で大いに役立つ。公的機関にとって、評価目的に有用なプロセス関連のデータをオープン形式でオンラインによって市民が利用できるようにすることが基本的な義務である。それぞれの上位機関は、ネット上に情報公開を準備し、いかにこの情報が業績比較の目的に対して有意義に使うことができるのか、助言を与えるはずである。例えば、業績の指標を利用することで高度の効率化に導くことができる部門は、学校、国内秩序と安全保障、水道、公共交通機関、鉄道、郵便である(後の二つに対する業績比較は、ヨーロッパでは問題になっている)。

データの開放には、公共の利益のためにサービスを提供する非国家的組織も含める必要がある。情報提供に基づいた比較によって、それぞれの部門において調達構造を最適化するのに役立つ発見のプロセスを開始しなければならない。

市民は、公共サービス提供者の質を判断できるような情報にアクセスすることによって、成熟することになる。そうして初めて、市民は現実的な要求を示し、彼らの期待に応えるよう有効な圧力をかけることができる。

公共サービスにおける人材

一部の国において、とりわけドイツにおいて、この二〇年間に公的部門で大量に職場の解体が行われた。同時に、高技能労働者の給与は、民間経済の同じ資格の給与と比べて低下した。民間部門、特に金融部門が広範囲に拡張する間に、国家は若い高技能労働者を必要な量と質でリクルートすることに失敗した。このことは、ノウハウの老朽化につながった。また公務員のなかで優秀な人たちは、民間にスカウトされた。このような状況では、国家が質の高いサービスを提供することができ、国民が私的利益に目を奪われないようにできるとは考えられないのは明らかである。

人的要素は、公共部門における最も重要な生産要素であり、それゆえ最適な投入は極めて重要である。したがって、政治的に独立した研究センターは、公共サービスにおける最適な雇用構造とそれに対応した賃金構造の実現に尽力しなければならないだろう。

経済と金融の分野で指導的な立場に立つ将来の国家幹部を養成するための教育は、改善されなければならない。適切な修士や博士プログラムを提供する信頼の厚い機関がなければならない。これに加えて、長年にわたってそのような教育プログラムを提供している、フランスや米国における著名な学校と同じような機関の設置を目指すこともできる。国家が極めて重大な妥協を目指す国際的な政府間会議において、一流の訓練を受けた自国の代表団は、やり甲斐のある仕事である。

重要なノウハウが国内に欠けている場合には、国家は外部者の助けを借りて弾力的な解決を試みるべきである。例えば、共同して特定の問題に専念する一握りのトップの研究者を雇うことができる。例として金融危機と関連して投げかけられた〝あまりに大きくて潰せない〟状況が生じるような問題を考えてみよう。大きな機関を破綻させることに意味があるだろうか？ ユニバーサル・バンキングは禁止されるべきであろうか？ システム・リスクを減らすために、金融機関の保有する短期債務への課税は役に立つのか？ この種の問題に対し、国家はそれぞれ三人の専門家を派遣することができるだろう。彼らは、独立していると見做され、同僚からは卓越している専門家として認められる人たちである。この三人は、合意された期間内に専らこの問題に専念し、期間の最後に解決策を提示するという取り決めのもとで、国家によって設定された期間、競争的条件で募集される。このような特別なタスク・フォースのおかげで、国家は私的利益のために働く専門家による知識独占の犠牲になることを防止できるだろう。

国際的に流動する課税ベースの捕捉

福祉国家の復活に向けた有効なメタ改革の第三の活動分野は、課税政策の国際的な協調である。高額所得や企業、金融資本が国境を越えて移動できるため、課税システムの累進性は厳しく制限される。しかし解決策は、流動性に対する規制にあるのではない。なぜなら、移動の自由は多様な意味のある経済的機能を果たしており、かつ個人的自由の重要な要素だからである。より正確に言うと、課税政策の狙いを定めた国家間の調整が必要とされている。特に大国は、有効な調整ができるように、実質的にかかわることが求められている。

タックスヘイブンとの闘い

資産所得と遺産への課税は、お互いに結びついた二つの展開に基づいているため次第に重要性を帯びてきた。第一に、家計全体の純資産は、国全体の所得以上に早く成長する。七〇年代の初めにヨーロッパ諸国における個人資産は、年々の国民所得のおおよそ二から三倍であったが、今日それは約四から六倍である。この傾向はさらに続いていく。このことは、資産に関係する課税が収入増加の可能性を高め、国家の課題である資金調達にとって一段と重要になってくることを意味する。第二に、相続された資産の違いは、個々人の生活の中で次第に大きくなる格差を生み出す。なぜなら資産と比べて労働所得は、ゆっくりと成長するからである。このことは、我々の社会で分配の公平性を確立するために、資産に関係する課税、とりわけ相続税がますます重要になることを意味している。

このような資産所得の拡大は、タックスヘイブンによって可能になった巨額の資産を持つ個人の脱税との効果的な闘いが切迫していることを示している。これに加えて必要なのは、可能な限り幅広い国際的な調整であり、それには、例えば全てのOECD諸国が含まれるだろう。タックスヘイブンとの国際協定の目的は、その時々の各国税務当局に対する銀行自動通信に基づく、国境を越えた情報交換の仕組みを機能させることにある。累進課税を実施するためには、その仕組みを用いて資産所得と資産の構成内容を個人レベルで把握することが必要である。

この協定は、主として、全ての関係国が自動的な情報交換に加わることが義務づけられる国際会議の枠組みの中で、一元的に決定されなければならない。これに対し、これまでの二国間協定の運用には回避の可能性が残されており、最終的に税金逃れの資産を、あるタックスヘイブンから別のタックスヘイブンに移し替える行動へと誘導するので、却下されるべきである。二〇〇九年のG20イニシアティブも、この不十分さに悩まされている。

国際協定に参加する国は、非参加国に対する懲罰に同意しなければならない。例えば、参加国と非参加国との間の資金移動には、課税することができる。一方、このイニシアティブを成功させる可能性を高めるために、直ちに協力するタックスヘイブンに報酬を与えることは有効な手段である。例えば、彼らの協力のおかげで達成される税収の一部を提供することによってである。

低減する最高税率

所得の集中は、過去二〇年から三〇年の間に、欧米で急激に上昇し、その間に非常に高い所得の税負担は減少した。この税の軽減は、上昇する再分配の必要性に対する反対や、国際間の課税競争によって部分的に説明することができる。なぜなら、政府は、高い税率を支払わなければならない場合、高額所得者が国外へ移住することになると恐れるからである。この問題が重要である明らかな兆候は、租税の優遇施策を海外の高技能労働者に導入した国の数である。これには、ベルギー、デンマーク、フィンランド、オランダ、ポルトガル、スペイン、スウェーデン、そしてスイスが含まれる。

所得税の引き下げによる課税競争を止めさせるために、ＯＥＣＤ諸国は、統一的な〝最低最高税率〟(“Mini-max”＝最高税率が課される最低限の所得とその最高税率)に合意しなければならない。これは、署名した各国においてある特定の所得の上限にある個人所得は、少なくとも国際的に合意した税率がかけられなければならないことを意味する。例えば、一二五万ユーロを超える年間所得には、最低四八％の限界税率を課すことに合意する。この最低最高税率は、彼らの居住地が求める税務上の理由から、高額所得者のインセンティブを低下させる。それ以上に、多国籍企業の経営者は、法人税の観点から本社の所在地を選択するというインセンティブが小さくなる。

全ての署名国は、理想的には自国の所得税を計算するために、同一の所得概念を使わねばならない。いくつかの国において、非常に高い所得領域で行われている、全体的または部分的に所得税から排除される資本所得の扱いは、この理想とは大きく隔たっている。上昇する所得集中を抑えるために、全ての署名国は所得税の決定に際して資本所得を考慮することが求められるはずである。

異なる国の所得水準の変動を考慮するために、それぞれの国における平均所得との関係で、最低最高税率に対する最低限の所得制限を決定することができる。さらにある国で所得税が資本所得を含んでいない場合、この所得制限は、より低く設定されなければならない。なぜなら、この場合、個人所得全体のほんの一部が所得税の対象となるからである。

ヨーロッパの法人税

ヨーロッパにおける課税競争の最も強い効果は、法人税率、すなわち資本を有する会社として設立された企業の利潤に対する税金に現れている。つまり、例えばドイツでは、この税率は一九八〇年代の五六％から今日では一五％に低下している。

ＥＵ内の企業には完全な移動の自由が保障されているので、課税の欧州化が急務である。我々は集団的な問題（すなわち、相互租税ダンピング）に直面しているが、それを除去するためのＥＵという適切な手段を持っているにもかかわらず、この手段を利用しないのは奇妙である。欧州プロジェクトの意味に多くの人が疑いを持っているまさに今日、欧州法人税の導入は、ＥＵの構築が著しい具体的な利点を獲得できると市民に証明する絶好の機会となるだろう。なぜなら法人税の強化による高い税収を通じて、他の税金を引き下げることができるし、より良い公共サービスのための資金調達ができるからである。

このためには、それに応じた国家の立法権を欧州議会のようなＥＵの主務官庁に譲渡することが必要である。理想的には、このような譲渡はＥＵが次第に民主的な連邦システムの仕組みを装備する広範な政治プロセスの枠組みの中で行われる。

企業利潤に対する統一的な課税は、ヨーロッパ全体で実りの多い収入を発生させるだけではない。

それは、我々の経済システムが配分のテストにおいてより良い成果を収めることに繋がる。なぜなら、租税により動機づけられた立地の決定では、最高の生産性を展開する場所で資源を活用するのではなく、生産者が税務上の負担を少なくしようとするからである。そして国際的な租税の最適化は複雑な問題であるため非常に有能な人材が育てられるが、その才能を本質的により生産的な活動に投入することができるだろう。

小括

効率的で大規模な福祉国家を備えた多元的な市場経済は、最良の経済システムであり、それはすぐに手の届くところにある。しかしそれについて我々は、過去二〇年間、遠ざかっていた。福祉国家の解体はどこでも必要ではなかったし、現在でも必要ではない。福祉国家の効果的な復活には、**メタ改革**を目標とした政治的なイニシアティブが必要である。このメタ改革の目的は、国家が支えているという信頼を醸成し、資本主義における福祉国家の不安定性を引き起こすメカニズムを停止させることである。三つの重要な活動分野が存在する。

・透明性の拡大と直接民主主義
・より質の高い〔公共〕支出
・課税政策の国際協調

これらは進歩的な政治勢力の関心を引く中心的な論点になるにちがいない。

第一二章　エピローグ

父が娘に、市場経済と福祉国家に関する最後の添付書類をメールで送ってから、しばらくの時間が流れた。今、二人はある大学で直接会ったところである。学生たちの一団がちょうど出て行った教室で、二人はかつてのEメールのやりとりの続きから議論を始めた。

プロローグに登場した娘　『神曲』のなかでダンテは、イタカに帰るオデュッセウスにヘラクレスの柱の向こう側へ、最後の旅を試みさせている。だけどパパは、オデュッセウスが抱いたそうした旅への憧れは感じていないんだね。だってパパは、私たちの空想上の周遊旅行の最後には二つの思い込みの上に安住しているんだもの。一つには、資本主義に代わる明らかに優れたシステムは存在しないということ。二つ目に、私たちはあらゆるものを、基本的には民主的でインターネットベースの改良主義に基礎づけるべきだということ。パパの気持ちを傷つけたいわけではないけれど、一つ目の主張にも二つ目のにも、私は納得しない。

まずその理由を説明させて。

パパの二つ目の主張から始めるね。パパは、生活様式の質的な変化を約束することで、福祉国家〔的制度〕を備えた市場経済のモデルが私にとって魅力あるものにしようとしているよね。市場と私有財産にもかかわらず、ヨーロッパに暮らす次の世代は、今日の世代とは全く違う時間を生きるはず。福祉国家のおかげでヨーロッパの人々は、自分たちの価値ある労働を誇りにして、進んで高い税金を支払う、信念のあるカント主義者になるに違いない。だから国家財政にしっかりと所得配分を合わせることができるし、国民経済はそれにもかかわらず発展できるだろう。

私は全くそう思わない。だって、パパが見込んでいる連帯と信頼の自生的な広がりは、少数の大富豪が存在する限り起こりえないんだから。彼らは全く別の世界に住んでいて、普通の国民たちの悩みや困窮については何も知らない。彼らは決して、国家と一体化することがない。その一方で彼らの生き方は他の人々を刺激して、彼らと同じことをするように、そしてまた社会の他の人たちから距離を置くようにと畳みかける。だから、パパが期待する人間の性格の向上は決して起こらない。カントの定言命法は、**全ての**市民が同等な立場で出会う社会においてのみ有効なの。

そして、今までのところ明らかに優れている代替システムはないというパパの一つ目の主張だけど、これはパパ自身の説明ではカバーされていないように私には見える。社会的市場経済の向こう側へという私たちの旅は、協働のテストにも配分のテストにも合格する、ある経済システムにたどり着いた。私が言っているのは、**株式市場社会主義**のこと。これは、社会的市場経済と同じほどの福祉水準を約束するけれど、

・寡頭制を生み出すことはなく、

・職場における民主主義を強化し、
・より多くの所得の平等を作り出す。
したがってこれはより良いシステムである。
だからやっぱり、あの時私が資本主義の転覆に賛成したのは正しかった。資本主義は、株式市場社会主義の三つのタイプのうちのどれか一つによって置き換えられるべきなんだよ！

この間に少し苛立ってきた父　まてまて。経済システムは、スーパーマーケットの棚に並んだ商品のように選ぶことはできないよ。理論的に見れば、株式市場社会主義は今日の経済システムに劣るものではない。それには僕も同意する。でも、今日の経済システムと違って、株式市場社会主義はまだ存在していない。株式市場社会主義によって置き換えるためには、最後には実際にどのように機能するか全く確実ではないような、完全に新しい制度の構築が必要になることを考慮に入れなきゃいけない。そしてこの不確実性に加えて、株式市場社会主義の導入には大きな移行コストが結びついているから、最終的には株式市場社会主義の人々は高い確率で全く利益を得ないだろう。だからこんなことはやめて、地に足をつけないと！

娘　ちょっとちょっと……、権力関係のない討議って聞いたことある？　私の話をよく聞いて！　先入観にとらわれないで冷静に考えようよ。進歩は変化と同じで、リスク抜きには決してありえない。

世界をより良くしようと望むなら、このリスクを受け入れなくちゃ。私は、移行コストは問題にならないと思う。だってこのコストはその定義に従えば、社会がとても長い期間にわたって株式市場社会主義から利益を得ている間になくなるんだから。パパは将来の自分の孫たちのことを考えたくはないの？

父 そりゃ考えているけど、君は株式市場社会主義が持つ長所を社会的市場経済と比べてかなり過大評価していると思うよ。株式市場社会主義は、今日の経済的な不平等をほんの少しは減少させるかもしれない。もし企業が公有財産に移されるなら、株式市場社会主義の効果は、現在の株式所有者が受け取るはずの補償に依存することになる。市場価値に対する補償の場合には、財産の分配に対して何の効果も持たないだろう。そして、どんな補償も抜きの国有化という非現実的な仮定のもとでさえ、不平等を実質的に減少させることは全く期待できないだろう。

娘 その意見には私はついていけない。資本所得は国民所得のかなりの部分を占めていて、資産は収入に比してつねに増幅する。これはパパが自分で話してくれたこと。実際にこれは、生産手段の社会化が広範にわたる分配の効果をもたらすことを物語っている。

父 考えてごらん。ある年のドイツの国民所得はおおよそ二兆ユーロで、そのうちの賃金比率は約三分の二だ。だから資本比率に応じて所得の総額は約六五〇〇億ユーロになる。しかし今日の資本所得の大部分が、株式市場社会主義においては社会化されていない資産、例えば貯蓄、国債、企業年金、賃貸住宅といったものからの収益によって成り立っている。企業セクターからの配当金と借り入れという形で、今日ではドイツにおける一般世帯は、年間でおおよそ三〇〇〇億ユーロを受け取る。しかし、株式市場社会主義においても、私的所有のうちに残っているかもしれない多数の小企業から得られる収入がこの金額には含まれているから、これは株式市場社会主義が持つ再分配の可能性を過大評価している。

そこで、この年額三〇〇〇億ユーロから中小企業の配当金と収用された株主に対する補償金を差し引かなければならない。おまけに公有財産を管理する新しい国家機関にかかる費用も差し引かなければならない。さてそこで、君はどう思う？　全体としてどのくらいが、社会配当金の保障として残るだろう？　楽観的な人なら、年間一〇〇〇億ユーロが余ると言うかもしれない。すると国家は社会配当金を、一人当たり月額で約一〇〇ユーロ工面できるだろう。月額一〇〇ユーロのために、とにもかくにも機能している経済システム全体を根底から変革する価値があるだろうか？

娘　そうだね、この点に関しては基本的にパパが正しいかもしれない。だけど所得の不平等を小さくすることは、株式市場社会主義が追求する価値のあるものであることの根本的な理由ではないように私には思える。私にとって中心になる論拠は、資本主義のエリートから始まって、最終的には社会全体を腐敗させる社会的で政治的な断層の消滅なの。私が言っているのは、貨幣フェティシズムと所有の集中のこと。つまり、弱者からの搾取。残忍な戦争への加担を始めとする、受け入れ難い結末を伴った政治家の買収と民主主義の空洞化のことを言っているの。

父　ほとんどの財とサービスは貨幣で計られるから、ある種の貨幣フェティシズムはどんな貨幣経済にも内在しているよ。もし大富豪がいなくなれば、成果基準としての経済権力は通用しなくなるから、市場社会主義は貨幣フェティシズムを弱めるだけだろう。

市場社会主義において民主主義が機能することに関しては、僕もそれほど自信はない。というのも、次のように考えられるからね。市場社会主義企業のトップマネージャーからは、資本家から生じたのと類似の危険が生じることはないのか？　株式市場社会主義もまた経営者たちに対して、彼らの企業の株価に連動する奨励給を予定している。つまり政策がその企業に有利な場合、経営者は個人的にも利益を得るだろう。さらに、経営者は資本家よりもずっと多くのロビー活動ができるということもあるかもしれない。最終的には、一人のトップマネージャーに対する彼の企業からの奨励給が所得の圧倒的な部分を占めている一方で、資本家は自身の財産をより多くの投資へと割り振る。

娘　確かに。でも、株式市場社会主義ではこの危険に対する予防措置が講じられるよ。パパがメタ改革と呼んだのと似たような政策を導入することができるはず。政治家とロビイストの間の取引は、より多くの透明性を確保し直接民主主義を強化するのを困難にする。

でもこれを、もっと大きな歴史的なコンテクストのなかで見てみて。株式市場社会主義は、政治経済的な権利の一度限りの拡張を意味するかもしれない。市場社会主義は、ヨーロッパに端を発し、このヨーロッパ大陸を残りの世界よりも際立つものにした文明化へのこれまでの諸々の貢献、つまりアテネの民主主義、啓蒙主義、福祉国家のような貢献の一つになるかもしれない。機能する株式市場社会主義を構築することは、こうした発展の軌跡に連なる次のステップかもしれない！

パパは、ヨーロッパ的な社会モデルがこの間に多くの輝きを失ったことを私よりずっとよく知っている。ヨーロッパの持つ重要性は、政治であれ経済であれ、あるいは研究や文化であれ、中国やアメリカの一部と比べると、あらゆる分野でどんどん衰えている。ヨーロッパ的な価値観念や民主主義理解が意味を失ってほしくないなら、私たちの価値観に基づいた新しいルネサンスが必要になる。このルネサンスは、ヨーロッパ的市場社会主義を実行することでできるはず。

父　寛大で効率的な福祉国家は、このモデルとしての機能も満たすかもしれないね。ひょっとしたら僕たちは、信ずるに足る脅威としての役割を、鍵となる役割を、株式市場社会主義に付与することに合意できるかもしれない。

娘　どういう意味？

父　福祉国家の建設は、第二次世界大戦後にようやく実際に勢いがついた。この時期には、ヨーロッパの多くの人が社会主義的な経済への移行に本当に好意的な見方をしていた。そして当時、少なからずの専門家が社会主義の勝利を高い確率でありうるだろうと考えていた。この見通しは、国民政党、労働組合、そして啓蒙された資本家の間に結束を生み出し、まさにこの結束が最終的には社会国家、公教育および保健制度、そして現代の福祉国家の累進税制を作り出したんだ。

今日では、福祉国家はこの点で危機に瀕している。かつてと同じように、資本主義に代わる信用できる代替システムの存在が、福祉国家を安定させるのに役立つということはありそうだ。この代替になる構想は、株式市場社会主義かもしれない。

言い換えれば、高額な移行コストの観点から見て、ヨーロッパ的モデルの社会的成果が維持される限り、株式市場社会主義の導入は合理的な戦略ではない。しかし福祉国家の解体がさらに進み、この解体を通じて不安定な労働関係や低賃金、貧困、劣悪な公立学校、不十分な医療、脆弱な社会的ネットワーク、そして低俗な文化の供給が大多数のヨーロッパ人の日常にどんどん刻み込まれるなら、この高い移行コストを負担して株式市場社会主義を導入することには十分価値があるだろう。僕が考えるところでは、エリート層はこの脅威を真剣に受け止めて、福祉国家の侵食を必死に食い止めようとするだろう。

娘　それはとても社会民主主義的な希望的観測に私には聞こえるけど！　問題は、戦後に社会改革を引き起こすような構想は存在しなかったこと，うまく組織化された労働運動の圧力と，ブルジョア階層の人々のうちにソビエト連邦の軍事的成功によって吹き込まれた恐怖こそ問題だった。

父　労働運動とソビエトは，若いドイツのインテリ二人が一八四七年から一八四八年にかけて，あるパンフレットに書き下ろした思想から示唆を得たんだよ。

娘　そうだね。でも今日では，株式市場社会主義が実際に機能することを示す具体的成果が存在する場合にしか，それが脅威として効果を持つことはできない。経済的なアクターとしての国家は，良いイメージを持つ必要があると思う。でも，今起こっているのはそれと正反対のもの。ドイツの典型的な新聞の読者は国家と聞いて，例えば，世界中で有害な有価証券を買い入れて，納税者の懐から何十億というお金をウォール・ストリートの財布に入れてしまった州立銀行を連想する。シュトゥットガルト21〔シュトゥットガルト駅改造を目的とした巨大公共投資プロジェクト〕や新ベルリン空港建設工事によって引き起こされている金融トラブルも考えられる。こうしたことのせいで，株式市場社会主義の導入を宣伝することは途方もなく難しい。

父　それならそういうことにしておこう。僕が今言おうとしたのは……

娘　いや，待って。他のアイデアを思いついた！

確かに今日、株式市場社会主義は政治的には幅広い支持を得ていない。でもひょっとすると、**まだ帰結が決まっていない**アプローチをとれば、市民が株式市場社会主義に公平な機会を与えるようにすることはできるかもしれない。そのアプローチは、だいたいこんな感じになると思う。

第一段階は、よりいっそうの透明性と市民参加に対する方策の実施。この点はすでに話したね。この方策は、プログラム全体を成功させるために民主的なインフラを強固にするという目標を持つことになる。

そして第二の段階では、X％市場社会主義の一変種を説明するときにパパが示した、政府から独立した機関が創設される。パパがそのときに〝連邦株主〟と呼んでいたこの機関は、集合的な投資家としての国家の利益を代表しなければいけない。

最終的に、ほんの**いくつかの**大企業と銀行の資本のX％、例えば五一％が国有化される。この株式資産は、連邦株主による管理に移される。この機関の専門家は、管理のもとにある企業の監査役会において国家を代表する。

これら三つの段階が実施されると、資本主義的な管理よりも資本の集合的な管理の方が優れているかどうかを示す、進化的なプロセスが始まる。

（彼女は話を一時中断して考え込む。それから話を進める。）

それに、これは実現するよ！　だって資本家は、自分たちの経済帝国を個人的な権力への夢を追求するために利用するし、無力な遺産を手にしていることがよくある。彼らは素質もないのに舵を手にしてしまっている。あるいは、彼らは素晴らしい人生を享受して、貪欲な経営者が彼の会社からじわじわと奪い去ってゆくのを甘受している。こういう理由で、パパたちが経済学の理論で仮定するほどには、資本家階級は長期的に見て効率的ではない。もし連邦株主が仕事をうまくこなして――私はこの仮説から出発するけど――、そうすることで集合的な〝株主価値〟を最大化させるなら、市場社会主義のセクターは、国民経済のなかではより利潤を生み出す部門になるだろうし、このセクターの持ち株はだんだん大きくなる。

そしてもう一つ重要なことがこれに加わる。国家の透明性が高められたおかげで、市場を通り抜けて利益を得るために、資本主義的な企業が政治に口出しすることはどんどん難しくなる。そうなるとカルテルや企業の独占的地位、色んな種類の補助金は次々に消えてゆく。それとともに資本主義企業の人工的に高い利回りは劇的に低下する。その結果、資本主義一味は力を失っていく。時が経つにつれてX％市場社会主義の経済システムに私たちはどんどん近づいていくことになるよ！

（娘は壁によりかかり、勝ち誇ったように父親を見つめた。）

父　（娘を長い間見つめながら考える。）なるほど、その考えはなかなか良いと思う。そのアイデアは、進化論的な発見のプロセスと社会工学を結びつけているからね。独立した機関、つまり連邦株主が市場並みの利回りを提供できなければ、国家はその株式を再び売却することで、地域社会はその機関をわずかな投資だけで閉鎖してしまう。しかしその反対に、この機関が資本主義的な企業よりも高い利回りを達成するなら、資本家は経済的に見ると余計だと国民は知る。この場合、我々の経済システムは次第に変化する。経済システムはより人間的に、より正義にかなった、より効率的なものになる！

娘　その通り……

でも、もっと考えなくちゃ。この壮大なプログラムの財政面はどんなふうになるんだろう？　これに関してはまだ全く現実的なイメージがわかない。ＢＭＷのような企業は、四〇〇億ユーロにも上る市場資本価値があると読んだことがある。連邦株主の管理下では二〇〇億ユーロ以上のコストがかかることになるかもしれない。こうした企業をいくつも買い取ろうとすれば、とんでもなく高くつくことになる。特に、ＥＵ全体ではなく、いくつかの加盟国しか参加しない場合にはね。

問題は投資支出だから、国家は借り入れによってこの国有化のための資金を調達するべきだと私は思う。でもこれは金融危機の時代には問題があるように思えるし、私は実際に専門家ではないから……

父　これは完全に解決できる問題だと思うよ。国有化がきちんと選択されれば、新たな借り入れによってその資金を賄うことは、経済的な観点から見て問題はない。その理由は、ドイツのような支払い能力のある国が持つ、相対的に低い資本コストにある。国が長期的に約四％の年利で財政を賄う一方で、企業は平均しておおよそ八％の年間利回りを生み出す。つまり国家は株式を買うために借り入れが可能で、その結果国家は、発生する借り入れ金利をカバーするために、獲得した配当金が十分であるよう配慮できるということだ。

もちろんこれは、企業が現在の所有構造のもとで行われている以上に、連邦株主が企業を悪く遇することはないという条件のもとでのみ機能する。だから、国家がすでにしっかりと企業経験を積んでいるセクターでの国有化を始めることには意味があるはずだ。こうすれば、獲得した配当金が国家の資本コストを下回り続けるというリスクは小さくなるだろう。

娘　そうするとあの悪名高い借り入れ規制はどうなるの？

父　ドイツの借り入れ規制は、毎年の財政赤字に連動している。市場社会主義企業の配当金が国家の再融資コストを上回る水準にある限り、全く問題はない。それどころか、官業における資本の価値が生む企業の配当金と再融資のコストの差額分だけ、年々国家財政が改善する。

娘　それじゃあマーストリヒト基準〔EU創設の基本条件を定めたマーストリヒト条約において、加盟国がユーロ導入にあたって満たさなければならないとされた、物価、国家財政、為替レート、長期金利に関する基準〕はどうなるの？

父　厄介なテーマにかかわる良い質問だ。こういうふうに言おう。ヨーロッパレベルでは国家の純負債ではなく国家の債務総額が問題になり、債務総額は当然ながら国有化によって増大するのだから、そこではできる限り隠蔽工作をしないといけない。投資プロジェクトの遂行と関連して新規借り入れを覆い隠すために、地方自治体が今日利用する人気のある方法は、いわゆるパブリック・プライベート・パートナーシップ協定だ。類似の仕組みを国有化の場合にも利用できるかもしれない。しかし、パブリック・プライベート・パートナーシップは、国家にとって不利益になる傾向にある。というのも、銀行やアドバイザーに利益をもたらす高い取引コストを、不必要に国家に負わせるからだ。だから、こうした企業買収をヨーロッパの予算規律にとって重要である国家の債務総額に算入しないということで、EUと合意する方がいいだろう。

娘　じゃあ、それがうまくいくと仮定しましょう。EUは例外規則に同意し、国家は、企業買収のための資金を資本市場から手に入れる。でも、市場に流通している国家の債務名義がその額を劇的に増大させたら、財政政策的に危険ではないの？　もしかしたら金融市場はパニック反応を示して、ドイツは突然、法外に高い金利を要求されるかもしれないんじゃない？

父　そうした反応は非現実的だと思うよ。この場合、国家の新しい借り入れには、公共部門において値上げされた株式資産が伴っている。いつか本当に必要となれば、この資産は売却可能な担保のようにもなる。繰り返しになるけど、国家が企業を破綻させないというのが何よりも大事なことなんだ。だから連邦株主に対してインセンティブを与える仕組みはとりわけ重要だ。

娘　この追加的な国債を購入する投資家を十分に見つけられるかどうか、私はまだ気がかりだけど。

父　それは失敗しないだろう。国家による企業買収だし、市場には流動性という点で余剰があるからだ。この余剰は、最終的には国債に投資することができる。さらに、老後年金に備えてより確実な投資機会を必死に探し求める小口預金者はますます増える。支払い能力のある国家の長期的なインフレ指数に連動する債券こそ、まさに彼らが必要とするものなんだ。

娘　それなら、パパは本当にこのプログラムに賛成なの？

父　そうだよ。そうすれば、より良い世界が誕生するかもしれない。さて、今日はこのくらいにしよう。コーヒーを飲みたいんだが、一緒にどうだい？

〈補論〉* 市場経済における公共資本の役割を強化するための二段階の提案

現在の先進経済諸国において資本の公有（公的所有）が果たす役割の強化は、富の分配に関する近年の研究の発展を参照することによって最もよく論証される。特に、いくつかの国における過去数十年にわたる最富裕層と総資産所得比率の増加といった実証研究の結果は、こうした傾向が大きな重要性を持つことを示唆している。例えばエマニュエル・サエスとガブリエル・ズックマンによると、アメリカ合衆国では、上位わずか〇・一％の最も裕福な人が占める全体の富の割合は、一九七〇年代半ばには八％であったが、二〇一二年には二二％に上昇した[1]。トマ・ピケティとガブリエル・ズックマンによれば、同じ期間に総資産所得比率は約三分の一増幅した[2]。これらの結果は様々な関心を引くが、主たるものは次の通りである。

(1) 富の不平等が所得の不平等に与える影響は、投資収益への不平等なアクセスによって拡大する。大規模ポートフォリオは、小規模ポートフォリオよりも実質的に大きな収益へアクセスできる。労働市場と同じく、一般的な預金者のドルが億万長者のドルよりもわずかな利益しか生み出さない金融市場においても、インサイダー／アウトサイダーの分裂が存在する[3]。

(2)世帯純資産の大部分および増加部分は、自ら作り出したものであるよりも相続によるものである。一方で、相続資産は極めて不平等に分配されている。[4]

(3)富の集中が高まるにつれて、富裕層が政治的影響力を買収するインセンティブと能力も高まり、今度はこれがさらなる経済的権力の集中を高めるために利用される。[5]

(1)が示しているのは、人々の大部分が金融市場へのアクセスを制限された事態に直面しており、金融投資のサンクコストを減らし、そのリスクを共有するために共同でプールしている資産から得られる効率性利得を諦めているということである。(2)は、生まれの巡り合わせが、社会における経済的福祉の分配を決定する要因として、個人の価値と比較していっそう大きな重要性を持つことを示している。(3)は、所得分布の上位における所得はしばしば、社会に対する価値の生産よりもむしろ、レントシーキング活動の結果として生じることを示している。これらの点は総合してみると、古典的自由主義によって長い間普及してきた資本主義に対する寛容な見方に、深刻な疑問を投げかけている。

(1)から(3)に関する詳細な部分も、それらについての解釈も、どちらも論争的である。これは、驚くほどではないが、限られたデータしか与えられていないからであり、それらを解釈するために用いる正しいモデルについても不確実性が存在するからである。しかし、これらの問題には適切な政策が必要であり、そのような対応は全ての学術的な論争の解決を待っているべきではないという点は、比較的広く合意されている。以下の政策論争は、資本税の劇的な増額というトマ・ピケティによる提言に主に焦点を当てている。多くの経済学者によって注意喚起されているように、資本税は、インセンティブと一般均衡効果を通じた効果の移動という点において、数多くの微妙な問題をもたらす。現在のところ、大規模な資本税の増額がもたらす帰結を自信を持って予想することは我々にはできない、というのが妥当なところだろう。マティアス・トラバントとハラルド・ウーリッヒによる資本税のラッファー曲線に関する慎重な実証的シミュレーションは、増税が緩やかでない限り、資本税の増額はおそらく意図しない帰結をもたらすことを示している[6]。

富の不平等の拡大にかかわる諸問題には、我々の経済において資本の公有が持つ役割を強化することによって、いっそううまく対処することができる。つまり、公共資本は初期資本所得の分配における不平等を軽減し、そうすることで高額な資本税を不要とするために利用できるのである。以下で論じるように、健全なガバナンス機構が整備されている場合には、ある種の資本の公有は上述の(1)から(3)で提起された諸問題を解決しうる。これは富の集中の増幅と政治力の占有という悪しき循環を断ち切り、機会の平等に寄与し、金融投資の取引費用を低減させることができる。

私の提案は、本書で論じた株式市場社会主義に関する文献からアイデアを借り、そのアイデアを共和主義や市民経済の伝統に対する洞察と混ぜ合わせたものである[7]。本提言における公共資本は、インフラや公共事業を指すものではない。ここで言及するのは、民主的参加に根ざし、共同体の構成員間に存在する不平等を制限するよう設計された集合的財産の諸形態である[8]。このような公共資本の管理には、既存の制度とも、関連する目的のために過去に用いられた制度とも異なる、ふさわしい制度が必要となる。本提言において私が素描する諸制度が、十分に質の高い政府や十分に高度な社会資本によって特徴づけられた環境を必要とすることは認めなければならない。これらは確かにどこにも存在しないが、いくつかの国は現在こうした環境に恵まれており、この青写真はそうした国々にとっては重要なものとなる。

私は、再分配のための道具として利用されるべき公共資本が、主として上場企業の株式という形式を採ることを提案する。それらの株式は、多様な国際的ポートフォリオを作り上げるために、市場取引という手段によって政府が獲得したものでなければならない。最初は、そのような公共資本は政府系ファンド(SWF)によって完全に管理されていなければならない。次節では、非倫理的投資を防止するための規則を含む、その統治機構が持つべき特徴を説明する。政府系ファンドは、社会的な利益配当を通じて、その収益を市民に平等に配分することで不平等を減少させるのに役立つだろう。政府系ファンドが集団的金利生活者としてのみ機能する一方で、民主主義への配慮は企業内部における公有の活性化を求める。ここに、本書の第九章で〝連邦株主〟として言及された革新的な公的制度が登場する。この制度は、私的企業の管理をいくつかの大会社に置き換え、市民社会がそれらの大会社を監視し、会社管理へ労働者が参加するよう促すことができるだろう。経済全体におけるその範囲が、前もって決定されることはない。むしろそれは、私的で資本主義的な統制と対比される、公的で民主的なコントロールの費用と便益についての集合的な学習過程の成果であるべきだろう。当然ながら、不平等を減らし、参加を促す道具として利用される以前に、公共資本は蓄積されなければならない。本補論の最後に、民営化と国債と相続税からの収益を用いながら、わずかな費用で比較的大規模な公共資本を作り上げる方法について説明する。

社会的責任を担う政府系ファンド（ＳＷＦ）

ある国家が、政府を通じて、公的上場企業の株式に関する大規模で多様なポートフォリオを所有していると想定してみよう。もともと、このような公共資本を管理する責任は、明らかにその目的のために作り出された革新的なＳＷＦが完全に担うべきである。[9] ＳＷＦが生み出されてから、今では六〇年以上が経つ。現在、オーストラリアやニュージーランド、ノルウェー、アラスカを含む世界中で、五〇以上のＳＷＦが存在する。ＳＷＦは、公的ファンドを管理する国有の金融仲介機関である。一般的には、企業によるコントロールを前提とすることなく、適切なポートフォリオの決定によって、高い収益率を確実なものにしたいと思っている受動的な投資家のように機能する。

私が提案するＳＷＦの主たる目標は、株式市場によって生み出される高い収益率を全ての市民に分配することである。これは、〝社会配当金〟への融資にＳＷＦの収入を充てることによって、直接的で透明な方法で生じるはずである。社会配当金とは、全市民が受け取る、月ごと、あるいは四半期ごとの総移転支出であり、人々がふさわしいと思う仕方で全て自由に使うことができる。[10] この社会配当金は、国家が採用すべき革新的な再分配の道具として免税されるが、再分配されない場合に社会立法によって権利を得る人々の利益が税額控除されるわけではない。ファンドの収入は、ファンドの管理費用と、長期的に見たＧＤＰに対するファンド規模の比率を安定化させるための再投資の割当を差し引いた収益によって構成される。ＳＷＦは、それが持つ分散投資の機会と免税という事実を所与とすれば、長期間にわたって平均を上回る資本収益を市民に対して生み出すと期待できる。これが意味するのは、国家を通じて各市民はＳＷＦの投資の平等な株主なので、自分自身の私的な手段を持たない人々でさえ、株式市場によって生み出される高い利回りから恩恵を受けるということである。[11]

社会配当金は、結果の不平等と機会の不平等の両方を減じるのに大いに役立つだろう。しかし、これがベーシック・インカムと同規模になることを期待するのは非現実的である。例えば、二〇年という時の流れのなかで、緩やかにＧＤＰの五〇％を占めるようになり、そのレベルが永遠に維持されるＳＷＦを国家が作り上げたと仮定してみよう。[12] 公的予算に供与される収益率が七％であれば、社会配当金のための総支出額は、等しくＧＤＰの三・五％となるだろう。アメリカ合衆国の場合この額は、今日、年間一人当たり約二〇〇〇ドルの社会配当金であることを示唆している。[13] これは生活費を十分に賄うには遠く及ばないが、とりわけ所得分布において下層に位置する所得者や大家族にとっては、生活の質を向上させるのに実質的に役立つだろう。貧困率は計算上約三分の一減少する。ＰＳＩＤ（アメリカの代表的パネルデータ調査 Panel Study of Income Dynamics）とＮＢＥＲ（全米経済研究所）の税シミュレーションモデル（ＴＡＸＳＩＭと呼ばれる）からの世帯データを利用すると、米国勢調査局が公式に定めた貧困線以下で生活するアメリカの人口割合は、二〇一二年には約九％だが、一人当たりＧＤＰの三・五％に等しい社会配当金はこれを六％まで減少させることになる。

社会配当金は、所得分配への直接的な影響に加えて、未熟練労働者の雇用主に対する交渉力を強化することによって不平等を減少させる。社会配当金は、特にワーキング・プアの頼みの綱となる選択肢を改善するので、彼らはよりうまく賃金交渉で争えると期待できる。社会配当金は、しばしば経済的にも政治的にも置き去りにされる脆弱な人々に力を与えるだろう。

このＳＷＦを設立するためには、効率性と民主的説明責任の両方を保証する制度的枠組みが必要である。[14] 私は、ＳＷＦは以下の三つの際立った特徴を持つよう提案する。第一に、ＳＷＦは、その投資戦略、および他のファンドと比べた場合のパフォーマンスを、市民が容易に監視できるほどに透明でなければならない。第二に、ＳＷＦは市民たちの願望を忠実に表現したものであるべきである。この願望は、個々人の購買力の向上に限定されているわけではない。彼らの願望は、社会における人間関係の質と、人間の自然に対する関係の質にかかわる深い関心をも反映している。公共の利益に関するこのような広がりのある見方は、民主的プロセスによって決定された倫理的要求にファンドの投資を従属させることで承認されなければならない。この見方は、そうした倫理基準を侵害する会社にＳＷＦが投資することの禁止を意味する。[15] これには、政治的無関心に対抗し、共同社会の感覚を強化する、支持された価値観と社会的目標についての再三にわたる議論が必然的に伴うだろう。そのポートフォリオ管理にかかわる限り、ＳＷＦは、過去二〇年にわたって世界的に急増した社会的責任を担う投資ファンドに似ている。これは、金銭的収益という意味ではいくらかの費用がかかることになるかもしれないが、この費用は投資可能な株式が十分に大きな規模で存在することによって最小限に抑えられる。[16] 大規模ポートフォリオによって、この倫理的なＳＷＦは傑出した金融投資家になる。それゆえ、その倫理基準は集合的アイデンティティの単なる表出ではない。倫理基準は企業に、平和維持や環境的持続可能性、そして人権への配慮といった事柄に関する決定へのインパクトに対していっそうの注意を払うよう、より強く影響を与えるだろう。第三に、ＳＷＦは政府と企業部門による干渉の両方から守られていなければならない。政治的占有から逃れる必要があることは明白である。政府からの独立は、私が提案する第二の制度との関連でより深刻な課題となるので、後により詳しく論じる。[17] 企業部門による政治的占有の可能性について言えば、大企業と金融産業がＳＷＦの投資決定を操作することによって利益を得る機会を見出すことが危険である。これは、ＳＷＦの従業員は公務員を含まなければならないこと、そして天下りによる政治的占有のリスクを最小限に抑えるよう厳格なルールが設計されなければならないことを示している。国の特殊な状況によるので、国内企業、あるいは少なくとも国内経済に大いに関係する国内企業におけるＳＷＦの投資には、比較的低めの上限を設けるのが良いかもしれない。これは、既存のＳＷＦにとって目新しいわけではなく、取り組むことができる定義と測定の問題、例えば一連の所有権の定義と測定の問題を提起する。[18]

市民が受け取る社会配当金は、ＳＷＦが管理する株式ポートフォリオによって獲得された、不確実な収益に基づくだろう。株からの収益が不安定であっても、社会配当金の導入が市民が背負う所得リスクを高めるとは限らない。一つには、ＳＷＦはその収入を政府に提供し、政府の予算は市民への支払いを円滑にするために用いられると考えられる。例えば、通常以上の収益があるときには、政府はそれで国家の公債を買い戻し、通常以下の収益しかない場合に安定した社会配当金を確実に支払えるよう、準備に回す。[19] もう一つには、典型的な一般世帯の観点から査定された、リスクに備えた収益を最大化するよう議会がＳＷＦに指示しうる。その収益が一国の国民所得と負の相関関係を示す株式に投資できるという点では、社会配当金は実際のところ、個人世帯の総所得における変動を軽減するだろう。

市民には、彼らの社会配当金を定期的に支払わせる代わりに、個人口座を通じてＳＷＦに再投資する選択を認めるよう、私は推奨したい。こうして、人々は人生の途中でとる休暇と、年老いてからの年金に資金を融通できるだろう。

休暇口座を準備することは、成人に達した全ての市民に与えられる一つの選択肢になりうる。これは、例えば九年間というように、指定された期間、社会配当金を貯蓄できることを意味している[20]。この期間には、支払いに使われるはずの社会配当金が、支払いの代わりにＳＷＦに再投資される。最後には、口座の所有者は資本化された社会配当金、つまり休暇の一年をやり繰りするのにおよそ十分な総額を受け取ることになる。この一年間は、社会経済におけるボランティアや政治への従事、あるいは生涯学習に携わることの一環として新たな知識を獲得するために費やすこともできるだろう。その結果、こうしたものの追求はほとんどの人々の生活においていっそう普通のことになり、広範囲にわたる外部へのプラスの影響を生み出すかもしれない。こうした休暇中の活動に専念するために無給で仕事を離れた後に、元の仕事に被雇用者が復帰できるような保護も適切に実施されるだろう。

壮年期、例えば四〇歳で始めると、市民たちは自分の社会配当金を、休暇口座の代わりに老齢準備口座に再投資することを選択するかもしれない。ＳＷＦは、異なる固定期間を備えた口座を提供できる。オプションとして、二〇年、二五年、三〇年が含まれうる。高齢者の貧困と闘うことを決断した国々は、このような老齢準備口座を義務化する決定を下すかもしれない。規定の期間が終わると、貯蓄された総額が年金へと変換され、社会配当金とともに市民が受け取る所得となる。どちらも非課税とされ、社会的利益に反することはない。人口の高齢化にひどく悩まされている国々では、貯蓄のこの形式によって、既存の賦課方式年金システムが補完され、民間の保険会社が通常要求する高度な資産管理が回避されるだろう。さらに、退職金を支給するこの方法が、雇用や社会保障積立金と結びついていなければ、この方法が限定補償で悩まされることはないだろう。この制度は、全ての人にとって利用可能である[21]。

このような倫理的SWFを設立し社会配当金を分配することは、不平等を減少させるだけではなく、公的な活力を漲らせ、社会的自由を促進し、高齢期に備えた包括的な準備を支援するのに役立つだろう。それと同時にこれは、公的資産の管理についての集団的な学習過程への道を開くだろう。加えて、制度を構築し、公的資産を効率的に管理するようになる際に国家が頼りにできる国際的な経験は、すでに存在している。上で私が言及したのは、SWFがその投資ポートフォリオに選んだ企業において公共資本が果たす受動的役割についてであった。一度国家がSWFを適切に管理できるようになると、公共資本は能動的な役割を果たし始めるはずである。革新的な制度は、大企業のコントロールをめぐって争うことで、自分たちの領域において資本家に闘いを挑むように作り出されるべきである。

連邦株主

よく管理されたSWFは、この青写真の最初に言及した(1)と(2)の拡大を効果的に阻止することができる。しかし、(3)については必ずしも変化が生じるわけではない。つまり、富裕層寡頭制がデモクラシーを徐々に蝕んでゆくのに対して、SWFは防御装置とならないのである。富裕層を代表する大企業と銀行、そしてロビー団体は、裕福なエリートのメンバーが自らの企図をとりまとめ、公的な討議の場と政治の舞台で自らの利益を拡大するために用いる主たる装置である。もし国家がわずかなシェアを占めるだけで、これらの企業に対して何も統制を行えなければ、裕福なエリートはなおその資産を政治権力に変換でき、こうして平等と参加というデモクラシーの理念は根本において侵食されてしまう。(22)

それゆえ私が提案する戦略の第二の段階は、選定された国内企業における公有の促進を伴う。この段階の始まりは、企業をコントロールするために明確に設計された、革新的な公的制度を設立する法律によって定められる。このような制度を示すために、私は〝連邦株主〟という語を作り出した。

連邦株主の最初の財源はＳＷＦに由来し、その従業員の幾人かも、おそらくＳＷＦから引き継がれる。連邦株主はこの資金を、選定された会社における大部分の出資金を獲得するために利用する。それゆえ連邦株主の第一の課題は、公的なコントロールに快く応じるような会社を特定することになる。これらの会社は主に、ＳＷＦがしばらくの間調査を行い、相対的に管理が悪いと判断され、連邦株主によって非友好的な経営権の取得のターゲットとなる上場企業だろう。悪い仕方で管理されている企業はしばしばロビー活動や政治的な保護のおかげで生きながらえており、通常、現在の管理に不満を抱き、それゆえに適度な意欲を欠いている、技術的に優れた被雇用者を多く抱えている。したがってこうした会社は、経済的価値を高め、利潤を追求する活動を抑制し、金権政治に立ち向かうための高い潜在的な力を有している。経済における公有を始動させる過程は、効率性の考慮に基づくべきであり、これは徐々に起こるものである。それゆえ議会は、連邦株主に会社をコントロールできるようにする初期資本金に上限を設ける必要がある。その初年には、大企業部門のわずかな部分しか連邦株主による統制のもとに入らないだろう。

連邦株主は、上場していない会社を獲得することも、新しい会社を、例えば寡占産業のうちに立ち上げることも可能だろう。しかしながら、以下で簡単に説明する理由により、連邦株主の全ての会社は一定の期間しか株式を公開しない。しばらくすると、それらの会社の連邦株主の所有株は、会社の資本の五一％になり、このレベルは会社が公的なコントロールのもとにある限り維持されるはずである。残りの株が株式市場で自由に取引される一方で、当該株は国有化され凍結される。これは、X％市場社会主義に似ている。連邦株式の企業は混合所有権構造を示し、連邦株主がそれらの主たる株主となる。株式会社を統制する法律条項のもとで、連邦株主は自らの人事権を通じて、取締役会や監査役会でリーダーシップを発揮する。連邦株主は、十分な訓練を受けた専門家スタッフを必要とするだろう。このスタッフは、企業統治、投資分析、融資、そして危機管理の問題において中核的な研究拠点となるはずである。スタッフには関心を引く長期的なキャリアの将来性が与えられ、帰属感と使命感が助長されるだろう。

連邦株主の任務は、はっきりと示されなければならない。それは利潤の最大化である。彼らの会社は、自然独占のもとで営まれる公共事業ではなく、グローバルな市場で競い合うプレイヤーである。それゆえ利潤の最大化は、効率性に基づいて追求されなければならない。連邦株主が所有する株式からの配当金は、政府予算に利益をもたらし、SWFが生み出す所得と共に社会配当金に割り当てられる。

資本主義者が掲げるのと同じ利益目標を、たとえその利益が社会配当金を通じて全市民に利益をもたらすとしても、連邦株主が保持し、その他の社会的な目標を追求しないというのは、奇妙に見えるかもしれない。しかし、いくつかの国における公企業の経験が示すところでは、利益目標を社会的目標と取り替えるということは、あいまいにしか定義されず常時変化する目的を、彼らの経営者に突きつけることを意味する。これによって経営者の説明責任は蝕まれ、彼らのパフォーマンスはほとんど評価不可能となり、彼らからは責任感が奪われてしまう。競争市場においては、公企業は政治家によってコントロールされるべきだという主張が、財政的および経済的大惨事の原因であることは証明されている。社会や環境への配慮は、所有権に関係なく全ての会社に適用される一般的な法的枠組み――法規制と税のシステム――に組み入れられる方がはるかに良い。さらに、広範な企業活動や小企業、そして非営利団体を支援し、社会的責任を担った仕事・消費・投資の形式に対する人々の様々な要求に応じる、多元的な経済環境を育むことが賢明である。大事なのは、連邦株主のコントロール下にある会社の**目的**は資本主義企業のそれと同じであるべきだが、会社の**振る舞い**は二つの分野部門で体系的に異なるということである。この点を簡潔に取り上げよう。

連邦株主の会社は株式市場に上場し、連邦株主は会社の株式の五一％を保持する。残り四九％の私有株式は、公企業が利潤を最大化するようにするインセンティブ構造の創出において鍵となる役割を持っている。個人投資家は連邦株主の会社の株式を自由に売り買いするので、株価はこれらの企業の経営者がどれほど良いパフォーマンスを示しているかという市場の視点を反映する。したがって株価の変動に含まれる情報は、公企業の経営者に利潤の最大化を追求するよう促すために用いられる。こうした方法による国家の新奇な株式所有は、株式市場を慎重に規制し、経営者にとっての適切なインセンティブの枠組みを設計することに、今日よりもはるかに多くの注意を注ぐようになるという含意を持っている。これはつまり、資本の管理に対して国家が株式市場を信頼することによって、発見と情報生成の装置として機能する株式市場の潜在能力をフル活用しようとする規制の試みが助長されるということである。

連邦株主の企業のわずかな部分を私有することの第二の理由は、抑制と均衡の多様性のためにいかなる多元的な社会にもある必要性と関係する。個人株主は連合を形成することができ、そうした連合は、連邦株主の会社の経営ができる限り利益を上げるように圧力を加える、影響力を持った利益団体を設置するだろう。

もし連邦株主が、利潤の最大化という任務を達成しようとするならば、現在の政府が用いる政治的圧力から連邦株主は隔絶されていなければならない。例えば、公企業が損失を出してしまい、競争力を回復するためには大量の一時解雇が必要になる場合、連邦株主は、たとえ政府が反対しても自由に会社を再建できなければならない[23]。連邦株主にこの種の自律性を認めるには、受託者や従業員の義務や特権と同様に彼らの任命と解任にかかわる憲法規範が必要になるだろう。私は、いくつかの中央銀行、例えばドイツの連邦銀行が享受しているのに似た一定程度の政治的独立性が、連邦株主にも与えられるべきであると提案する。これは、連邦株主のコントロール下にある公企業が、次の選挙という観点から特定の利益に合わせるよう、政府によって悪用されるといった事態が生じえないことを保証するだろう。明確な任務と政治的独立というこの組み合わせは、連邦株主を通じて投資される公共資本をうまく管理するために必要不可欠な前提条件である。

連邦株主は社会配当金の融資に寄与するため、市民一人一人がこの制度の利害関係者である。こうして、連邦株主の役割に関する透明性の義務を含む連邦株主のパフォーマンスを精査することは、公共の利益になるだろう。メディアと一般大衆による監視を支えるために、既存の権威による制度的監督もなければならない。これは例えば、中央銀行や財務省といったものである。特にこうした監視機関は、基準となるような関係する会社グループによって達成された結果とともに、連邦株主のコントロール下にある会社の決算を公開する。さらに、連邦株主のスタッフに支払われる報酬の一部は実績連動型、つまり、コントロール下にある会社の相対的な業績に依拠している。

ここまで説明してきた全ての仕組みは、会社をコントロールする責任を負った革新的なこの公的制度により、利潤の最大化を強化することを目的としている。しかし、利潤の最大化〔という行動の結果〕が全体的に良いものとなるためには、被雇用者や消費者を犠牲にして、あるいは自然環境を損ないながら、利潤の最大化が追求されるべきではない。利潤の最大化は、生産効率の向上とイノベーションの成功の結果でなければならない。外部性を内部化し、公平な市場競争を高める（そしてそれによって、被雇用者と消費者と自然環境を保護する）よう設計された規制が、公企業と民間企業の両方に対して実施されるべきである。しかし、連邦株主のコントロール下にある会社はそれに加えて、市民社会の名のもとに監視役として機能する労働組合や消費者保護局、環境団体によるチェックも受けなければならない。これは、公企業に有利になる政治的保護の諸々の状況を回避するのに役立つ。例えば、消費者保護局がよりいっそう厳しく監視すると、非競争的な振る舞いに対して手緩い態度をとることで公企業の利益を上げたいという政府の衝動を抑えられるだろう。環境団体がより厳格に監視すれば、国有の自動車メーカーによる排ガステストの改ざんを、政府は放置しにくくなる。

連邦株主の会社を監視し、会社が規制規準を遵守しているかどうか評価する容易な方法をその機関に認める法律によって、市民社会の付加的な情報権が定められるだろう。この監視目的のために、労働組合は労働者連合(シンジケート)に、消費者保護局は消費者連合に、そして環境団体は自然環境連合に加入する。それぞれのシンジケートは、連邦株主の多様な会社の監視役として派遣される代表者を自治的に選出する。これらの代表者の仕事は、既存の規制規準に違反しそうな会社の行動を、彼らのシンジケートに知らせることである。こうすることで、シンジケートのメンバーはそのような行動に対して抗議行動を開始することができる。これらの監視役は、法律上は違法ではないが、市民社会の観点から見ると問題含みな会社の振る舞いに関する情報を、彼らのシンジケートに伝える権利も持つ。例えば監視役は、連邦株主の会社が適当な安全基準を欠いた外国で非常に危険な製造工場を操業していることを暴露するかもしれない。しかし、監視活動で集められた、会社の競争相手が利用しうるようなビジネス上の秘密を監視役が暴露することは禁止される。このような場合、落ち度のある監視役を送り込んだシンジケートも責任を負い、損害を被った会社から告訴される可能性もある。

ここで、連邦株主のコントロール下にある会社と資本主義企業の間にある、重要な行動の相違に触れよう。この相違は、なぜ連邦株主の会社が**公共的で民主的な会社**と適切に定義されうるのかを説明する。連邦株主による、利潤を最大化せよという自分の会社への指示が、資本家が自分の会社に対して与える指示と同じであることを思い出してほしい。他方で公企業の行動は、企業が従業員に、どの程度そのガバナンスに携わらせ、権限を与えるかという点において違ってくるだろう。監査役会における連邦株主スタッフの代表者は、労働者の参加を復活させ、会社への、そしてまた、資本家支配から脱却しようとする国家の試みを体現した公的制度である連邦株主への従業員の帰属感覚を育もうとする。労使協議会、および共同決定を行う他の機関を通じた、公企業の経営に対する労働者の参加は、公企業と民間企業の間に横たわる主要な相違だろう。

資本主義企業が、従業員が持つ会社への帰属意識を高めようと努力していることは、しばしば事実である。しかし概して、会社は公共の利益や社会変革のプロジェクトに対して強く訴えかけることはない。それゆえ公企業には、民間企業の従業員よりも、その従業員に向けてよりいっそうの利他主義を発揮することが期待できる[24]。つまり、連邦株主の会社の従業員は自分の会社を繁盛させる手助けをするために、とりわけより多くの労力を進んで割こうとするのである。そして今度は会社への強い帰属意識が、労働者にさらなる発言権を与えることによって、多くの場合労働力を雇う仕組みにかかわる諸問題を緩和する。一般的に資本家は、社内の労働者組織によって〝強奪〟されたくないという願望ゆえに、そうした組織に対して社会的に見て最適な水準よりもわずかな権力しか与えない。付言すれば、資本主義的な会社に勤める労働者により多くの共同決定を認めると、社内のコミュニケーションの円滑さが改善され、それによって労働生産性は向上しやすい。しかし共同決定はまた、交渉を目的として労働者が自己組織化する能力を高め、その後、会社が生み出した余剰の大部分を労働者が受け取れるようになる。それゆえ資本家は、生産効率を最大化する労働者参加の組織を作り上げることに失敗し、この狭義の意味でも彼らは労働者にあまりにもわずかな権限しか与えていないのである[25]。

連邦株主の会社の場合、雇用主に対して強化された利他主義は、事後的に労働者が要求する分け前を減らすことで、強奪の問題を小さくするコミットメント装置として機能する。資本主義企業における労働者参加の程度は非効率に低いので、一度その会社のうちの一つが連邦株主によって獲得されると、より大きな労働者の参与を生み出す制度が構築され、生産性は向上する。それと同時に、公有によって従業員は自分が働く会社に対して、より密な帰属意識を持つようになる。これにより賃金交渉において従業員が要求する余剰の割合は減るので、より多くの共同決定を構築することは、究極的には企業の利潤を押し上げることになる。それゆえ、連邦株主が労働者の参加の促進に特別な重きを置くことは、その制度が持つ追加的で競合する目標ではなく、むしろ、それを通じて会社が利潤の最大化という第一目標を追求すべき特徴的なルートである。これはまた、連邦株主の公共的で民主的な会社が、資本主義企業より優れたパフォーマンスを発揮できるようになるための方法でもある[26]。

こうして企業のコントロールを奪われた資本家は、政治的意思決定への大きな影響力を行使する地位にもはや就いていられなくなるだろう。これは、富の集中と政治力の占有を増幅させる悪しき循環を断ち切るのに役立つ。しかし、以前に資本家とその経営者が享受していた**経済的権力**は、一度コントロールが連邦株主の手に渡ったとしても、消滅することはない。この権力は、ただ新たな形式をとるのである。民間企業をコントロールする株主は、連邦株主の代表者に置き換えられ、会社の経営者は労使協議会と連携する。そして労働組合、消費者保護局、環境団体は、補助的な情報権を持つ。

こうした変革にもかかわらず、連邦株主の会社が利潤を最大化するよう命じられた大きな組織となり、そうした組織が、資本主義企業とほとんど同じ仕方で、政治的プロセスを歪めるためにその経済的権力を行使する誘惑に駆られるのではないかという懸念があるかもしれない。連邦株主のコントロール下にある大企業は、確かに政治的プロセスへの特別な影響力をいくぶんかは行使すると考えられるが、この影響力は、今日の企業が行使している権力とは明らかに異なるだろう。自分たちの団体とロビー団体によって取りまとめられている資本主義企業は、政治的アリーナにおいて資本家階級の利益を促進するために多大なリソースを割く。一つの例は、積極的に遺産税廃止を推進する政治家とシンクタンクに対する彼らの大きな寄付である。会社の監督における資本家に代わる連邦株主スタッフは、このような目的のために実際全く労力を費やさない。様々な社会的背景や個人的な経済状況を所与とすれば、連邦株主の代表者は遺産税廃止から不釣り合いに利得を得ることはない。より一般的に言えば、人口の最富裕層出身者は資本主義企業の所有者だけではないのである。これらの所有者が採用するCEOもまた彼らに似ていて、上流階級から引き抜かれる。公企業や公的制度においては、幅広いメンバーの社会的背景がよりいっそう多様化しやすい[27]。それゆえ、公共的で民主的な企業の支配のもとで、支持される価値観や政治理念は、資本家や彼らが雇い入れる経営陣が持つ価値観や理念よりも進歩的になるだろう。政治的プロセスに対して彼らが持つ影響力もまた、こうして本質的により進歩的になる。

今日、企業は自分たちの利益を増大させる政策措置を確保するために、しばしば政治的影響力を買収する。この例としては、汚染産業による環境税の免除要求や、銀行による緩やかな資本規制の要求、農業複合企業による関税を通じた保護の要求、石油会社による産油諸国への軍事介入要求、そして自動車メーカーによる道路制限速度の非低減要求が含まれる。増益は、何らかの公共悪の増大を伴う。ロビー活動を行う企業は利益を得るが、公共悪にかかわる費用は社会全体が負担する。連邦株主のコントロール下にある企業は、一般の人々を犠牲にして自分たちの利潤を増やす政策に対して、あまりロビー活動を行わないといえるだろうか？　行わないと私は考える。連邦株主は、利潤最大化を超越した存在理由を持つ公的な制度だからである。この制度は、圧倒的な富の経済権力が平等で民主的な参加を阻害することがない社会を作り出す手助けをするために存在する。したがって、会社の役職についている連邦株主のスタッフはデモクラシーの価値観を内面化し、それゆえ、万一企業利益を高めるためにデモクラシーを破壊しようとしたときには罪の意識を感じると期待できる。彼らはまた、同僚を含めた他者がとるそのような行動を咎めるだろう。これが意味するのは、資本主義企業に比べると、連邦株主の企業は一般民衆の大部分には何の役にも立たないような政治的便宜を獲得しにくいということである。

公共的で民主的な企業によるロビー活動の低下は、資本主義企業に対する競争力に負の影響を与えることで裏目に出るという主張もあるかもしれない。しかしこれは、二つの理由から事実ではない。第一に、社会的責任を担った消費者はロビー活動を社会的害悪と見なしやすく、それゆえ自分の資金を公共的で民主的な企業の製品に使おうと決意するだろう。これらの企業が公共悪のためにロビー活動することはありそうにないと知っているためである。同じ個人は投資家として、ポートフォリオを決定する際には、公共的で民主的な企業の株を優遇するだろう。同様に、彼らの金銭による意思表示は、労働組合や消費者保護局や環境団体にさらなる情報を提供するために、公共的で民主的な企業が負担する費用をカバーする以上のことをするだろう。第二に、ロビー活動は一般的に、一つの企業にとっての利益よりもむしろ業界全体レベルでの利潤の増加をもたらし、企業はロビー活動に割く労力に基づく業界利潤から外れることはできない。例えば、ドイツの道路に一般的な速度制限が欠如していることは、ドイツ政府とメーカーが持つ関係から独立して、比較的速い車を生産する全てのメーカーに利益をもたらす。これは、ロビー活動を控える連邦株主が、競争相手である資本家によるロビー活動の労力にフリーライドすることを意味している。

先験的には、公共的で民主的な企業が資本主義企業に比べて、どれほど良いパフォーマンスを上げるのかは不明である。連邦株主の設立はそれゆえ、大企業の資本家コントロールを公共的で民主的なコントロールに置き換える国家の能力を見極める、開かれた挑戦と見なされなければならない。一般通念としては、企業の民間コントロールの優位が当然視されているが、この通念は中小企業のオーナー起業家がとる認知行動に基づいている。大企業に関して、このような優位性を主張するのは強引である。[28] 資本主義企業はしばしば、ガバナンスの問題で悩まされている。こうした企業は、他の人間に権力を行使するのが好きな無能な後継者によって経営されていることがあり、時には企業がその経営者の餌食となり、概して、従業員に権限と発言権を与えることで完全な利得を得ることに失敗している。有効な公有のもとにあり、よく設計されたインセンティブ構造が支配する大企業が、資本主義の基盤の上で、つまり収益率の意味で資本家に打ち勝つことはありえない、というのは全くもって明らかではない。

民間の資本主義的コントロールと公共的で民主的なコントロールという、企業部門の最終的な区分は、前もって定められるべきではない。むしろそれは、集合的学習過程の帰結でなければならない。一度連邦株主が設立され、最初わずかな企業がそのコントロール下に置かれると、やがて最適化された分割へと導く市場主導型の選別が起こる。両方のガバナンス形式が同じ条件で公平に競い合うことができ、外部性が内部化されている公正条件のもとでは、彼らの相対的な収益性は相対的な効率性を反映するだろう。効率的な分割に到達するまで、より収益のあるガバナンス形式は拡大し、そうでないものは縮小する。このプロセスのなかでより効率的な会社はより多く収益を上げ、そしてその会社がもたらすより高い利益は、その株に対してより多く需要があることを示す。その結果、より多くの資本がより効率的な会社へと流れ込み、その会社の市場シェアは伸びる。もしこれらの会社が公共的で民主的な企業であれば、これはデモクラシーが金権政治へと変貌してしまうのを阻止し、労働者による企業経営への参加促進に役立つだろう。

もし連邦株主が最終的にあまりに成功しすぎると、言い換えれば、企業セクターの大部分が公共的で民主的になると、連邦株主のうちに具現化されている経済権力を弱め、企業支配における多元化を促進するために、政府は公有の制度的枠組みを改革したくなるかもしれない。一つの可能性は、リーランド・ストーバーが提案するように、連邦株主の株式を自治体が所有する無数の投資ファンドに分配することだろう。こうした地域主体のファンドは、企業支配をめぐる競争市場において独立して活動するだろう。他の可能性として、連邦株主の株式を直接個人に分配することもありうるが、ただしこれは資本家支配の復活を阻止する仕方での分配である。ジョン・ローマーは、株式市場でのみ利用される特殊な通貨によって株式のデノミネーションを行い、成人すると各人に平等にその通貨を分配し、死亡すると彼らの株式ポートフォリオを国有化することで、資本家支配の復活を阻止する方法を解明した。

公共資本の株式の構築

上記で素描した進化的なアプローチが、問題(1)から(3)を解決するために役立ちうると考える読者は、一歩下がって、公共資本の初期レベルを設定することの問題を考察しようとするかもしれない。革新的なＳＷＦには、ＧＤＰの約三〇—五〇％に達する株式ポートフォリオが与えられなければならない。政府はどのようにして、その公共支出を賄う資金調達をするのか？ 私が提案するのは、天然資源からの偶発的な利益を想定するのではなく、政府が三つの主要な資金源に頼ることである。すなわち、民営化、国債、相続税である。以下で論じるように、これによって政府はわずかな社会的費用で必要とされる資本ストックをゆっくりと作り出すことができるだろう。

第一の資金源は、**民営化**から得られる収益である。これには、排出権や電波使用ライセンス、そして金準備の売却が含まれるだろう。それぞれの重要性は国ごとに大きく変わり、状況依存的である。いくつかの国では、やむを得ない歴史的な理由からあらゆる資産が公的に所有されている。例えば、都市化の強い傾向を見てみると、いくつかの国は特定の条件のもとで困窮者に賃貸しする共同住宅という形式で、大規模な公共資本ストックを作り上げている。今日では、この種の公有はもはや同程度には認められておらず、株式の規模は大幅に縮小するかもしれない。他の国では、製造業やインフラ業界において今もなお重要な国有の資本ストックが存在する。国有を促進した戦略的理由がもはや妥当ではない範囲では、そうした財産の一部はＳＷＦの基金とするために利用されるだろう。

第二の資金源として、政府は新たな**公債**の発行を考えるはずである。世界的な規模で、実質利子率は過去三〇年にわたって下落しており、信用格付けがＡＡＡの国々では国債の長期的な実質利子率はもはやゼロに近い[29]。これにより国債は、ＳＷＦに融資する価値のある選択肢となっている。政府によって支払われる利子率がＧＤＰの成長率を下回っている限り、ＳＷＦの基金とするために被った負債はＧＤＰに連動して下がり続けるだろう。もしそうした状況が永久に続けば、これは最後には相対的に消滅してしまう。この場合、新たな公債を発行することによって債務の持続可能性に対する懸念が引き起こされることはない。

もし現在の低レベルの利子率が一時的なものであるとわかれば、国債の利子率は将来的に成長率を上回る可能性が高い。しかしその場合でも、良好な財政状態の国々は、債務の持続可能性に影響を与えることなくＳＷＦの基金のために総国債を増やすかもしれない。なぜか？　国債の利子率は、株式に関してＳＷＦが獲得した収益率をはるかに下回ると予想されうるからである。すると政府は、ＳＷＦの収入が利払いをカバーするために優先的に扱われることを宣言するだろう。例えば、もし国有の株式が長期間にわたって八％の収益率を生み出し、国債に支払われる利子が二％である場合、政府の借換費用をカバーするにはその収益率の四分の一で十分である。いくらかのＧＤＰ成長があれば、ＧＤＰに対応して負債は次第に消滅することをこれは再び含意している。株式における収益率と国債における利率の間に生じる差額は社会配当金のために利用されるので、この戦略は株式のリスクプレミアムを国有化することに等しい。ラヤニッシュ・メーラによれば、過去一〇〇年における株式プレミアムは七―九％の範囲内であった[30]。

もしこれでは国の財政上の評価を維持するのに十分でないならば、手に入れた純利益はＳＷＦを設立するため、負債の支払いに優先的に扱われると政府は宣言できる。一五―二〇年経つと、株式を購入するための新しい借入金はほぼ確実に返済されてしまっており、国債全体は初期レベルに戻っているだろう。このときになって、市民は社会配当金を受け取り始める。

前述した三つのシナリオは、長期における債務対ＧＤＰ比の増加を含んでいない。その代わり、公共資本がその比率の永続的な増加とともに形成されるだろう。いくつかの国では、退職後の消費をやり繰りするために必要とされる、安全資産に対する個別世帯の需要が長期的に成長するといった状況を、人口変動が作り出す。この貯蓄の上昇が経済的に意味のある実質投資の等しい増加に見合わず、多額の公債という手段によって調整されなければならないということはありうるだろう。[31] 流動的なインフレ連動型の長期国債は、政府に融資する負債という安直な方法でありながら、長期的な消費を円滑にする信頼できる道具を世帯に提供する。[32]

大規模な国家の場合、このような新たな公債の保証は、無リスク利子率の均衡レベルを高めながら確定利付証券の世界供給量に対する一次的効果を持ちうる。[33] 現状においては、この効果は緩やかであると考えられる。無リスク利子率はゼロに近く、このレベルでは安全資産の需要はほとんど一定である。続いてこれは、無リスクの金融資産の提供に対する一次的な追加が利子率に小さな影響を与えることを示している。[34] そして今度は利子率の緩やかな増加が、金融政策の発案者が名目利子率における限界よりも低いゼロ利子率による制約を受けるリスクを減らし、金融不安のリスクを軽減することによって、マクロ経済レベルでのプラスの効果を生み出すだろう。[35]

漸進的な**相続税**は、私が提案する第三の資金源である。相続税の毎年の歳入は、ＳＷＦが望ましい規模に達するまでＳＷＦの基金に充てられる。とりわけ人口変動ゆえに、相続税の見込み歳入は次の数十年にわたって、多くの先進国経済におけるＧＤＰよりも急速に増加することが予想される[36]。この期間では、適度な平均税率でも、比較的大規模なＳＷＦを設立する政策を可能にするだろう。

非常に累進的な相続税は、富の集中を直接的に軽減するだろう。相続税は、自らの力で生み出した富ではなく相続された富を対象とするので、現代のデモクラシーを下支えし、政治的階層全体のなかで大部分の人々が支持するような能力主義的価値観を表している。ごくわずかな運の良い相続人にのみ金銭が回る代わりに、それぞれの非常に大きな遺産の一部は、こうして全ての人々にとって利益となる公共資本を作り出すために用いられるのである。

このように提案された税は、小規模の遺産を相続する大多数の人々を課税から保護する寛大な控除最低額を設け、続柄に依拠しながら増加する限界税率――この税率は上位層に対しては五〇％近くに達するだろう――を備える。実証的な考察が示すところでは、このような相続税は個人の貯蓄決定にほとんど影響を及ぼさないように設計できる。これは部分的には、大富豪は自分の後継者が、より快適な生活を送ることができるように富を蓄え続けることはないという事実による。大富豪を駆り立てる主要な原動力はむしろ、他の大富豪と比較して抜きん出ることである。富を蓄積したいという衝動は、上記のような相続税からほとんど影響を受けることはないだろう[37]。

最後に、非常に累進的な相続税は株式市場の安定装置として有益な役割を果たすだろう。特に大国の場合、ＧＤＰのいくらかの割合を使った株式購入は株式市場バブルを生み出す可能性がある。さらに、購入した株式からの収益を減らすことによって、株価の上昇は株式を獲得するために国債を発行することで得られる政府の純利益を減少させるだろう。非常に累進的な相続税は、市場における純供給を増加させることでこの影響に抵抗できる。死亡時の株式所有は、非常に大きな財産においては極めて集中している。この財産に高い税率で打撃を与えることによって、相続人は税を払うために相続株の一部を売却するよう促されるが、これは株価に負の効果を与え、株式市場バブルのリスクを小さくするだろう。

要約すると、ＳＷＦの実施は国家財政を損なうわけではない。民営化、新たな国債、そして漸進的な相続税を組み合わせれば、ごくわずかな社会的費用で公共資本の相当量をゆっくりと築き上げるために利用できるだろう。言うまでもなく、その国に固有の状況に応じて、異なる国では上記の資金源の異なる組み合わせを選択しようとするだろう。

大きな富の不平等は、繁栄の共有とデモクラシーの両方にとっての脅威である。公共資本は、こうした脅威に立ち向かう際に決定的な役割を果たすことができる。公共資本は、市民各人に対して社会配当金を生み出し、職場と政治的アリーナでの個人の参加を促進することができる。これらを行うことで公共資本は、増え続ける富の集中と政治的占領の悪しき循環を断ち切り、よりいっそうの機会平等に貢献し、金融投資の取引費用を縮小することができる。公共資本の役割は、制度構築のために慎重に設計された進化的プロセスを通じて強化されるべきである。このプロセスは、株式市場が生み出す高い利得の分け前に各市民が与れるよう世界的に株式に投資しながら、集合的な金利生活者として機能する社会的責任を担ったＳＷＦを作り出すことから開始されなければならない。もしこの制度がうまくいくとわかれば、いくつかの大企業に対する資本家のコントロールに異議を唱えることで公有を活発化する、第二の制度が導入されるはずである。私はこの制度を連邦株主と呼んできた。この制度は、連邦株主がコントロールする会社の従業員に権限を与え、会社の透明性を強化し、政治的論議のうちにより進歩的な空気をもたらすだろう。それとともに、社会的責任を担うSWFと連邦株主は、有形財へのアクセスと社会的承認と自律の間でかなりバランスを取り戻し、より多元的な市場経済、すなわち、真に開かれた社会の民主的な価値にいっそう見合った経済へと導いてゆく。

（注）

＊この補論は、労働の未来のための研究所（Forschungsinstitut zur Zukunft der Arbeit）で二〇一六年一〇月に公刊されたポリシー・ペーパー「不平等、公的資産、連邦株主」に基づくものである。このペーパーには、http://ftp.iza.org/pp115.pdf からアクセス可能である。ここで再び、レオナルド・ベケッティ、アンジェラ・カミン、マッシモ・フロリオ、フォルカー・グロスマン、トロステン・ヘンス、オリヴィエール・ジャンヌ、カタリーナ・ジャンデルニー、ジョン・ローマー、そしてパオロ・ヴァニンに、このペーパーへの有益なコメントと提案に対する謝意を表したい。

（1） Emmanuel Saez and Gabriel Zucman, "Wealth Inequality in the United States since 1913: Evidence from Capitalized Income Tax Data," *Quarterly Journal of Economics* 131（2016）: 519–578.

（2） Thomas Piketty and Gabriel Zucman, "Wealth and Inheritance in the Long Run," in *Handbook of Income Distribution*, vol. 2B（Amsterdam: Elsevier, 2015）.

（3） 例えば、Thomas Piketty, *Capital in the Twenty-First Century*（Cambridge, MA: Harvard University Press, 2014）〔山形浩生、守岡桜、森本正史訳『21世紀の資本』みすず書房、二〇一四年〕第一二章、およ

び Anthony B. Atkinson, *Inequality* (Cambridge, MA: Harvard University Press, 2015)〔山形浩生、森本正史訳『21世紀の不平等』東洋経済新報社、二〇一五年〕第六章を参照。

（4） Piketty and Zucman, "Wealth and Inheritance in the Long Run" を参照。

（5） 例えば、Lawrence Lessig, *Republic, Lost* (New York: Twelve, 2011)、Joseph E. Stiglitz, *The Price of Inequality* (New York: Norton, 2012) 第五章、John Nichols and Robert W. McChesney, *Dollarocracy* (New York: Nation Books, 2014).

（6） Mathias Trabandt and Harald Uhlig, "The Laffer Curve Revisited," *Journal of Monetary Economics* 58 (2011): 305–327.

（7） 特に共和主義に関しては、Richard Dagger, "Neo-Republicanism and the Civic Economy," *Politics, Philosophy & Economics* 5 (2006): 151–173 を、市民経済パラダイムについては、Luigino Bruni and Stefano Zamagni, *Civil Economy: Efficiency, Equity, Public Happiness* (Oxford: Peter Lang, 2007) を参照。

（8） 再分配についてのこの観点は、公平性と効率性 (equity-efficiency) のトレードオフを解決するためにはどのように税と移行が設定されるべきかということに焦点を当てる公共経済学から、わずかな注目しか浴びてこなかった。公有の役割については、不完全契約に関する文献において検討されているが、その力点は社会全体での不平等よりもむしろミクロレベルのガバナンスの問題に置かれている。

（9） Giacomo Corneo, "Public Capital in the 21st Century," *Social Europe Journal* (2014), Research Essay 2 は、ヨーロッパの観点からＳＷＦの潜在的な役割について論じている。Anthony B. Atkinson, *Inequality* (Cambridge, MA: Harvard University Press, 2015)〔『21世紀の不平等』〕は、イギリスのためのＳＷＦを提案している。関連する提言は、ノーベル賞受賞者であるジェームズ・ミードによる *Efficiency, Equality, and the Ownership of Property* (Cambridge, MA: Harvard University Press, 1965) でも提案された。既存のＳＷＦに関しては、Alberto Quadrio Curzio and Valeria Miceli, *Sovereign Wealth Funds: A Complete Guide to State-Owned Investment Funds* (Petersfield, UK: Harriman House, 2010) が概略を示してい

る。

(10) 資格の付与は、国における主たる居住の最低年数に左右されるかもしれない。年齢が一八歳以下の人々は、通常の社会配当金の半分が付与されうる。

(11) 彼らの大部分を占める一般世帯は、高額な平均収益にもかかわらず国債に投資しない。これは、財政学における伝統的なモデルの見地から〝参加のパズル〟の一部をなす。先行研究は、このパズルに対して多様な説明を示してきた。参加のための固定費用を超えること、馴染みなさ、損失回避、狭隘な構想、限定的な認知能力が、なぜ多くの世帯が株式市場に進んで参加しようとしないのかを説明する一助となっている。Nicholas Barberis and Ming Huang, "The Loss Aversion/Narrow Framing Approach to the Equity Premium Puzzle," in *Handbook of the Equity Premium*, ed. Mehra, Rajnish (Amsterdam: Elsevier, 2008)、Luigi Guiso, Paola Sapienza, and Luigi Zingales, "Trusting the Stock Market," *Journal of Finance* 63 (2008): 2557–2600、そして Mark Grinblatt, Matti Keloharju, and Juhani Linnainmaa, "IQ and Stock Market Participation," *Journal of Finance* 66 (2011): 2121–2164 を参照。

(12) 比較すると、ノルウェーのSWFの市場価値は、同国のGDPの約二倍である。

(13) これは、最近アラスカ永久基金によって支払われた社会配当金と同様の規模である。このSWFは、リベラルな共和党員の州知事によって一九七六年に設立され、この知事は国民投票後にこのSWFを導入した。この間にアラスカは、所得分配が最も不平等な州から、アメリカ合衆国のなかで最も貧困と不平等が少ない州となった。Scott Goldsmith, "The Economic and Social Impacts of the Permanent Fund Dividend on Alaska," in *Alaska's Permanent Fund Dividend*, ed. K. Widerquist and M. W. Howard (New York: Palgrave Macmillan, 2012)と、Guy Standing, *A Precariat Charter* (London: Bloomsbury Academic, 2014)を参照。

(14) Abdullah Al-Hassan, Michael Papaioannou, Martin Skancke, and Cheng Chih Sung, "Sovereign Wealth Funds: Aspects of Governance Structures and Investment Management," Working Paper

13/231(International Monetary Fund, 2013)は、ＳＷＦのための多様なガバナンスの選択肢を論じている。

(15) これはすでに、ノルウェーの事例となっている。ノルウェーでは、投資に利用できる潜在的株式の全体から特定の会社が排除されるべきかを、倫理委員会が査定する。

(16) このことは、John Nofsinger and Abhishek Varma, "Socially Responsible Funds and Market Crises," *Mimeo*, 2012とLeonardo Becchetti, Rocco Ciciretti, Ambrogio Dalo, and Stefano Herzel, "Socially Responsible and Conventional Investment Funds: Performance Comparison and the Global Financial Crisis," Working Paper 04_14(Rimini Centre for Economic Analysis, 2014)における実証分析の結果から示されている。後者は、リスクを調整しながら、社会的責任を担うファンドがなぜ従来型の制約を受けないファンドと同じように振る舞うのかの情報に関する理由についても論じている。

(17) Shai Bernstein, Josh Lerner, and Antoinette Shoar, "The Investment Strategies of Sovereign Wealth Funds," *Journal of Economic Perspectives* 27(2013): 219–238は、政治的影響にさらされるＳＷＦが、長期的な利益の最大化からの大きな逸脱に陥りやすいことを示している。

(18) 例えば、Erik Dietzenbacher and Umed Temurshoev, "Ownership Relations in the Presence of Cross-Shareholding," *Journal of Economics* 95(2008): 189–212、Victor Dorofeenko, Larry Lang, Klaus Ritzberger, and Jamsheed Shorish, "Who Controls Allianz?," *Annals of Finance* 4(2008): 75–103を参照。

(19) 副次的効果として、これは株式市場の安定化にも役立つだろう。

(20) 収益率は政府が社会配当金を設定するために用いられる。それゆえ、ＳＷＦが実際に獲得する利益よりも、将来的な期待利得に依拠する。これは、社会配当金を自分の口座に貯蓄することを選択した人々が負担するリスクを実質的に減少させるだろう。

(21) ドイツにおける生涯賃金の不平等に関する実証分析の結果(Timm Bönke, Giacomo Corneo, and Holger Lüthen, "Lifetime Earnings Inequality in Germany," *Journal of Labor Economics* 33[2015]: 171–208)と、合衆国における長期的な賃金の不平等(Wojciech Kopczuk, Emmanuel Saez, and Jae Song, "Earn-

ings Inequality and Mobility in the United States: Evidence From Social Security Data Since 1937," *Quarterly Journal of Economics* 125[2010]: 91–128)は、若い人々、特に未熟練の人々は、賃金収入から退職後のために貯蓄へ回すことがますます難しくなったと考えていることを示している。

(22) Randall Morck, Daniel Wolfenzon, and Bernard Yeung, "Corporate Governance, Economic Entrenchment, and Growth," *Journal of Economic Literature* XLIII(2005): 655–720は、なぜ政治的影響が、人が所有するものではなくコントロールするものに左右されるのかを論じ、それが作り出す経済的な歪みに関する文献を調査している。

(23) 私は、しかるべき失業手当と効率的な労働市場政策が実施されていると仮定している。

(24) これが起こりうるのは、利他主義者が公企業において自己選択するため、そして／あるいは、利他主義が連邦株主に付与された任務という感覚によって増長するためである。

(25) Richard Freeman and Edward Lazear, "An Economic Analysis of Works Councils," in *Work Councils*, ed. J. Rogers and W. Streeck (Chicago: University of Chicago Press, 1995)を参照。ドイツにおいて義務とされる共同決定は、五〇〇人以上の従業員を抱える会社に強制的に課される、広範囲にわたる労働者のエンパワーメントの一例である。実証研究は、これが小さいながらもプラスの効果を生産性と(特許で測った)イノベーションに与えており、利潤にマイナスの影響は与えていないことを示している。John T. Ad- dison and Claus Schnabel, "Worker Directors: A German Product that Did Not Export?," *Industrial Relations* 50(2011): 354–374を参照。

(26) 労働者参加の最適な程度は会社固有のものである可能性が高いので、連邦株主の企業は、彼らがそれを通じてよりいっそうの労働者の参加を実施したいと思う制度を、自由に選択できるべきである。例えば、それぞれの企業が長期にわたって最も大きな利潤を生み出すと期待される綱領をそこから選ぶような共同決定綱領の一覧を連邦株主が提供できるかもしれない。

(27) 例えば、Michael Hartmann, *Eliten und Macht in Europa* (Frankfurt: Campus, 2007)を参照。

(28) これを承認して、最近ＯＥＣＤは公企業のガバナンスについてガイドラインを発表した(ＯＥＣＤ Guidelines on Corporate Governance of State-Owned Enterprises[Paris: OECD, 2015])。

(29) 例えば、Mervyin King and David Low, "Measuring the 'World' Real Interest Rate," Working Paper 19887(National Bureau of Economic Research[NBER], 2014)を参照。

(30) Rajnish Mehra, *Handbook of the Equity Premium*(Amsterdam: Elsevier, 2008)。遡及的に、株式が二〇—三〇年間にわたって採算の取れない債権を抱えることは極めて希である。もちろん、ＳＷＦがその株式を購入する時期は大きな問題である。税への権限によって政府は、株利益が低い場合であっても負債を返済するとしっかりと約束できる。これは、なぜ個人が同じ資金戦略をとらないかを説明している。Hal Varian が "Redistributive Taxation as Social Insurance," *Journal of Public Economics* 14(1980): 49–68で指摘しているように、所得関連税は、不完全な金融市場より優れた方法でリスクを分散させながら、保証装置として機能する。〝株式市場参加のパズル〟を説明する要因を含む資本市場の不完全性は、ＳＷＦが行う債権融資による普通株への投資が福祉の増大になることを含意している。Simon Grant and John Quiggin, "The Risk Premium for Equity: Implications for the Proposed Diversification of the Social Security Fund," *American Economic Review* 92(2002): 1104–1115とPeter Diamond and John Geanakoplos, "Social Security Investment in Equities," *American Economic Review* 93(2003): 1047–1074における一般均衡分析を見よ。

(31) Carl Christian von Weizsäcker, "Public Debt and Price Stability," *German Economic Review* 15(2014): 42–61を参照。

(32) 例えば、John Campbell, Robert Shiller, and Luis Viceira, "Understanding Inflation-Indexed Bond Markets," Working Paper 15014(NBER, 2009)を参照。

(33) リカード的同価値の条件のもとでは、個人投資家が追加公債を購入するために売却しうるポートフォリオにおいて株式を持っている限り、何の影響もない。しかし現実には、様々な種類の取引費用によって少額預金者の金融投資とリスクを冒す能力は著しく制限される。Ricardo J. Caballero and Emmanuel Farhi, "The Safety Trap," Working Paper No. 19927 (NBER, 2014), *Mimeo*, MIT and Harvard はデフレ安全策のアイデアを定式化し、個人の危険資産を公債と交換することで経済を刺激できることを示している。Anat Admati と Martin Hellwig は、株式ファンドに高いレベルを要求することで金融仲介機関の行為を特徴づけるモラル・ハザードの様々な事例を阻止するよう勧めている(*The Bankers' New Clothes* [Princeton, NJ: Princeton University Press, 2013])。公債によって資金調達され株式に投資されるＳＷＦを作り出すことは、資本構造におけるこのような変化を助長する。これはまた、金融仲介機関が書面上でのみ安全な、言うなれば政府保証を与えられた資産を作り出すことで預金者の需要を満たそうとするインセンティブを削ぐだろう。

(34) 例として、二〇〇八年から二〇一〇年の間にドイツの公債の総額はおよそ四分の一、あるいはＧＤＰの約一五%が増加した。同期間でドイツ政府の財務費用は増加するどころか減少した。

(35) 例えば、Narayana Kocherlakota, "Public Debt and the Long- Run Neutral Real Interest Rate" (speech, Bank of Korea Conference, Seoul, South Korean, August 19, 2015)を参照。

(36) Piketty and Zucman, "Wealth and Inheritance in the Long Run"を参照。

(37) 例えば、Wojciech Kopczuk "Economics of Estate Taxation: A Brief Review of Theory and Evidence," *Tax Law Review* 63(2009): 139–157 や "Taxation of Intergenerational Transfers and Wealth," *Handbook of Public Economics*, Vol. 5., ed. Alan Auerbach, Raj Chetty, Martin Feldstein, and Emmanuel Saez (Amsterdam: Elsevier, 2013)を参照。

訳者あとがき

本書は、

Giacomo Corneo (2014), *Bessere Welt: Hat der Kapitalismus ausgedient? Eine Reise durch alternative Wirtschaftssysteme*, Goldegg Verlag GmbH.

の全訳と、原著者の希望により日本語版に含めることになった、

"A Two-Step Proposal to Enhance the Role of Public Capital in Market Economies," based on Giacomo Corneo (2016), "Inequality, Public Wealth, and the Federal Shareholder," fur Forschungsinstitut zur Zukunft der Arbeit.

を訳出した補論から構成されている。

翻訳書の場合、訳者の解題や訳者以外の方による解説を掲載するのが習わしとなっているが、本書の場合、問題意識と結論を父と娘の対話によって的確に示している第一章プロローグと第一二章エピローグがあり、さらにポリシー・ペーパーを補論として訳出しているので、解題や解説は省いた。

訳語についてはそれぞれの分野で使われているものに従ったが、第四章の囚人のジレンマを用いて展開されている部分では、通常用いられる「協力」の代わりに「協働」を用いた。その理由は、本書の展開に照らせば「協働」という訳語の方が著者の意図に合うと判断したからである。原文のイタリ

ック体はゴチック体で表し、〝 〟で囲まれた単語や文は、〃 〃で囲んだ。また、訳注や訳者が補ったものについては、〔 〕で示している。

翻訳の分担に関して、一言述べておきたい。原著の全体にわたる第一次草稿は水野忠尚によって作成され、補論の第一次草稿は隠岐-須賀麻衣によって作成された。その後、政治思想史を専門とする隠岐-須賀麻衣と隠岐理貴によって、第一章から第六章と第一二章が詳細に検討され最終稿が完成した。残りの章については、須賀晃一が改訂を施し最終稿とした。また、全体の調整や編集の作業は須賀が担当した。

本書の出版までには多くの方々にお世話になった。いちいちお名前はあげないが、早稲田大学政治経済学術院須賀研究室の方々には、原稿の整理などで大変お世話になった。また、本書の翻訳を勧めてくださった、同志社大学経済学部助教の迫田さやかさん、翻訳書の出版まで多方面にわたりお骨折りいただいた岩波書店の伊藤耕太郎さん、石橋聖名さんに感謝申し上げる。

二〇一八年一〇月一五日

訳者を代表して　須 賀 晃 一

Saudi Arabia, *Review of Middle East Economics and Finance*, Article 1.

Hauser, Richard (2006), Alternativen einer Grundsicherung - soziale und ökonomische Aspekte, *Gesellschaft - Wirtschaft - Politik* 3, 331–348.

Murray, Charles (2006), *In Our Hands: A Plan to Replace the Welfare State*, AEI Press, Washington.

Van Parijs, Philippe (1992), *Arguing for Basic Income*, Verso, New York.

第 11 章　福祉国家を備えた市場経済

Bach, Stefan/Corneo, Giacomo/Steiner, Viktor (2012), Optimal top marginal tax rates under income splitting for couples, *European Economic Review* 56, 1055–1069.

Björklund, Anders/Roine, Jesper/Waldenström, Daniel (2012), Intergenerational top income mobility in Sweden: capitalist dynasties in the land of equal opportunity?, *Journal of Public Economics* 96, 474–484.

Corneo, Giacomo (2006), *New Deal für Deutschland*, Campus, Frankfurt.

Corneo, Giacomo (2013), Die relative Bezahlung der Hochqualifizierten in Staat und Privatwirtschaft: Deutschland, 1977–2011, Diskussionsbeitrag 2013/19, FB Wirtschaftswissenschaft der FU Berlin.

Durante, Ruben/Pinotti, Paolo/Tesei, Andrea (2013), Voting alone? The political and cultural consequences of commercial TV, Sciences Po, Paris.

Enikolopov, Ruben/Petrova, Maria/Zhuravskaya, Ekaterina (2011), Media and political persuasion: evidence from Russia, *American Economic Review* 101, 3253–3285.

Johannesen, Niels/Zucman, Gabriel (2013), The end of bank secrecy? An evaluation of the G20 tax haven crackdown, *American Economic Journal: Economic Policy*.

Kleven, Henrik/Landais, Camille/Saez, Emmanuel/Schultz, Esben (2013), Migration and wage effects of taxing top earners: evidence from the foreigners' tax scheme in Denmark, CEPR Discussion Paper N° 9410.

Piketty, Thomas/Zucman, Gabriel (2013), Capital is back: wealth-income ratios in rich countries, 1700–2010, CEPR Discussion Paper N° 9588.

Shaxson, Nicholas (2011), *Treasure Islands*, Vintage Books, London.（ニコラス・シャクソン『タックスヘイブンの闇――世界の富は盗まれている！』藤井清美訳，朝日新聞出版，2012 年）

会，1995 年）
Kornai, Janos (1980), *Economics of Shortage*, North Holland, Amsterdam.

第 7 章　自己管理

Ben-Ner, Avner/Neuberger, Egon (1990), The feasibility of planned market systems: the Yugoslav visible hand and negotiated planning, *Journal of Comparative Economics* 14, 768–790.
Pencavel, John (2012), Worker cooperatives and democratic governance, IZA Discussion Paper N° 6932, Bonn.
Ward, Ben (1958), The firm in Illyria: market syndicalism, *American Economic Review* 48, 566–589.

第 8 章　市場と社会主義

Chilosi, Alberto (1992), Market socialism: a historical view and a retrospective assessment, *Economic Systems* 16, 171–185.
Corneo, Giacomo (2012), Öffentliche Finanzen: Ausgabenpolitik (4. Auflage), Mohr Siebeck, Tübingen.
Tirole, Jean (2006), *The Theory of Corporate Finance*, Princeton University Press, Princeton.
Yunker, James (2007), A comprehensive incentives analysis of the potential performance of market socialism, *Review of Political Economy* 19, 81–113.

第 9 章　株式市場社会主義

Roemer, John (1994), *A Future for Socialism*, Harvard University Press, Cambridge.（ジョン・E・ローマー『これからの社会主義――市場社会主義の可能性』伊藤誠訳，青木書店，1997 年）
Roemer, John (1996), *Equal Shares: Making Market Socialism Work*, Verso, London.
Stauber, Leland (1987), *A New Program for Democratic Socialism*, Four Willows Press, Carbondale.

第 10 章　ベーシック・インカムと社会的遺産

Ackerman, Bruce /Alstott, Anne (2000), *The Stakeholder Society*, Yale University Press, New Haven.
Corneo, Giacomo (2011), Stakeholding as a new development strategy for

Fershtman, Chaim/Weiss, Yoram (2000), Why do we care what others think about us? in Ben-Ner, A. und L. Putterman (eds.), *Economics, Values and Organizations*, Cambridge University Press, Cambridge.

Fudenberg, Drew/Tirole, Jean (1991), *Game Theory*, MIT Press, Cambridge.

Kolm, Serge-Christophe (1984), *La Bonne Économie, la Réciprocité Générale*, Presses Universitaires de France, Paris.

Ostrom, Elinor (2010), Beyond markets and states: polycentric governance of complex economic systems, *American Economic Review* 100, 641–672.

第5章　贅沢と無政府主義

Frey, Bruno (1997), A constitution for knaves crowds out civic virtues, *Economic Journal* 107, 1043–1053.

Gneezy, Uri/Rustichini, Aldo (2000), A fine is a price, *Journal of Legal Studies* 29, 1–17.

Kropotkin, Petr (1999), *Die Eroberung des Brotes*, Trotzdem Verlag, Grafenau.

LeGuin, Ursula (1999), *Planet der Habenichtse*, Argument Verlag, Hamburg.

Varian, Hal (2011), *Grundzüge der Mikroökonomik* (8. Auflage), Oldenbourg Verlag, München.（ハル・R・ヴァリアン『入門ミクロ経済学』原著第9版，佐藤隆三監訳，勁草書房，2015年）

第6章　計画

Albert, Michael (2003), *Parecon*, Verso, London.

Arrow, Kenneth/Hurwicz, Leonid (1960), Decentralisation and computation in resource-allocation, in Pfouts, R. (ed.), *Essays in Economics and Econometrics in Honour of Harold Hotelling*, University of North Carolina Press, Chapel Hill.

Barone, Enrico (1908), Il ministro della produzione nello stato collettivista, *Giornale degli Economisti* 37, 267–294 und 391–414.

Carlin, Wendy/Schaffer, Mark / Seabright, Paul (2013), Soviet power plus electrification: what is the long-run legacy of communism?, *Explorations in Economic History* 50, 116–147.

Heal, Geoffrey (1973), *The Theory of Economic Planning*, North Holland, Amsterdam.（G. M. ヒール『経済計画の理論』大住圭介訳，九州大学出版

引用・参考文献

第２章　哲人と国家の機能不全

Bergstrom, Theodore (1995), On the evolution of altruistic ethical rules for siblings, *American Economic Review* 85, 58–81.

Campanella, Tommaso (2007), *Der Sonnenstaat*, Voltmedia, Paderborn.（カンパネッラ『太陽の都』近藤恒一訳，岩波文庫，1992年）

Gothein, Eberhard (1883), *Der christlich-sociale Staat der Jesuiten in Paraguay*, Duncker & Humblot, Leipzig.

Nichols, John/McChesney, Robert (2013), *Dollarocracy*, Nation Books, New York.

Persson, Torsten/Tabellini, Guido (2000), *Political Economics*, MIT Press, Cambridge.

Platon (1982), *Der Staat*, Reclam, Ditzingen.（プラトン『国家』全２冊，藤沢令夫訳，岩波文庫，1979年）

第３章　ユートピアと財産共同制

Morus, Thomas (2009), *Utopia*, Anaconda Verlag, Köln.（トマス・モア『ユートピア』平井正穂訳，岩波文庫，1957年）

Pitzer, Donald (1997), *America's Communal Utopias*, The University of North Carolina Press, Chapel Hill.

Schweizer, Urs (1999), *Vertragstheorie*, Mohr Siebeck, Tübingen.

第４章　協働，合理性，価値

Alger, Ingela (2010), Public goods games, altruism, and evolution, *Journal of Public Economic Theory* 12, 789–813.

Boyd, Robert/Richerson, Peter (2005), *The Origin and Evolution of Cultures*, Oxford University Press, Oxford.

Camerer, Colin (2003), *Behavioral Game Theory: Experiments in Strategic Interactions*, Princeton University Press, Princeton.

Corneo, Giacomo/Jeanne, Olivier (2010), Symbolic values, occupational choice, and economic development, *European Economic Review* 54, 237–251.

【訳者】

水野忠尚

1946年生まれ．早稲田大学博士(経済学)．専門はドイツ経済思想．
1970年一橋大学経済学部卒業．2001年まで日本興業銀行勤務．以後DIAM監査役など歴任．2016年早稲田大学博士課程修了．主著『プレデール立地論と地政学――経済のグローバル化と国家の限界』．

隠岐-須賀麻衣

1985年生まれ．早稲田大学博士(政治学)．専門は古代ギリシアを中心とした西洋政治哲学および政治思想史．
早稲田大学助手，日本学術振興会海外特別研究員などを経て，現在，テュービンゲン大学客員研究員．

隠岐理貴

1982年生まれ．早稲田大学修士(政治学)，テュービンゲン大学博士(哲学)．専門は初期近代ドイツを中心とした西洋政治哲学．
日本学術振興会特別研究員，テュービンゲン大学講師などを経て，現在，テュービンゲン大学政治哲学研究所助手．

須賀晃一

1954年生まれ．一橋大学博士(経済学)．専門は厚生経済学，公共経済学．
亜細亜大学経済学部助教授，福岡大学経済学部教授などを経て，現在，早稲田大学政治経済学術院教授．

ジャコモ・コルネオ（Giacomo Corneo）
1963年，イタリアのアローナ生まれ．ミラノのボッコーニ大学卒業後，パリの社会科学高等研究院で経済学を学び，1992年にローマで政治経済学の博士号，1993年にパリ社会科学高等研究院で博士号を取得．1997年，ボン大学に教授資格論文を提出し教授資格を獲得．専門は公共経済学，財政学，社会政策．ボン大学，オスナブルック大学を経て，現在，ベルリン自由大学教授で公共経済学科長．2004年以来，*Journal of Economics* の編集長を務めている．
主要著作：
New Deal für Deutschland: der dritte Weg zum Wachstum, Campus: Frankfurt a. M. (2006).
Öffentliche Finanzen: Ausgabenpolitik, Mohr Siebeck: Tübingen (2003; 5th edition: 2018).
また，*Bessere Welt* には本訳書のほか，英語訳が出版されており，フランス語訳が近く出版の予定である．

よりよき世界へ
——資本主義に代わりうる経済システムをめぐる旅
ジャコモ・コルネオ

2018年11月27日　第1刷発行

訳者　水野忠尚（みずのただひさ）　隠岐-須賀麻衣（おきすがまい）
　　　隠岐理貴（おきまさたか）　須賀晃一（すがこういち）

発行者　岡本　厚

発行所　株式会社　岩波書店
〒101-8002 東京都千代田区一ツ橋2-5-5
電話案内 03-5210-4000
http://www.iwanami.co.jp/

印刷・理想社　カバー・半七印刷　製本・牧製本

ISBN 978-4-00-025472-4　　Printed in Japan